ESCREVER
E ARGUMENTAR

Conselho Acadêmico
Ataliba Teixeira de Castilho
Carlos Eduardo Lins da Silva
Carlos Fico
Jaime Cordeiro
José Luiz Fiorin
Tania Regina de Luca

Proibida a reprodução total ou parcial em qualquer mídia
sem a autorização escrita da editora.
Os infratores estão sujeitos às penas da lei.

A Editora não é responsável pelo conteúdo deste livro.
As Autoras conhecem os fatos narrados, pelos quais são responsáveis,
assim como se responsabilizam pelos juízos emitidos.

Consulte nosso catálogo completo e últimos lançamentos em **www.editoracontexto.com.br**.

Ingedore Villaça Koch
Vanda Maria Elias

ESCREVER E ARGUMENTAR

Copyright © 2016 das Autoras

Todos os direitos desta edição reservados à
Editora Contexto (Editora Pinsky Ltda.)

Montagem de capa e diagramação
Gustavo S. Vilas Boas

Preparação de textos
Lilian Aquino

Revisão
Ana Paula Luccisano

Dados Internacionais de Catalogação na Publicação (CIP)
Angélica Ilacqua CRB-8/7057

Koch, Ingedore Villaça
Escrever e argumentar / Ingedore Villaça Koch e Vanda Maria
Elias. – 1. ed., 7ª reimpressão. – São Paulo : Contexto, 2025.
240 p.

Bibliografia
ISBN 978-85-7244-950-2

1. Língua portuguesa 2. Gramática 3. Redação
4. Argumentação I. Título II. Elias, Vanda Maria

16-0057   CDD 469.8

Índices para catálogo sistemático:
1. Língua portuguesa – Argumentação

2025

Editora Contexto
Diretor editorial: *Jaime Pinsky*

Rua Dr. José Elias, 520 – Alto da Lapa
05083-030 – São Paulo – SP
PABX: (11) 3832 5838
contato@editoracontexto.com.br
www.editoracontexto.com.br

Sumário

Introdução 9

1. Texto e argumentação 13
   O que é texto? 14
   Texto e sentido 19
   O que é argumentar? 23
   Implícito e argumentação 30
   Seleção lexical e argumentação 32

2. Intertextualidade e argumentação 39
   Relacionando textos e argumentando 41
   Formas de citação no processo argumentativo 47
       Citação direta 47
       Citação indireta 49
   Intertextualidade no título e orientação argumentativa 52

3. Conhecimento linguístico e argumentação:
   os operadores argumentativos 61

4. Progressão textual e argumentação 85
   Estratégias de construção e retomada de referentes 86
       Funções das formas nominais referenciais 89

  Estratégias de progressão textual (sequenciação) 100
    Repetição 100
    Paralelismo sintático (recorrência de estruturas) 101
    Paráfrases (repetição de conteúdo semântico) 102
    Recorrência de recursos fonológicos
      (como metro, ritmo, rima, assonâncias, aliterações etc.) 104
  Estratégias de progressão temática 104
    Progressão com tema constante 105
    Progressão com subdivisão do tema 106
    Progressão com subdivisão do rema 108
    Progressão linear 109
    Progressão com salto temático 110
    Progressão com recursos retóricos 110
  Progressão/continuidade tópica 111

5. Articuladores textuais e argumentação 121
  Funções dos articuladores textuais 123
    Articuladores de situação
      ou ordenação no tempo e/ou espaço 124
    Articuladores de relações lógico-semânticas 124
    Articuladores discursivo-argumentativos 132
    Articuladores de organização textual 140
    Articuladores metadiscursivos 142

6. Estratégias para iniciar uma argumentação 159
  Planejar é preciso 160
    Definindo o ponto de vista 161
    Apresentando fatos 163
    Fazendo uma declaração inicial 165
    Contando uma históta 166
    Estabelecendo relação entre textos (intertextualidade) 168
    Lançando pergunta(s) 168
    Estabelecendo comparação 171
    Apresentando uma definição 172
    Inventando uma categorização 174
    Enumerando casos como exemplificação 175
    Observando a mudança na linha do tempo 176

7. Estratégias para desenvolver uma argumentação 183
   Fazendo pergunta e apresentando resposta 184
   Levantando o problema – apontando solução 188
   Indicando argumentos favoráveis x argumentos contrários 192
   Tecendo comparação 197
   Recorrendo à exemplificação 198

8. Estratégias para concluir uma argumentação 207
   Elaborando uma síntese 208
   Finalizando com solução para um problema 210
   Finalizando com remissão a textos 212
   Fazendo uma pergunta retórica 214

9. Texto, argumentação e coerência 221
   Cuidando do projeto de dizer e do sentido 222
   Cuidando da sinalização no texto 223
   Amarrando as pontas (ou construindo pontes) 227

Bibliografia 233

As autoras 237

Introdução

Argumentar é humano. Oralmente ou por escrito, em nossas interações, estamos argumentando. Aprendemos a argumentar muito antes do que nos ensinam na escola: nas conversas nossas de cada dia com nossos pais, irmãos, amigos, conhecidos; nas brincadeiras de que participamos e nas histórias que ouvimos, em algum momento, somos solicitados a nos posicionar, a emitir uma opinião, a assumir um ponto de vista.

Troca de ideias, tomada de posição, discussão, tudo isso tem a ver com a argumentação, mas parece que nos esquecemos disso quando nos sentamos nos bancos escolares. E quando pensamos em exames e concursos, aí sim a tarefa se torna ainda mais difícil de se realizar e vira motivo de angústia e ansiedade, não é mesmo?

Pois bem, vamos assumir de antemão que sabemos argumentar, sabemos produzir textos argumentativos, sabemos as vezes em que fomos muito bem argumentativamente e também as vezes em que não fomos tão bem assim e, por isso, não atingimos nosso intento. Dizendo de outro jeito, como falantes de uma língua, somos competentes linguística e argumentativamente.

Vamos, então, começar o nosso estudo assumindo que somos competentes no uso da língua e na argumentação. Podemos vasculhar em nossa memória casos e casos que comprovam a nossa competência, mas essa competência pode e deve constantemente ser aprimorada porque, ao longo da nossa existência, vamos participando de diferentes situações comunicativas nas quais temos de argumentar em razão dos muitos papéis que precisamos assumir. Na escola, argumentamos num seminário ou numa prova, mas também numa mensagem endereçada a um professor para justificar uma ausência ou, ainda, num requerimento para revisão de nota ou trancamento de matrícula; em concursos e exames, argumentamos quando somos entrevistados ou solicitados a escrever um texto; no mundo do trabalho, argumentamos quando apresentamos um projeto para os colegas em reunião ou quando queremos um aumento de salário; na vida familiar, quando, como filhos, argumentamos para conseguirmos dos pais algo que desejamos e, como pais, quando negociamos com os filhos algo que desejam, pelo sim, pelo não.

Assumir essa posição não significa dizer que essa nossa conversa aqui esteja resolvida, encerrada. Muito pelo contrário. Diríamos que é por aí mesmo que ela começa e se justifica: é preciso transformar as nossas práticas argumentativas em objeto de reflexão. Em casa, no trabalho e, claro, nos bancos escolares. O que podemos revelar sobre o uso da língua e seus efeitos quando argumentamos? De que estratégias podemos nos valer para começar um texto argumentativo? E para desenvolvê-lo? E para finalizá-lo? Como amarrar todas essas pontas, estabelecer pontes e construir sentidos? São questões que orientam esta obra voltada para a argumentação em textos escritos.

Neste livro, vamos tratar da argumentação na produção escrita. Entendemos a escrita como uma atividade que se realiza de forma situada e negociada, ou seja, envolve sujeitos, com papéis determinados, em dada situação, com objetivos e conhecimentos que compõem uma espécie de base comum. Escrever (e falar) é interagir. Como lugar dessa interação, o texto esconde mais do que revela a sua superfície linguística, razão pela qual defendemos que o sentido não está apenas no texto, mas é estrategicamente construído pelos sujeitos envolvidos na interação.

Com o objetivo de apresentar, de forma simples e didática, as principais estratégias argumentativas à disposição dos produtores de textos no momento da escrita, organizamos a nossa proposta de estudo em nove capítulos.

No capítulo "Texto e argumentação", assumimos que a argumentatividade está presente em todos os gêneros textuais e que o texto é um objeto multifacetado que revela em sua superfície o que sabemos da língua, mas não só. O que sabemos sobre o mundo em que vivemos, os textos que lemos, os nossos interlocutores, as formas de comunicação e de interação e, ainda, o que queremos e como conduzimos as nossas intenções são ingredientes do texto.

Considerando a influência da leitura na produção textual, dedicamo-nos no capítulo "Intertextualidade e argumentação" a explorar as relações entre textos na construção de argumentos. *Como a argumentatividade se inscreve na língua?* é a pergunta-chave do capítulo "Conhecimento linguístico e argumentação", que trata dos operadores argumentativos, relações de sentido e função coesiva na estruturação do texto e da argumentação.

Respondidas as questões *O que é texto? O que é argumentar? Como aproveitar o nosso repertório textual para argumentar? Como a argumentatividade se inscreve na língua?*, passamos a tratar da "Progressão textual e argumentação". No capítulo, apresentamos estratégias de manutenção de um referente (ou assunto) no texto e na nossa memória, isto é, tratamos de estratégias de continuidade referencial e de como isso contribui para imprimir ao texto certa orientação argumentativa. Numa outra parte deste capítulo, voltamo-nos a estratégias como repetição, paralelismo, paráfrase etc., bem como àquelas que fazem o texto progredir, observando o tema e as predicações a seu respeito.

Como a progressão do texto pressupõe articulação entre as partes que compõem o projeto de dizer, exploramos no capítulo "Articuladores textuais e argumentação" os articuladores textuais e suas múltiplas funções, por exemplo, organizar o texto para orientar a sua interpretação, amarrar porções textuais, exprimir uma avaliação de eventos ou a atitude psicológica do enunciador diante dos fatos etc.

Que estratégias podemos usar para começar, para desenvolver ou para concluir um texto são as questões dos capítulos "Estratégias para iniciar uma argumentação", "Estratégias para desenvolver uma argumentação" e "Estratégias para concluir uma argumentação", respectivamente. E, para finalizar, no capítulo "Texto, argumentação e coerência", fazemos uma recapitulação dos principais pontos estudados, acentuando que ter bem definido o projeto de dizer, cuidar das sinalizações textuais, da progressão, coesão e coerência do texto são estratégias que garantem ao produtor ser bem-sucedido em sua atividade argumentativa.

Em todos os capítulos, apresentamos muitos exemplos de estratégias argumentativas em variados gêneros textuais extraídos de jornais, revistas e livros. Com exceção do último capítulo, todos os demais apresentam propostas de atividade para que os leitores exercitem a argumentação fazendo uso das estratégias estudadas, sem que isso assuma a conotação de receita. O que pretendemos é que nossos leitores façam uso das estratégias argumentativas e isso aconteça de forma reflexiva. Que os nossos leitores instituam esse saber como objeto de reflexão para fazer diferente e fazer a diferença, quando solicitados a produzir argumentação na escrita.

E a quem se destina a obra? A todos os interessados em escrever e argumentar bem, em conhecer estratégias de argumentação no texto escrito, em aprimorar as práticas argumentativas no dia a dia, na escola e fora dela, considerando que argumentar é uma atividade constitutiva das nossas interações.

Em especial, são nossos interlocutores privilegiados os professores dos vários níveis de ensino, em especial os de línguas – materna e estrangeiras –, estudantes dos cursos de Letras, de Pedagogia, bem como todos os interessados em questões de produção escrita, ensino e funcionamento da linguagem de modo geral.

Escrever e argumentar é uma obra que situamos ao lado de *Ler e compreender* e *Ler e escrever*, pelo embasamento em recentes estudos do texto e pela preocupação em estabelecer uma ponte entre o que esses estudos propõem teoricamente e como essas teorias podem contribuir para o ensino.

À Contexto, todo o nosso agradecimento por mais essa oportunidade.

As autoras

1
Texto e argumentação

Linguagem é interação e seu uso revela relações que desejamos estabelecer, efeitos que pretendemos causar, comportamentos que queremos ver desencadeados, determinadas reações verbais ou não verbais que esperamos provocar no nosso interlocutor etc.

Isso significa dizer que o uso da linguagem:

i) é regido pela intenção, entendida não como realidade psicológica, mas num sentido puramente linguístico: a intenção é determinada pelo sentido do enunciado, isto é, ela se deixa representar de determinada forma no enunciado, sendo, pois, linguisticamente constituída;

ii) é essencialmente argumentativo: orientamos os enunciados que produzimos no sentido de determinadas conclusões com exclusão de outras.

Como o uso da linguagem ocorre sempre na forma de textos, neste capítulo discutiremos, primeiramente, a concepção de texto que fundamenta o nosso estudo; em seguida, a de argumentação. Trata-se de duas noções que orientam a constituição desta obra, daí o espaço privilegiado dedicado a elas no início do nosso trabalho.

O QUE É TEXTO?

Na literatura especializada, deparamo-nos com várias definições de texto, uma variação decorrente dos princípios adotados pelas diversas correntes teóricas. Vamos situar a discussão no campo da **Linguística Textual**, uma linha de investigação que trata dos processos e regularidades gerais e específicos segundo os quais se produz, constitui, compreende e descreve o texto (Marcuschi,1983).

> Sugerimos a leitura das obras *Linguística de texto: o que é e como se faz* (Marcuschi, 1983); *Linguística Textual: introdução* (Fávero e Koch, 1983); *Introdução à Linguística Textual* (Koch, 2004)

E, para começar, selecionamos dois exemplos:

Exemplo 1

Exemplo 2

PENSE NUM FOGÃO.

PENSE NUMA MARGARINA.

PENSE NUMA LAVADORA DE ROUPA.

PENSE NUMA GELADEIRA. BRASTEMP QUALY, CONSUL, SEMPRE LIVRE® E VIVO SÃO **TOP OF MIND**. CLIENTES DA AGÊNCIA MAIS TOP DO BRASIL SEGUNDO O RANKING AGENCYSCOPE 2014 DO GRUPO CONSULTORES. NOTÍCIA IMPORTANTE PARA OS CLIENTES TAMBÉM É IMPORTANTE PARA NÓS.

PENSE NUM ABSORVENTE FEMININO.

PENSE NUMA OPERADORA DE CELULAR.

PENSE NUMA AGÊNCIA.

DM9DDB°

Fonte: *Top of Mind*. São Paulo: Folha de S.Paulo, 2014.

Os exemplos 1 e 2 fazem-nos pensar que um **texto** pode ser formado por uma só palavra (PARE) ou por muitas palavras combinadas em orações, períodos e parágrafos, mas isso não é tudo. Na verdade, o texto é um objeto complexo que envolve não apenas operações linguísticas como também cognitivas, sociais e interacionais. Isso quer dizer que na produção e compreensão de um texto não basta o conhecimento da língua, é preciso também considerar conhecimentos de mundo, da cultura em que vivemos, das formas de interagir em sociedade.

Pensando no exemplo 1, não basta saber que PARE é um verbo regular da primeira conjugação que se encontra no modo imperativo afirmativo, e cuja significação é "deter o movimento de", "deixar de mover(-se)". É preciso também conhecimento do seu contexto de produção e circulação, dos sujeitos envolvidos nessa situação e do que se espera deles.

É por isso que identificamos o exemplo 1 como um texto que, apresentado no suporte placa em via pública, sinaliza para o motorista uma parada obrigatória, objetivando melhor fluidez no trânsito e segurança para os sujeitos que nela transitam. E o imperativo se justifica porque se trata de uma regulamentação que, desrespeitada, constitui uma infração. Então, todos os aspectos linguísticos e da situacionalidade são constitutivos do texto, da sua função e do seu sentido.

Quanto ao texto do exemplo 2, é claro que não o vemos como um aglomerado de frases soltas, sem razão de ser. Nesse texto, assim como no anterior, há muito mais conhecimentos envolvidos do que podemos imaginar. Quem o produziu sabe disso. E quem o lê também. É por isso que facilmente preenchemos as lacunas do texto estabelecendo conexão entre o que nele está explicitado ou visível em sua superfície linguística e o que está pressuposto em termos de conhecimentos das coisas do mundo e de como as representamos em determinada situação.

No exemplo 2, o texto pede que estabeleçamos um link entre os blocos do texto, relacionando produtos/serviços a suas marcas/empresas, mais ou menos assim, numa tentativa de simulação:

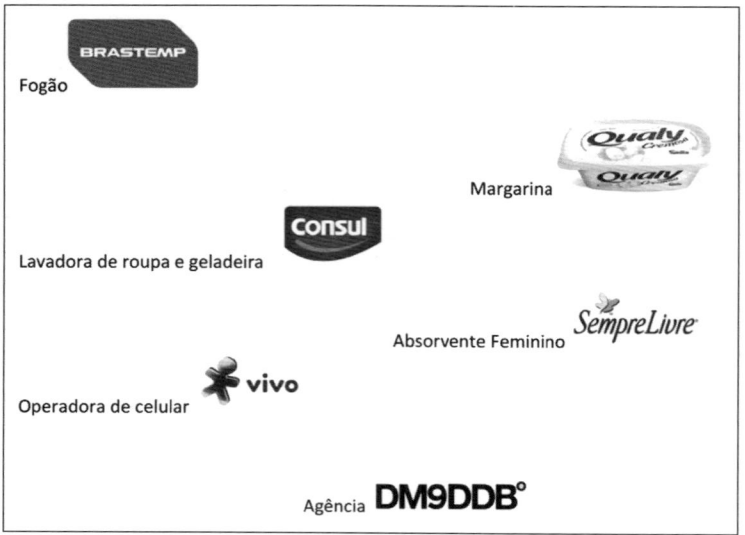

Além disso, reconhecemos o texto do exemplo 2 como um anúncio de uma agência de publicidade que tem em sua lista *Brastemp, Qualy, Consul, Sempre Livre* e *Vivo* como clientes *Top of Mind*, ou seja, como clientes das marcas mais lembradas pelos brasileiros, segundo pesquisa realizada pelo instituto Datafolha.

Esses clientes *Top of Mind* estão vinculados à agência "mais top do Brasil". Logo, cliente que se preza não deve procurar qualquer agência. O anúncio, assim, revela-nos a que veio, assume a sua função: enaltece a agência destacando seus clientes para atrair novos interessados.

Como vemos, pensar texto implica considerar, além do conhecimento da língua, conhecimentos enciclopédicos que compõem os *frames* ou *enquadres*, ou os nossos *modelos mentais*. Por exemplo, ir a um restaurante, voar de avião, tomar o metrô, fazer uma festa de aniversário, brincar o carnaval etc. Quando falamos ou escrevemos sobre um deles, ativamos na memória os conhecimentos ali armazenados e basta ativar um ou outro que os demais nos vêm imediatamente à lembrança.

É por isso que, quando falamos de carnaval no Brasil e, particularmente, em Pernambuco, nos vêm à mente Olinda, Recife, Galo da Madrugada, bonecos gigantes, blocos, frevo, passistas, maracatu, caboclinhos etc. etc. etc. É como diz Silvio Meira: "leva uma vida para entender (e brincar) todo o Carnaval pernambucano" no texto que vamos ler agora:

> **Leva uma vida para entender (e brincar) todo o Carnaval pernambucano**
>
> "Não deixem não, que o bloco campeão/ guarde no peito a dor de não cantar/ Um bloco a mais é um sonho que se faz/ dos pastoris da vida singular..." diz Getúlio Cavalcanti, cantado pelo Bloco da Saudade, em *Último Regresso*, frevo de bloco quase epitáfio para um carnaval lírico que ia acabar e não acabou jamais. Até porque o Bloco, fundado para lembrar um carnaval passado, foi um dos catalisadores da renovação do carnaval de rua do Recife e Olinda, dos anos 90 pra cá. Pra quem não é daqui, é quase inimaginável uma orquestra de pau e cordas (violinos, clarinetes, violões e bombardinos...) e um coro, fantasiado, nas ruas, cantando de cor, um "frevo" como *Recife Manhã de Sol*, de J. Michilles. Mas o *Regresso* e a *Manhã*, atrás do Saudade, são só pequena parte da folia.
>
> Imagine o Siri na Lata na quinta pré-carnaval (porque carnaval aqui começa em janeiro, seja lá quando for o carnaval) com uma orquestra, do Maestro Oséas, com quatro tubas que solam *Vassourinhas*, mais trompetes, trombones (tantos, nem contei; dez?) saxofones, uma requinta (sabe lá o que é isso?) e uma percussão assustadora, puxando o frevo *Envenenado*. Seguido por *Gostosão, Freio a Óleo, Pilão Deitado* e *Três da Tarde*. Procure no YouTube e você vai ouvir que o carnaval de Recife não se toca com bandas, mas orquestras, na rua, com o mundo frevando ao redor, aperto e calor danados, e todos se achando regentes. Pense na confusão para os maestros, Oséas, Mendes, Lessa, todos. E olhe que não estamos falando das orquestras "de palco", como Spok e Forró, que estão em outra categoria instrumental, onde cada músico é um maestro.
>
> Mas nosso Carnaval não é "só" frevo, por mais frevos, clubes e passistas que haja. Afoxés, Caboclinhos, Cocos, Ursos, Bois, Troças, Bonecos, Escolas de Samba (sim!)... e os Maracatus, de baque solto (dos caboclos de lança) e virado (dos cortejos reais). Maracatus são coisas daqui, que só havia aqui até dia destes. Quase acabaram, também. Foram salvos pela combinação do armorial (de Ariano Suassuna) e mangue (de Chico Science), que reviveram a tradição dos batuques. Hoje, tem tanta gente nas caixas, alfaias, gonguês e agbês que os corações, em Momo, marcam passo pelas viradas das Nações do Carnaval. E isso é só Recife e Olinda. Bezerros tem Papangus, Pesqueira Caiporas, Triunfo Caretas... Pernambuco tem uma diversidade cultural de carnaval única. Que leva uma vida inteira pra entender. Ou brincar. No *Eu Acho é Pouco*, que é onde eu estou brincando enquanto você está lendo este texto... *Evoé*!

Fonte: MEIRA, Silvio. "Leva uma vida para entender (e brincar) todo o Carnaval pernambucano". *Folha de S.Paulo*. Carnaval, 14 fev. 2015, C5.

  A mesma coisa acontece com relação aos conhecimentos sociais e da cultura do país em que vivemos. Uma prova disso? Não temos dificuldade de responder à pergunta: "Quando o brasileiro diz 'tô chegando!', em quanto tempo, exatamente, o brasileiro chega?" Já para quem não vive no Brasil, a história muda de figura. Quer ver? Leia o texto.

> ## A pátria de ponteiros
>
> Quando o brasileiro diz 'tô chegando!', em quanto tempo, exatamente, o brasileiro chega? Numa demonstração de abertura e inequívoca coragem, Fritz pediu uma feijoada. Eu comentei que, aparentemente, ele não estava tendo dificuldades de adaptação. O alemão disse que não. Por conta do seu trabalho – instala e conserta máquinas de tomografia computadorizada –, viajava o mundo todo. A única coisa que lhe incomodava, no Brasil, era nunca saber quando as pessoas chegariam aos encontros. O problema era menos o atraso, confessou, do que nossa dificuldade em admiti-lo: "O pessoa manda mensagem, diz 'tô chegando!', eu levanta do minha cadeirrra e olha prrro porrrta da restaurrrante, mas pessoa chega só quarrrenta minutos depois". Então me fez a pergunta que só poderia vir de um compatriota de Emanuel Kant: "Quando a brrrasileirrro diz 'tô chegando!', em quanto tempo brrrrasileirrro chega?".
> Pensei em mentir, em dizer que uns atrasam, mas outros aparecem rapidinho. Achei, porém, que em nome de nossa dignidade – ali, naquela mesa, eu era a "pátria de ponteiros" – o melhor seria falar a verdade: "Fritz, é assim: quando o brasileiro diz 'tô chegando!' é porque, na real, ele tá saindo". Tentei atenuar o assombro do alemão: veja, não é exatamente mentira, afinal, ao pôr o pé pra fora de casa dá-se início ao processo de chegada, assim como ao sair do útero se começa a caminhar para a cova. É só uma questão de perspectiva.
> "Mas e quando o pessoa diz 'tô saindo!'?" Expliquei que as declarações do brasileiro, no que tange ao atraso, estão sempre uma etapa à frente da realidade – são uma manifestação do seu desejo. Se a pessoa diz que está chegando, é porque tá saindo, e se diz que tá saindo, é porque ainda precisa tomar banho, tirar a roupa da máquina e botar comida pro cachorro. [...]

Fonte: PRATA, Antonio. "A pátria dos ponteiros". *Folha de S.Paulo*. Cotidiano, 23 fev. 2014, C2.

Então, voltando à pergunta central desta seção, vamos assumir que **texto** é fruto de um processo extremamente complexo de linguagem e interação social, de construção social de sujeitos, de conhecimentos de natureza diversa.

Entender o texto como uma "entidade multifacetada" só é possível quando entendemos que linguagem é uma forma de interação. É o **princípio interacional** que rege o uso da linguagem, oralmente ou por escrito. Isso porque falamos ou escrevemos sempre para alguém (ainda que esse alguém seja nós mesmos) e não o fazemos à toa, ou de qualquer modo.

Com o que dizemos, queremos sempre alguma coisa (**princípio de intencionalidade**) que pode ser, por exemplo, anunciar, informar, sugerir, pedir, ordenar, desabafar, argumentar etc., e esperamos que o outro nos dê atenção e reaja ao que propomos (**princípio de aceitabilidade**).

Para isso, avaliamos a situação em que nos encontramos e em que se encontra o outro com o qual interagimos (**princípio de situacionalidade**), pressupomos conhecimentos de textos em comum (**princípio de intertextualidade**) e fazemos um balanceamento do que precisa ser explicitado ou não (**princípio de informatividade**). Também cuidamos de "linkar" ou "amarrar" as partes que compõem o nosso dizer (**princípio de coesão**) e, considerando tudo isso, construímos sentidos (**princípio de coerência**).

Esses princípios demonstram quanto cada texto é conectado ao nosso conhecimento do mundo e da nossa sociedade, e nos ajudam a estabelecer conexões dentro de um texto, mas também entre o texto e os contextos humanos nos quais ele ocorre. É o que nos explica Beaugrande (1997), para quem a **textualidade** é uma qualidade essencial a todos os textos, principalmente, um modo de processamento, uma realização humana. O texto assim definido traz ao centro da discussão a questão da **coerência** como a construção de sentido que se dá no processo interacional, de forma negociada.

TEXTO E SENTIDO

Falar de texto é falar de sentido, ou melhor, de sentidos. Ainda mais quando levamos em conta que esse sentido é construído na relação que se estabelece entre o autor, o texto e o leitor. Isso significa dizer que, para essa atividade, concorre uma série de conhecimentos provenientes de uma intrincada relação envolvendo aqueles três elementos. Vamos discutir mais um pouco a questão considerando o exemplo a seguir.

Era uma vez uma vaidosa . Ambiciosa, não se contentava em ser Top. Queria ser rainha.

Entrou para uma rede social online e conheceu um rei, o . Namoraram, casaram e ela se tornou a . Eram o casal perfeito. Alguns diziam que encontraram a .

Mas o rei não estava feliz. Cabisbaixo, ficava se perguntando: . Preocupada, a rainha foi consultar , um pai de santo meio charlatão que habitava as redondezas.

"O rei precisa de um herdeiro. Isso irá fazer a alegria  dentro dele", disse o pai de santo.

"Você quer que eu engravide, fique gorda e feia? Nã-nã-nã-nã-não! Vou contratar uma ".

E lá se foi a rainha com o seu possante último modelo, em busca da VAMP dinheirista ou da santa que daria à luz seu rebento e traria paz para o rei e para si mesma. Afinal, AMOR à fama, dizia a rainha, VALE TUDO.

Viva. Um sucesso leva ao outro.

DO SEU JEITO

canalviva.com.br
facebook.com/vivacanalviva
google.com/+viva
@canalviva

Fonte: *Veja*. São Paulo, Abril, ano 45, n. 52, 26 dez. 2012, ed. 2.301.

Diante de qualquer texto, posicionamo-nos ativamente com o propósito de construir um sentido para o que lemos/ouvimos. Nessa atividade, recorremos a algumas estratégias como a de levantar perguntas e tentar respondê-las, sempre seguindo as pistas contidas no texto. Arrisquemos uma simulação desse processo, considerando o mesmo exemplo:

Pergunta: O que o texto apresenta em sua superfície?
Resposta: Uma pequena narrativa.
Pergunta: Por que o destaque em alguns nomes como AM☺R, RO☻UE?
Resposta: São títulos de novelas da Globo.
Pergunta: E o que essa pequena narrativa com os títulos de novelas da Globo em destaque tem a ver com o bloco informativo:

Resposta: Viva é um canal brasileiro de televisão por assinatura que faz parte do grupo Globosat e foi inaugurado em 2010. O canal exibe, em horários alternativos, reprises de programas da Rede Globo e alguns do canal pago GNT, com o foco em minisséries, seriados, filmes dublados, novelas e programas de variedades que estão no ar ou foram produzidos pela Rede Globo e pelo canal GNT.
Pergunta: Então isso é um anúncio do canal Viva para divulgar a programação e atrair audiência?
Resposta: Faz sentido!!!

De acordo com o nosso conhecimento metagenérico, quer dizer, o nosso conhecimento de gêneros textuais, estamos diante de um anúncio na forma de um miniconto. Trata-se de uma mistura de gêneros que estudiosos chamam de **intergenericidade**.

> **Intergenericidade** ocorre quando um gênero textual assume a forma de outro, levando em conta o propósito comunicativo. Trata-se de uma hibridização ou mescla de gêneros. Marcuschi (2002) discute esse fenômeno com base nos estudos de Ursula Fix (1997), que usa a expressão "intertextualidade intergêneros". O assunto foi discutido por Koch e Elias nas obras *Ler e compreender* (2006) e *Ler e escrever* (2009).

No exemplo, a mescla de gêneros textuais é uma estratégia que tem a função de anunciar a programação da rede e atrair audiência, como dissemos.

Observamos, então, que o texto demanda a ativação de conhecimentos textuais e metagenéricos (sequências narrativas, anúncio, miniconto), enciclopédicos (novelas, redes de TV), além do conhecimento linguístico. Também assumem importante função no texto os **aspectos multimodais**, por exemplo, os que promovem destaque nos títulos das novelas, produto oferecido pelo canal Viva no anúncio. Considerando tudo isso, construímos sentidos.

Assim, para a **coerência do texto** concorrem muitos conhecimentos (de língua, de textos, das coisas do mundo e de interação), numa indicação de que a relação entre os sujeitos e o que se pressupõe entre eles como conhecimento compartilhado de modelos mentais estão na base do processamento textual.

Como os textos são muito incompletos, ou melhor, contêm muitos implícitos, visto que a maior parte do conhecimento compartilhado não precisa ser explicitada, a coerência é uma construção "situada" dos interlocutores. Esse processo, que se desenvolve com base nas pistas existentes no interior do próprio texto que funcionam como instruções de como o texto deve ser lido/entendido, revela "a capacidade metalinguística do texto de qualificar e regular sua própria interpretação", como tão bem sintetiza Hanks (2008: 138).

Buscamos sentido o tempo todo em nossas interações e não nos damos conta disso. Você já parou para pensar nisso? Nas conversas mais corriqueiras, nos escritos em mídias sociais, nos artigos jornalísticos ou científicos, quantas vezes não nos pegamos pedindo ao outro para repetir o que disse ou, então, voltando ao que lemos antes porque não estamos entendendo algo ou porque deixamos escapar alguma coisa? Quantas vezes nos perguntamos: o que ele/a quer dizer com isso? Aonde pretende chegar? O que isso tem a ver com aquilo? E quando possível e podemos fazê-lo, quantas vezes não explicitamos nossas dúvidas e incompreensões a fim de dirimi-las, de construir sentidos?

O texto que vamos ler a seguir é uma demonstração de que constantemente estamos em busca de sentidos, de que somos "caçadores de sentido", como afirma Dascal (1999).

> **Existe, logo existe**
>
> [...] Também este ano, surgiram por toda parte no Rio cartazes de uma cantora chamada Hanna, promovendo seu disco "O Amor é Bossa Nova – Homenagem a João Gilberto" e anunciando: "CD [em] breve". Ótimo. Só que ninguém se lembra de já ter escutado Hanna cantando, seja ao vivo, em discos, no rádio ou por telepatia. É um sucesso, mas não se sabe onde dá shows, se segue o estilo Nara ou Elis, ou mesmo se existe. O mistério foi quebrado há pouco pelo repórter Emiliano Urbim, da Revista "O Globo". Ele localizou Hanna no Rio, entrevistou-a e ela até se deixou fotografar. É uma morena vistosa, na faixa dos 50 anos, e ela própria banca a impressão e a aplicação dos cartazes. Diz-se ex-namorada de Paulo Coelho e, há tempos, teria se correspondido com João Gilberto pelo Facebook – embora nunca se provasse que, com ela ou com qualquer um, fosse o verdadeiro João Gilberto no outro lado da linha. [...]

Fonte: CASTRO, Ruy. "Existe, logo existe". *Folha de S.Paulo*. Opinião, 13 dez. 2014.

    O texto revela o quanto construir sentidos solicita conhecimentos para o estabelecimento de links, para a identificação e caracterização do referente (ver capítulo "Progressão textual e argumentação"), para tecer comparações, para tomar decisões, para não ficarmos apenas na linearidade do texto, enfim. Sentidos são construídos de forma situada e, nesse empreendimento, assume papel de fundamental importância **o contexto** que envolve a materialidade linguística e conhecimentos armazenados na memória (bagagem cognitiva).

    Pois bem, é por isso que concordamos com Dascal: "somos caçadores de sentido", e dizemos, na linha do que faz Beaugrande (1997), que o texto é texto quando o vemos como tal: uma construção que envolve muitos e variados conhecimentos e cujo sentido tentamos sempre produzir, considerando esses conhecimentos todos que lhe são constitutivos. Assim, quanto mais amplos forem os nossos conhecimentos, mais sentidos construiremos e mais condições teremos de desenvolver eficazmente a argumentação.

O QUE É ARGUMENTAR?

    Se o uso da linguagem se dá na forma de textos e se os textos são constituídos por sujeitos em interação, seus quereres e saberes, então, *argumentar é humano*.

    Aprendemos a argumentar desde cedo, ainda crianças: quando queremos que nossos pais leiam um livro para nós, uma, duas ou mais vezes; quando não queremos dormir; quando justificamos à professora a tarefa em branco, quando apresentamos razões para nossas escolhas ou comportamentos etc.

O tempo passa, vamos crescendo e continuamos argumentando pela vida adentro e pelo mundo afora. Em entrevistas para conseguir uma bolsa de estudo ou um emprego, em apresentação de seminários na escola, em reuniões de trabalho, em conversas descompromissadas com amigos ou familiares ou em textos escritos que assumem variadas configurações – como nos exemplos que comentaremos mais adiante –, queremos convencer o nosso interlocutor em relação a posições que assumimos e à validade dos argumentos que constituímos para defendê-las.

Charaudeau (2008) nos ensina que argumentar é a atividade discursiva de influenciar o nosso interlocutor por meio de argumentos. A constituição desses argumentos demanda apresentação e organização de ideias, bem como estruturação do raciocínio que será orientado em defesa da tese ou ponto de vista.

Então, segundo o autor, se o sujeito que argumenta se volta para o interlocutor na tentativa de persuadi-lo a modificar seu comportamento, é necessário que na argumentação exista:

i) uma proposta que provoque em alguém um questionamento, quanto a sua legitimidade;
ii) um sujeito que desenvolva um raciocínio para demonstrar a aceitabilidade ou legitimidade quanto a essa proposta;
iii) um outro sujeito que se constitua alvo da argumentação. Trata-se da pessoa a quem se dirige o sujeito que argumenta, na esperança de conduzi-la a compartilhar da mesma convicção, sabendo que ela pode aceitar (ficar a favor) ou refutar (ficar contra) a argumentação.

Argumentação, portanto, é o resultado textual de uma combinação entre diferentes componentes, que exige do sujeito que argumenta construir, *de um ponto de vista racional*, uma explicação, recorrendo a experiências individuais e sociais, num quadro espacial e temporal de uma situação com finalidade persuasiva.

Vamos aos exemplos.

EXEMPLO 1

> "Este é um livro extraordinário e imprescindível. Extraordinário, porque poucas vezes temos o privilégio de ler ou compartilhar com nossos filhos uma obra agradável, educativa, divertida e capaz de nos levar a refletir e a nos emocionar, além de provocar um diálogo sadio. Imprescindível, porque com ele temos a oportunidade de usufruir de um encontro entre pais e filhos provocado pela filosofia, pela ciência e pela cultura. Com ele, nossos filhos se divertem e aprendem e, ao mesmo tempo, nós também. Sei muito bem do que estou falando... porque ele passou a ser um dos livros favoritos de meus filhos!"

Fonte: CELMA, Alex Rovira. In: DESPEYROUX, Denise; MIRALLES, Francesc. *Sem medo de pensar:* breve passeio pela história das ideias. São Paulo: WMF Martins Fontes, 2011.

O texto é constitutivo da quarta capa do livro *Sem medo de pensar: breve passeio pela história das ideias*, das autoras Denise Despeyroux e Francesc Miralles. Na primeira linha do texto, lemos que o livro é extraordinário e imprescindível. A afirmação funciona como um gatilho para a explicação que vem logo em seguida.

É extraordinário, por quê?

> "Extraordinário, porque poucas vezes temos o privilégio de ler ou compartilhar com nossos filhos uma obra agradável, educativa, divertida e capaz de nos levar a refletir e a nos emocionar, além de provocar um diálogo sadio."

É imprescindível, por quê?

> "Imprescindível, porque com ele temos a oportunidade de usufruir de um encontro entre pais e filhos provocado pela filosofia, pela ciência e pela cultura. Com ele, nossos filhos se divertem e aprendem e, ao mesmo tempo, nós também. Sei muito bem do que estou falando... porque ele passou a ser um dos livros favoritos de meus filhos!"

A resposta a essas perguntas orienta a **organização** e a **progressão do texto** (ver capítulo "Progressão textual e argumentação"), tendo em vista o seu propósito comunicativo: convencer o leitor de que pelas razões apresentadas o livro merece ser adquirido e lido.

Na construção desse procedimento argumentativo, observamos uma relação entre os argumentos e a conclusão: se o livro é extraordinário e imprescindível, então, precisamos lê-lo. Nesse sentido, destaca-se no texto o papel de alguns elementos linguísticos que orientam os enunciados para determinadas conclusões, razão pela qual são denominados **operadores** ou **marcadores argumentativos** (ver capítulo "Conhecimento linguístico e argumentação: os operadores argumentativos"), bem como contribuem para a coesão e coerência do texto. Vejamos alguns desses marcadores:

- **porque** – introduz uma explicação ou justificativa em relação ao enunciado anterior, como aparece nos segmentos textuais:

    "Extraordinário, **porque** poucas vezes temos o privilégio de ler";

    "Imprescindível, **porque** com ele temos a oportunidade de usufruir de um";

    "Sei muito bem do que estou falando... **porque** ele passou a ser um dos livros favoritos de meus filhos!"

- **ou** – que aponta para relação de disjunção ou alternância com valor inclusivo (os elementos se somam), como no enunciado:

    "poucas vezes temos o privilégio de ler **ou** compartilhar com nossos filhos"

- **e, além de** – que somam argumentos a favor de uma mesma conclusão, como notamos em:

    "(obra) capaz de nos levar a refletir **e** a nos emocionar, **além de** provocar um diálogo sadio."

    "Com ele, nossos filhos se divertem **e** aprendem [...]."

EXEMPLO 2

> Este é o pior anúncio da história da Almap BBDO: José Luiz Madeira e Marcello Serpa estão deixando a AGÊNCIA. Aliás, é o PRIMEIRO Anúncio da Almap BBDO que não tivemos que submeter aos dois. Ainda bem. Eles certamente teriam REPROVADO. Por várias razões.
>
> Primeiro, porque este anúncio é um paradoxo. Ele é dedicado a quem nos ensinou a trabalhar com alegria e está sendo concebido com um bocado de tristeza. Segundo, porque vamos falar descaradamente bem dessas duas lendas da publicidade. E eles jamais aceitariam isso.

Fonte: Anúncio AlmapBBDO. *Folha de S.Paulo*. Mundo, 31 ago. 2015, A13.

O exemplo é um anúncio produzido como forma de reconhecimento, gratidão e homenagem a duas lendas da publicidade. Como indicado na primeira linha, começa com a expressão de uma opinião:

> "Este é o pior anúncio da história da AlmapBBDO:"

seguida de argumentos para sustentá-la:

> "José Luiz Madeira e Marcello Serpa estão deixando a agência. Aliás, é o primeiro anúncio da AlmapBBDO que não tivemos que submeter aos dois. Ainda bem."

No segmento textual, facilmente inferimos que, após os dois pontos, segue uma explicação para o que se afirmou antes.

Na sequência, é acrescentado mais um argumento de maneira sub-reptícia, como se não fosse necessário, mas que, na verdade, assume importante valor na condução argumentativa. Esse argumento foi introduzido por *aliás*.

Na progressão do texto, outro argumento é construído, mas, dessa vez, para explicar o comentário "Ainda bem".

> "Eles certamente teriam reprovado. Por várias razões."

Pressupomos entre os enunciados "Ainda bem" e "Eles certamente teriam reprovado" uma explicação/justificativa, que poderia ser explicitada pelo operador argumentativo *porque* ou similar.

Também no trecho chama a atenção o uso de "certamente", um articulador textual que imprime grau de certeza ao que foi dito, funcionando como um modalizador (ver capítulo "Articuladores textuais e argumentação").

No segmento textual:

> "Primeiro, porque este anúncio é um paradoxo. Ele é dedicado a quem nos ensinou a trabalhar com alegria e está sendo concebido com um bocado de tristeza. Segundo, porque vamos falar descaradamente bem dessas duas lendas da publicidade. E eles jamais aceitariam isso."

São apresentadas duas razões pelas quais as duas lendas da publicidade, se consultadas, reprovariam o anúncio: 1) porque o anúncio é um paradoxo; 2) porque os homenageados não aceitariam a homenagem.

A ordenação desses argumentos é feita por meio de articuladores que servem para organizar o texto em uma sucessão de fragmentos que se complementam e orientam a interpretação. Dedicaremos o capítulo "Articuladores textuais e argumentação" ao estudo desses articuladores textuais e suas funções.

Esses elementos linguísticos que destacamos contribuem para a argumentação, visto que orientam a conclusão e a organização do texto, assumindo função relevante no estabelecimento da **coesão** e da **coerência**.

Como ser dotado de razão e de vontade, o homem constantemente avalia, julga, critica, isto é, forma juízos de valor. E, por meio do que diz (na fala ou na escrita), tenta influir sobre o comportamento do outro ou fazer com que o outro compartilhe de suas opiniões. Por essa razão, o ato de argumentar, isto é, de orientar o que se diz para determinadas conclusões, constitui o ato linguístico fundamental.

E mesmo quando narramos ou descrevemos, a argumentatividade, em maior ou menor grau, está sempre presente, como nos confirmam os exemplos:

Exemplo 1

> Um cego em Paris (Criatividade)
>
> Havia um cego sentado na calçada em Paris, com um boné a seus pés e um pedaço de madeira que, escrito com giz branco, dizia:
> "Por favor, ajude-me, sou cego".
> Um publicitário que passava em frente a ele, parou e viu umas poucas moedas no boné, e sem pedir licença, pegou o cartaz, virou-o, pegou o giz e escreveu um texto diferente, voltou a colocar o pedaço de madeira aos pés do cego e foi embora.
> Pela tarde o publicitário voltou a passar pelo cego que pedia esmola, porém agora, o seu boné estava repleto de notas e moedas.
> O cego reconheceu as pisadas do publicitário e lhe perguntou se havia sido ele quem reescreveu seu cartaz, sobretudo querendo saber o que havia escrito ali.
> O publicitário então respondeu:
> – Nada que não esteja de acordo com o seu anúncio, mas com outras palavras.
> E completou:
> "Hoje é primavera em Paris e eu não posso vê-la".
> **Quando nada acontece, é melhor mudar de estratégia!**

Fonte: Disponível em: <http://www.blogdofabossi.com.br/2009/02/um-cego-em-paris/>. Acesso em: 23 jul. 2014.

É muito comum em nossas práticas comunicativas contarmos uma história, a fim de envolver o outro e dele obter uma reação desejada, de justificar um modo de pensar e de agir, uma tomada de decisão, o êxito ou o fracasso em uma atividade etc. Dizendo de outra maneira, produzimos ou recorremos a narrativas que lemos (ou ouvimos ou que tiveram origem em nossas experiências, vivências) como uma **estratégia argumentativa**. E o texto que nos serve de exemplo é uma excelente demonstração disso.

EXEMPLO 2

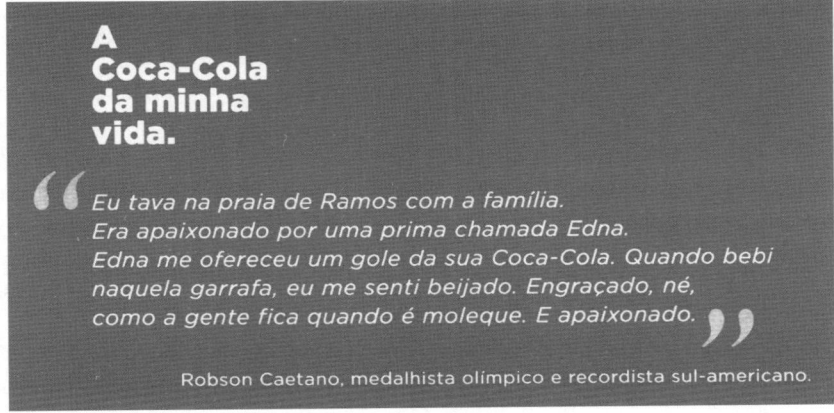

Fonte: *Veja*. São Paulo: 18 dez. 2013, p. 31.

No anúncio, notamos que a pequena história e o título têm tudo a ver. Ou dizendo de outro modo: o título resume a história contada pelo atleta olímpico Robson Caetano, cuja citação no texto assume a função de **recurso de autoridade** (ver capítulo "Intertextualidade e argumentação"). Recorre-se ao prestígio do atleta para incentivar a venda e o consumo do refrigerante e cabe ao leitor interpretar a narrativa construída a serviço desse propósito.

Na forma em que se apresenta, o anúncio constitui um caso de **intergenericidade**, mistura de gêneros textuais já comentada no exemplo da página 20 que será retomada mais adiante no capítulo "Intertextualidade e argumentação".

Exemplo 3

> Prefácio
>
> Há livros difíceis de classificar, e *Como aprendi o português* é um desses. Quais são seus temas centrais? Crítica literária e cultural? Investigações acerca da natureza das línguas e da história pervertida do século XX? Esboços autobiográficos e recordações de amigos seus assassinados durante a guerra? Uma ponte entre idiomas, culturas e tradições que, antes de seu trabalho, ignoravam-se quase completamente entre si? Tudo isso e mais. E, ainda assim, tamanha riqueza e variedade não diminuem em nada a coerência desta reunião de ensaios. Pois ocorre que o autor tampouco é fácil de classificar.
>
> Paulo Rónai, um judeu húngaro salvo da morte certa no Holocausto graças a seu interesse pelo português e pela literatura brasileira, foi, entre outras coisas, crítico, estudioso e historiador da literatura, tradutor literário e poético, que vertia de diversas línguas para outras tantas, latinista e professor de latim, teórico da tradução, editor, filólogo, lexicógrafo e testemunha lúcida de tempos terríveis. Ele foi, em suma, na acepção antiga e quase esquecida do termo, um autêntico intelectual dotado de uma vasta cultura universal, de uma curiosidade insaciável, bem como de uma capacidade de trabalho e de um rigor ilimitados.
>
> Nos textos da presente coletânea, a mais eclética e, ao mesmo tempo, a mais pessoal que publicou, Rónai se revelou também um mestre da forma ensaio e um elegante estilista cujo exemplo merece ser cada vez mais estudado e seguido.

Fonte: ASCHER, Nelson. Prefácio. In: RÓNAI, Paulo. *Como aprendi o português e outras aventuras*. São Paulo: Casa da Palavra, 2013.

Acabamos de ler o prefácio do livro *Como aprendi o português e outras aventuras*. De acordo com o dicionário Houaiss, *prefácio* é um texto preliminar de apresentação de um livro, geralmente breve, escrito pelo autor ou pessoa convidada, que vem no começo da obra, com explicações sobre seu conteúdo, objetivos ou sobre a pessoa do autor. Como notamos no exemplo, Nelson Ascher desenvolveu o prefácio destacando qualidades da obra e do autor. Essas **sequências descritivas** orientam argumentativamente no seguinte sentido: vale a pena ler o livro!

IMPLÍCITO E ARGUMENTAÇÃO

É impossível haver textos totalmente explícitos, então, para que ele seja compreensível, faz-se necessário que haja um equilíbrio entre informação explícita e informação implícita. Para esse equilíbrio, é preciso que o produtor do texto considere a imagem que faz do seu leitor/ouvinte, de seus conhecimentos, interesses, opiniões, enfim, de sua maneira de ver o mundo. Caso essa imagem seja equivocada, o texto não só deixará de produzir os efeitos desejados, como ainda será capaz de indispor o leitor potencial para a leitura.

As relações entre a informação explícita no texto e a informação inferível (aqueles conhecimentos que o produtor do texto pressupõe como compartilhados com seu interlocutor, acreditando, pois, que consiga acessá-los sem grande dificuldade) estabelecem-se mediante **estratégias de sinalização textual**. É por meio de pistas textuais que o autor, ao processar o texto, procura levar o leitor a ativar conhecimentos necessários à produção de inferências e de sentidos.

Sabemos que a **argumentação é composta de premissas explícitas ou não**. Relacionando as **premissas**, obtemos a **conclusão**. Na análise de um argumento, precisamos verificar se há uma boa conexão entre a conclusão e as premissas, processo que requer a produção de inferências.

Explica-nos Charaudeau (2008) que a argumentação é composta de **asserção de partida**, **asserção de chegada** e **asserção de passagem**.

A **asserção de partida** é o **dado** ou **premissa**, ou seja, um fato do qual decorre uma consequência.

A **asserção de chegada** é a **conclusão** que representa o que deve ser aceito em decorrência da asserção de partida, logo diz respeito à legitimidade da proposta.

A **asserção de passagem**, que se encontra geralmente implícita, pode ser chamada de prova, inferência ou argumento com a função de justificar a relação entre asserção de partida e a asserção de chegada, ou seja, a conclusão.

EXEMPLO

> Dizem (Quem Me Dera)
>
> O mundo está bem melhor
> Do que há cem anos atrás, dizem
> Morre muito menos gente
> As pessoas vivem mais
> [...]

Fonte: ANTUNES, Arnaldo; MONTE, Marisa; CARVALHO, Dadi. "Dizem (Quem Me Dera)". *Disco*. São Paulo: Rosa Celeste, 2013.

No trecho da letra, é apresentada a ideia de que o mundo está bem melhor que há cem anos. Por quê? Porque "morre muito menos gente" e "as pessoas vivem mais". Do ponto de vista argumentativo, importa no trecho a explicação dada pelo compositor e o modo como o fez.

Mas qual é o motivo de se dizer que hoje "morre muito menos gente" e "as pessoas vivem mais" para justificar a conclusão de que "o mundo está bem melhor do que cem anos atrás"? Porque se assume um ponto de vista que não está explícito: um mundo melhor é aquele em que pessoas morrem menos e vivem mais.

Demonstrando esse raciocínio, temos:

> 1. Um mundo melhor é aquele em que pessoas morrem menos e vivem mais (**premissa implícita ou pressuposto**)
> 2. No mundo, hoje, morre muito menos gente e as pessoas vivem mais (**premissa explícita**)

então,

> O mundo está bem melhor do que cem anos atrás (**conclusão**)

Leitores que somos guiados pelo *princípio cooperativo* (Grice, 1975), esperamos sempre um texto dotado de sentido. Por isso, procuramos, a partir da informação expressa no texto e do apelo a nossos conhecimentos prévios, construir uma representação mental coerente. Procedemos à ativação de todos os tipos de conhecimentos necessários à compreensão e fazemos as deduções capazes para o estabelecimento das relações de sentido implícitas no texto.

Há coisas que compreendemos sem que seja necessário dizê-las, por se tratar de informações que já conhecemos ou que podemos facilmente inferir. Se o uso da linguagem pressupõe sempre implícitos e se os implícitos são constitutivos do texto e da argumentação, então, a produção/compreensão do texto requer atenção especial aos implícitos insinuados nas marcas linguísticas da superfície textual (ver capítulo "Conhecimento linguístico e argumentação: os operadores argumentativos").

SELEÇÃO LEXICAL E ARGUMENTAÇÃO

A seleção lexical é uma das mais importantes estratégias para uma boa argumentação. É preciso, pois, muito cuidado na escolha do vocábulo que deve ser adequado, tanto com relação ao tema que se vai desenvolver, como quanto ao destinatário, aos propósitos do enunciador e a toda a situação comunicativa.

Muitas vezes, um termo mal escolhido pode pôr a perder a força argumentativa do enunciado, como bem ilustra o exemplo:

Exemplo

> Certa ocasião, decidida a trocar de carro, pesquisei o mercado. O atendente de uma concessionária me apresentou dois modelos do mesmo veículo. Quando perguntei por que eu deveria pagar mais pelo modelo X, ele respondeu: "Porque tem freios ABS". Não contente com a resposta, perguntei por que freios ABS. Ele respondeu: "ABS é um sistema de freios antitravamento, sensores monitoram a velocidade das rodas, identificam se alguma delas está prestes a travar e aliviam a pressão para evitar o bloqueio".
> A linguagem usada pelo vendedor era técnica, pouco adequada para despertar meu interesse. E o discurso continua: "O sistema eletrônico permite manter o controle do veículo ao desviar de um obstáculo. Os freios comuns podem não funcionar em uma freada brusca e ocasionar uma colisão".
> Eu sabia qual era o benefício do sistema de freios, mas o vendedor, preocupado apenas em ressaltar suas características, deixou de mencionar emoções e sentimentos que, muitas vezes, determinam a decisão de compra.
> Então, eu disse a ele: "O senhor está tentando dizer que um carro com freios ABS é mais seguro? Que um acidente pode ser evitado graças a esse sistema de freios? Que as crianças, a família, estarão mais seguras quando transportadas em um veículo com esse sistema?".
> Esse é o argumento que faltava, capaz de induzir o consumidor a comprar e, talvez, pagar mais por um produto ou serviço: segurança, conforto, bem-estar, proteção, amor, confiança. Em outro contexto, o gatilho da decisão do consumidor é poder, status, vaidade, ganância.

Fonte: DESSEN, Marcia. Supermercado de produtos financeiros. *Folha de S.Paulo*. Folhainvest, 29 jun. 2015, A18.

    Não são poucas as vezes em que nos vemos angustiados na busca de um termo apropriado para exprimir nosso pensamento sem parecermos sofisticados, ou, então, portadores de um vocabulário muito restrito. Uma seleção lexical adequada à situação comunicativa, ao conhecimento de mundo que pressupomos do nosso destinatário constitui um fator essencial de incremento ao poder persuasivo de nossos textos.

    A situação comunicativa é que vai determinar o tipo de linguagem que podemos usar: não vamos a uma festa a rigor de biquíni, nem à praia de *smoking*. Isto é, uma situação de comunicação formal exige o uso da norma culta padrão; numa reunião com amigos, podemos e devemos empregar uma linguagem mais solta, inclusive a gíria, se for o caso.

    Mesmo no interior da norma culta, há graus de formalidade, que devem ser levados em conta. Por isso, o léxico das várias línguas é rico em variações que cabe ao falante saber empregar no momento oportuno. E há, ainda, os vocabulários técnicos das várias disciplinas e dos diversos ofícios, como a terminologia jurídica, científica, política, entre outras.

    Disso tudo, podemos extrair a seguinte lição de que devemos sempre nos lembrar na hora de produzir um texto: uma boa seleção lexical é indispensável para tornar o texto mais atraente, mais produtivo, mais apto a produzir os efeitos desejados.

RESUMINDO

O texto é como um *iceberg*: ele apresenta uma pequena parte na superfície da água (os elementos linguísticos que compõem sua materialidade) e uma imensa superfície subjacente (todos os conhecimentos que necessitam ser ativados para a produção de um sentido). Quanto maior a bagagem de conhecimentos de que o leitor/ouvinte dispuser, mais facilidade ele terá de chegar às profundezas do *iceberg*, para delas extrair os elementos que lhe vão facultar a produção de um sentido adequado para o texto que ouve ou lê.

Visto que é impossível haver textos totalmente explícitos, o escritor competente deve ter a habilidade de realizar de forma adequada o "balanceamento" do que não pode deixar de ser dito e do que pode (ou deve) permanecer implícito, por ser recuperável via inferenciação (Nystrand e Wiemelt, 1991; Marcuschi, 1994).

Argumentar é tentar influenciar o nosso interlocutor por meio de argumentos cuja constituição demanda apresentação e organização de ideias, bem como estruturação do raciocínio que será orientado em defesa da tese ou ponto de vista, visando à adesão do interlocutor. Quanto mais os argumentos forem sustentados em provas que podem ser fatos, exemplos, opiniões relatadas, dados estatísticos, mais chances teremos de ser bem-sucedidos em nosso intento.

Assim, argumentar pressupõe **intencionalidade** e **aceitabilidade**, ou seja, de um lado, há aquele que constrói argumentos para influenciar o interlocutor e conseguir seu intento; e de outro, aquele que é alvo desse processo, o interlocutor, e que tem a liberdade de considerar ou não a validade dos argumentos, de aceitar ou não a tese defendida, numa postura que em nada remete à ideia de passividade, nem simplesmente à emoção.

Isso significa dizer, com base em Meyer (2008), que toda argumentação é diálogo, porque envolve sujeitos, seus conhecimentos e formas de compreensão da realidade; porque pressupõe liberdade de pensar e expressar o pensamento. Daí não ser suficiente apenas justificar uma tese, mas também considerar a existência de teses contrárias que podem ser evocadas, citadas, refutadas ou em relação as quais podemos fazer alguma concessão.

Na argumentação, queremos e buscamos a adesão do nosso interlocutor, mas sem cancelar o diálogo, a subjetividade, atitude que requer sempre atenção e respeito ao outro e às suas razões, às diferenças que são próprias entre os indivíduos.

PROPOSTAS DE ATIVIDADE

ATIVIDADE 1

Em quem você votaria para presidente hoje se pudesse escolher um candidato qualquer para "chamar de seu"? Quer saber o resultado dessa enquete? Leia o texto:

Meu voto vai para...

"... a Fafá de Belém. Porque ela tem simpatia e carisma. E vai fazer o Brasil dar muita risada. Os candidatos hoje estão muito sem graça. Os dois não têm senso de humor nenhum." (Gaby Amarantos, a Beyoncé do Pará, cantora)
"... o Roberto Carlos. Se ele é o Rei, também pode ser presidente." (Ricardo Almeida, estilista)

Fonte: KÜCHLER, Adriana. "Meu voto vai para...". *Revista sãopaulo*. São Paulo: Folha de S.Paulo, 31 out. a 6 nov. 2010.

Agora, imagine que você é o entrevistado pelo jornal. Então:

1. Que nome você indicaria para candidato a presidente da República? Que argumentos justificam a sua escolha?
2. Como o que interessa é você dizer por que escolheu esse(a) ou aquele(a) candidato(a), antes, busque informações na mídia impressa ou digital para compor os seus argumentos.

ATIVIDADE 2

O que você acha da ideia de cobrar para dar uma informação? Está surpreso com a pergunta? Então leia a notícia publicada em jornal:

Cansei!

Jornaleiro da Água Branca decide cobrar R$8 de quem pede informação sobre a localização de prédios e ruas; perguntar ao dono da banca é 'vício', diz ele
Está todo mundo comentando na Água Branca. O seu Palmeirense resolveu, no mês passado, aumentar o preço da informação. Agora, quem quiser arrancar do jornaleiro um endereço ou a localização de um prédio no bairro da zona oeste de São Paulo precisa pagar R$8.

Fonte: MACHADO, Leandro. "Cansei!". *Folha de S.Paulo*, Cotidiano, 29 jul. 2013, C4.

Após ler a notícia, você se coloca no lugar de quem é cobrado para obter a informação desejada, não concorda com a medida e resolve escrever uma carta para o jornal. Que argumentos você apresentaria para defender a sua posição?

ATIVIDADE 3

Leia o texto a seguir e descubra o argumento apresentado pelo renomado crítico Antonio Candido para a publicação da obra *Diários de Berlim 1940-1945: os bastidores da operação que planejou assassinar Hitler.*

> Empurrãozinho
>
> Foi o crítico literário Antonio Candido quem convenceu a editora Boitempo a publicar o inédito "Diários de Berlim 1940-1945: Os Bastidores da Operação que Planejou Assassinar Hitler", da princesa russa Marie Vassiltchikov (1917-1978). Amiga de militares alemães que planejaram a chamada Operação Valquíria, a autora fez as anotações no calor do momento.
> Flávio Aguiar, tradutor do livro, passou tempos insistindo para a editora publicar a obra. Em 2014, deu um exemplar a Candido, de quem foi aluno. O crítico enviou à editora uma nota elogiosa – e essas poucas linhas foram mais convincentes para a Boitempo que o esforço anterior de Aguiar. No texto, publicado na contracapa do livro, previsto para fevereiro, Candido, 97 anos, destaca "a qualidade extraordinária como documento e como revelação de personalidade".

Fonte: COZER, Raquel. "Empurrãozinho". *Folha de S.Paulo.* Ilustrada, 31 jan. 2015.

Vamos supor que a opinião do crítico, o título e o tema do livro despertaram o seu interesse e levaram você a procurar na mídia impressa ou digital mais informações sobre a publicação. De posse das informações, que argumentos você apresentaria para **recomendar** ou **não recomendar** o livro aos amigos nas suas redes sociais?

ATIVIDADE 4

Em São Paulo, o bloco carnavalesco *Ritaleena* tem como inspiração a cantora e compositora Rita Lee. Convidada a participar do desfile do bloco, a roqueira agradeceu a homenagem, mas não compareceu.

Na nota publicada em jornal, leia o que disse Rita Lee justificando, de forma descontraída e simpática, a sua não participação no desfile.

> **Não estou lá**
>
> O bloco de rua Ritaleena não terá participação de Rita Lee no desfile neste sábado (31). A roqueira agradece a homenagem. "Ter um bloco paulista com meu nome é santo remédio para curar TDAH (Transtorno do Deficit de Água Hoje), que tanto maltrata minha querida cidade", brinca. "Torço para o povo suar até encher os reservatórios com fluidos de alegria."

Fonte: BERGAMO, Mônica. "Não estou lá". *Folha de S.Paulo*. Ilustrada, 31 jan. 2015.

Agora, imagine-se no lugar da homenageada. Que argumento você apresentaria em nota a ser publicada em jornal, para justificar, de forma polida e agradecida, a sua ausência no desfile?

ATIVIDADE 5

No jornal, foi publicado um anúncio de uma fazenda que se encontra à venda porque o proprietário "precisa se dedicar a outras atividades". E esse anúncio circulou no jornal com grande variação no título.

Leia as três versões do anúncio, mantendo o foco no título.

Anúncio 1

Meus herdeiros não querem.

Fazenda em São Carlos, SP. Topografia privilegiada a 4 km da Rodovia Washington Luís (acesso totalmente asfaltado). 463,84 ha adaptáveis a diversas culturas e/ou criações. Se você está realmente interessado em uma fazenda pronta para produzir, tem de conhecer. Vendo porque preciso me dedicar a outras atividades. Contato direto com o proprietário pelo e-mail **melhorfazenda@gmail.com** ou pelos telefones **(19) 3524-1718 e (19) 8368-0600**.

Fonte: *Folha de S.Paulo*, 7 abr. 2013.

Anúncio 2

> **Fazenda para quem quer mesmo.**
>
> Vendo fazenda em São Carlos, SP. Topografia privilegiada a 4 km da Rod. Washington Luís (acesso totalmente asfaltado). 463,84 ha adaptáveis a diversas culturas e/ou criações. Vendo porque preciso me dedicar a outras atividades. Contato direto com o proprietário pelo e-mail **melhorfazenda@gmail.com** ou pelos telefones **(19) 3524-1718** e **(19) 8368-0600**.

Fonte: *Folha de S.Paulo*, 7 abr. 2013.

Anúncio 3

> **Vendo com dó, compre sem dor.**
>
> Vendo um brinco de fazenda em São Carlos, SP. Topografia privilegiada a 4 km da Rod. Washington Luís (acesso totalmente asfaltado). 463,84 ha adaptáveis a diversas culturas e/ou criações. Se você está realmente interessado em uma fazenda pronta para ganhar dinheiro, tem de conhecer. Vendo porque preciso me dedicar a outras atividades e quero que ela continue produzindo e rendendo. Contato direto com o proprietário preferencialmente pelo e-mail **melhorfazenda@gmail.com** ou pelos telefones **(19) 3524-1718** e **(19) 8368-0600**.

Fonte: *Folha de S.Paulo*, 7 abr. 2013.

Responda:

1. Qual o título que, na sua avaliação, tem maior força argumentativa? Por quê?
2. Por que, na sua avaliação, os dois outros títulos têm menor força argumentativa?

2
Intertextualidade e argumentação

Em nossas práticas comunicativas, recorremos a textos que se cruzam e se entrecruzam em novas e variadas combinações. **Intertextualidade** é o nome que se dá a essa relação entre textos.

No diálogo que estabelecemos entre textos, revelamos as leituras que fazemos, os filmes a que assistimos, as músicas que ouvimos, as conversas que temos na família, na escola, no trabalho, no barzinho, nas mídias sociais; a forma como explicamos o mundo, o que nele acontece e como nos posicionamos em relação a isso tudo.

> O conceito de **intertextualidade** foi introduzido na década de 1960 pela francesa Julia Kristeva no estudo da literatura.
> Na Linguística de Texto, a **intertextualidade** é discutida: 1) em sentido amplo como um princípio constitutivo de todo e qualquer texto; 2) em sentido restrito, quando há remissão a outro(s) texto(s) efetivamente já produzido(s) e que faz(em) parte da memória social dos leitores.

Embora em um plano maior o diálogo entre os homens pressuponha sempre o diálogo entre textos, neste capítulo trataremos da intertextualidade em sentido restrito, isto é, daquela que ocorre quando em um texto está inserido outro texto (intertexto) anteriormente produzido que faz parte da nossa memória discursiva, quer revelemos ou não a sua fonte.

EXEMPLO

> **Vou de táxi,**
> **cê sabe,**
> **tava morrendo...**
>
> COMPLETOU, NÉ?
> TUDO QUE É BOM FICA GRAVADO.

Fonte: *Folha de S.Paulo*. Ilustrada, 29 out. 2014, E5.

O trecho em destaque

"Vou de táxi,
cê sabe,
tava morrendo..."

é parte da letra da música "Vou de táxi" cantada por Angélica. Você conhece a música? Veja seu refrão:

> vou de táxi, cê sabe,
> tava morrendo de saudade
> vou de táxi... tô com saudade...

Então, se a canção faz parte de nosso repertório musical, completamos fácil e rapidamente o trecho:

> tava morrendo **de saudade**.

Pois bem, quem produziu o anúncio aposta que a música faz parte do repertório do leitor, a quem é dirigida a mensagem, e essa aposta está marcada no texto como indica o segmento:

"Completou, né?
Tudo que é bom fica gravado."

O anúncio também é uma prova de que não só escrevemos **para** o outro mas também **com** o outro, visto que, no processo de escrita, fazemos uma imagem do nosso leitor e pressupomos conhecimentos compartilhados, aspectos que influenciam o balanceamento das informações, como estudamos no capítulo "Texto e argumentação".

Essa operação que diz respeito a que informações explicitar ou não está ancorada no **princípio interacional**. De forma simplificada, isso significa que o produtor do texto supõe que compartilha com o leitor alguns conhecimentos. Então, esses não precisam ser explicitados. E quanto aos conhecimentos que não são pressupostos nessa base comum? Esses conhecimentos precisam e devem ser explicitados para a eficácia da comunicação e da interação.

Neste capítulo, discutiremos como o diálogo entre textos se constitui em **estratégia argumentativa**. Vamos ver como isso acontece em variados gêneros textuais.

RELACIONANDO TEXTOS E ARGUMENTANDO

Exemplo 1

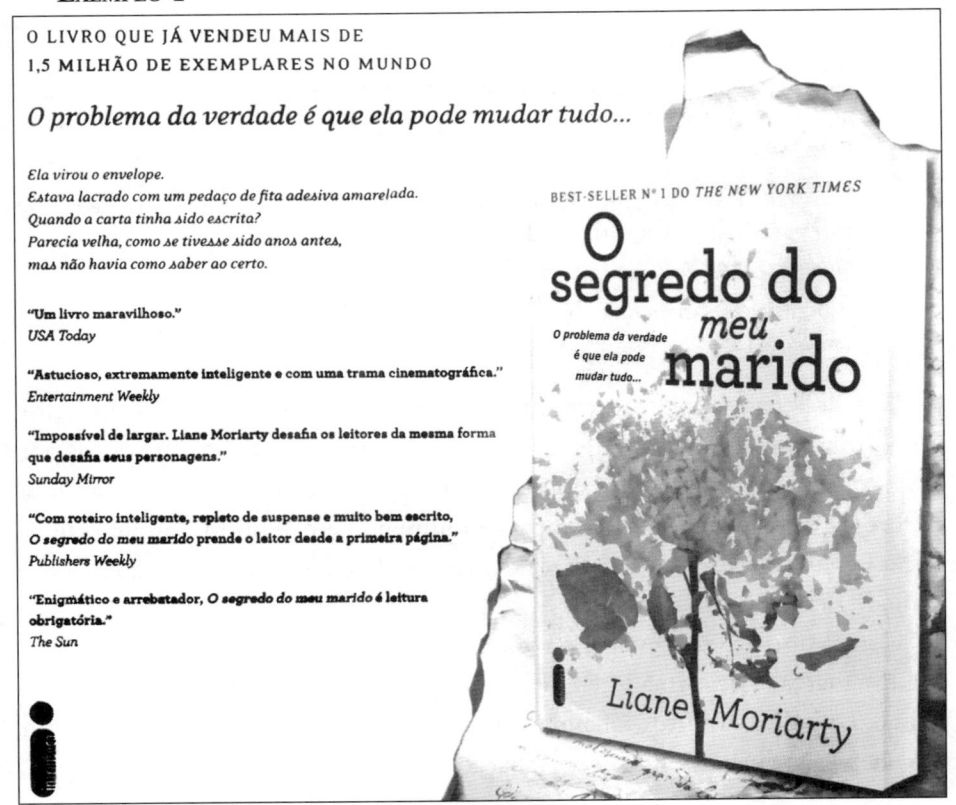

O LIVRO QUE JÁ VENDEU MAIS DE
1,5 MILHÃO DE EXEMPLARES NO MUNDO

O problema da verdade é que ela pode mudar tudo...

Ela virou o envelope.
Estava lacrado com um pedaço de fita adesiva amarelada.
Quando a carta tinha sido escrita?
Parecia velha, como se tivesse sido anos antes,
mas não havia como saber ao certo.

"Um livro maravilhoso."
USA Today

"Astucioso, extremamente inteligente e com uma trama cinematográfica."
Entertainment Weekly

"Impossível de largar. Liane Moriarty desafia os leitores da mesma forma que desafia seus personagens."
Sunday Mirror

"Com roteiro inteligente, repleto de suspense e muito bem escrito, *O segredo do meu marido* prende o leitor desde a primeira página."
Publishers Weekly

"Enigmático e arrebatador, *O segredo do meu marido* é leitura obrigatória."
The Sun

BEST-SELLER Nº 1 DO *THE NEW YORK TIMES*

O segredo do meu marido
Liane Moriarty

Fonte: *Folha de S.Paulo*. Ilustrada, 12 abr. 2014, E1.

Como vemos, o exemplo 1 é um anúncio de um livro. Para a sua produção, concorreram:

1. Trecho extraído da capa do livro:

   "O problema da verdade é que ela pode mudar tudo..."

2. Parte da narrativa extraída de um dos capítulos do livro:

   "Ela virou o envelope.
   Estava lacrado com um pedaço de fita adesiva amarelada.
   Quando a carta tinha sido escrita?
   Parecia velha, como se tivesse sido anos antes,
   mas não havia como saber ao certo."

3. Cinco comentários sobre o livro veiculados na mídia jornalística:

   "Um livro maravilhoso."
   USA Today

   "Astucioso, extremamente inteligente e com uma trama cinematográfica."
   Entertainment Weekly

   "Impossível de largar. Liane Moriarty desafia os leitores da mesma forma que desafia seus personagens."
   Sunday Mirror

   "Com roteitro inteligente, repleto de suspense e muito bem escrito, O segredo do meu marido prende o leitor desde a primeira página."
   Publishers Weekly

   "Enigmático e arrebatador, O segredo do meu marido é leitura obrigatória."
   The Sun

Nos dois primeiros casos, a intertextualidade chama a atenção do leitor para o conteúdo do livro; no terceiro, para comentários sobre o livro feitos por fontes credenciadas. Em todos, a relação entre os textos funciona como uma **estratégia argumentativa**: serve para argumentar no sentido de que o livro vale a pena ser lido. Por quê? Porque o conteúdo é envolvente; porque é bem avaliado pela crítica.

Com o objetivo de destacar o conteúdo e a avaliação da obra, a intertextualidade é marcada de forma diferente, como podemos observar no anúncio: com fonte e tamanho distintos, quando o foco é o conteúdo do livro; e ainda com uso das aspas, quando o foco é a avaliação sobre o livro.

Os comentários avaliativos aparecem sob a forma de **citação direta**, ou seja, quem produziu o anúncio reproduziu ao pé da letra a avaliação de importantes instituições jornalísticas sobre a obra, daí o uso das aspas e a indicação da fonte que assume a responsabilidade pelo dizer (discutiremos esse tópico mais adiante). Em casos como esse, a **intertextualidade** funciona como **recurso de autoridade**, pois o que está em jogo na argumentação pretendida é não apenas o dito, mas principalmente o responsável pelo dizer, a credibilidade das fontes selecionadas.

Exemplo 2

> Yes, ICANN
>
> A novidade não vem mais do Brejo da Cruz, onde, como diz a canção, crianças comiam luz. Aliás, nos tempos de hoje, crianças, em todos os Brejos da Cruz, quando comem, comem bits, outra forma de luz.
>
> A novidade vem mais de longe, precisamente do ICANN, organismo internacional de controle e gestão de domínios da internet: a partir de 2013, poderemos solicitar registros de novos domínios sem usar as terminações hoje usuais na rede. Isso significa que você poderá ter um site apenas e exatamente com o seu nome, e uma empresa poderá ter no seu registro de domínio seu nome exato. Nomes criativos serão também aceitos, como jabuticaba.brasil, tantofaz.como tantofez, ou ainda, assim é.selheparece. [...]

Fonte: LONDON, Jack. Yes, ICANN. In: *Adeus, Facebook*: o mundo pós-digital. Rio de Janeiro: Valentina, 2013, p. 46.

Como podemos notar na indicação da fonte do texto, o exemplo 2 é parte de um capítulo do livro *Adeus, Facebook*, escrito por Jack London. O autor começa seu texto recuperando parte da canção "Brejo da Cruz", de Chico Buarque, mas não indica quem compôs a canção, pois considera que esse conhecimento faça parte do repertório do leitor e, como tal, pode ser facilmente identificado.

Situando o texto no plano dos conhecimentos compartilhados, London toma como ponto de partida o trecho da canção de Chico para promover uma atualização da tese lá defendida, como podemos comparar:

Tese de Chico	Tese de London
A novidade Que tem no Brejo da Cruz É a criançada Se alimentar de luz	A novidade não vem mais do Brejo da Cruz, onde, como diz a canção, crianças comiam luz. Aliás, nos tempos de hoje, crianças, em todos os Brejos da Cruz, quando comem, comem bits, outra forma de luz.

Ainda vale lembrar que o título do capítulo "Yes, ICANN" nos remete a outro texto. Qual? "Yes, we can", *slogan* da campanha de Barack Obama à presidência dos Estados Unidos da América em 2008. Nessa construção, notamos que **o texto fonte foi alterado** mas o autor aposta que o leitor, conhecendo o texto fonte, cuidará de associar os textos e produzir um sentido para a intertextualidade.

> Grésillon e Maingueneau (1984) denominam ***détournement*** a modificação operada sobre o texto fonte por substituições, acréscimos, supressões ou transposições.

Exemplo 3

> **Para Pedro**
>
> No Leblon, há um antigo e simpático botequim – daqueles em que o freguês fica de pé, voltado para a calçada, mascando palito e com um dos cotovelos fincado no balcão – chamado Para Pedro. É como se lê na fachada. Sempre achei que o nome era uma referência a algum Pedro que os donos do estabelecimento estimassem e quisessem homenagear. O Brasil é pródigo em Pedros, e este seria mais um a render preito. Mas então me alertaram que não era por isso.
>
> Alguém me garantiu que, embora a placa dissesse "Para Pedro", a ideia era dizer "Pára Pedro", título de uma toada sertaneja de João Mendes e José Portela Delavy, de 1967, cantada por muita gente boa. E até me soprou o refrão, que eu juro que não conhecia: "Pára Pedro, Pedro pára /Pára Pedro, Pedro pára /Pedro pára, pára Pedro /Esse Pedro é uma parada". Tudo bem que 1967 foi o ano de "Alegria, Alegria", "Eu e a Brisa", "Quem Te Viu, Quem Te Vê", "Máscara Negra", "Travessia", "Ronda" e muitas mais, mas como eu podia ter perdido o "Pára Pedro"?

Fonte: CASTRO, Ruy. "Para Pedro". *Folha de S.Paulo*. Opinião, 7 jan. 2013, A2.

No artigo de opinião, deparamo-nos com um caso de intertextualidade explícita:

> Alguém me garantiu que, embora a placa dissesse "Para Pedro", a ideia era dizer "Pára Pedro", título de uma toada sertaneja de João Mendes e José Portela Delavy, de 1967, cantada por muita gente boa. E até me soprou o refrão, que eu juro que não conhecia: "Pára Pedro, Pedro pára /Pára Pedro, Pedro pára /Pedro pára, pára Pedro /Esse Pedro é uma parada". Tudo bem que 1967 foi o ano de "Alegria, Alegria", "Eu e a Brisa", "Quem Te Viu, Quem Te Vê", "Máscara Negra", "Travessia", "Ronda" e muitas mais, mas como eu podia ter perdido o "Pára Pedro"?

O intertexto funciona estrategicamente como sustentação à tese de que o nome do botequim se deve ao título da música "Para Pedro" e não a uma referência a algum Pedro que os donos do estabelecimento por ventura estimassem e quisessem homenagear. Trata-se de uma opinião bem construída com base no conhecimento de textos, na relação estabelecida entre textos.

EXEMPLO 4

> **Por que nossa mente "dá branco"?**
> O problema não está na memória, mas na falta de atenção
> Por segundos parece que a mente apagou tudo: do que íamos pegar na geladeira à resposta da prova. O problema não está na memória, mas na falta de atenção. "É um mecanismo essencial na ativação das memórias de curto prazo e operacional, que armazenam temporariamente dados necessários para o cérebro comandar ações rápidas, como digitar no celular um número que logo vai ser esquecido", explica Tarso Adoni, médico do Núcleo de Neurociências do Hospital Sírio-Libanês, em São Paulo. Ocorre que o lobo frontal, responsável pela atenção e memórias transitórias, tem capacidade limitada de armazenamento. Só fica ali – com chances de seguir para a memória permanente conforme a relevância e utilidade – o que a atenção selecionou. O que passou batido será apagado em seguida caso não cheguem novas pistas relacionadas. Isso explica a razão de a ideia "esquecida" ser "lembrada" ao voltarmos onde estávamos antes do branco.
> Esse tipo de apagão é diferente dos causados pelo álcool, que afeta memórias consolidadas, ou pela ansiedade. Neste caso, o cérebro entende o nervosismo como ameaça e se concentra em combatê-lo. Se os "brancos" afetarem a qualidade de vida, melhor procurar um médico.

Fonte: OLIVEIRA, Cida de. "Por que nossa mente 'dá branco'?". *Galileu*. São Paulo, Globo, n. 272, mar. 2014.

No artigo de divulgação científica, a intertextualidade se constitui em um valioso recurso na defesa da posição de que o problema de a nossa mente dar branco não reside na memória, mas na falta de atenção. Sob a forma de citação direta, a explicitação da fonte funciona como um argumento de autoridade na linha do raciocínio de que quem faz a afirmação o faz com conhecimento de causa, logo é merecedor de credibilidade. Vamos retomar a citação:

> "É um mecanismo essencial na ativação das memórias de curto prazo e operacional, que armazenam temporariamente dados necessários para o cérebro comandar ações rápidas, como digitar no celular um número que logo vai ser esquecido", explica Tarso Adoni, médico do Núcleo de Neurociências do Hospital Sírio-Libanês, em São Paulo.

EXEMPLO 5

> **Aranhas**
> Pegadinha? Sadismo (tenho uma amiga que deve ter odiado)? Mensagem sub-reptícia? A dúzia de aranhas que invadiu o caderno "Mundo" de ontem surpreendeu, mais pela ausência de explicação. Se foi apenas para preencher espaço, melhor teriam sido 12 haicais, 12 citações de peso ou 12 expressivas imagens fotográficas. Se não, falta explicação.
> **ROSA MARIA FABRI MAZZA** (Tanabi, SP)
> **NOTA DA REDAÇÃO** • As imagens faziam parte de anúncio publicitário publicado à pág. A15 da edição de ontem.

Fonte: FABRI MAZZA, Rosa Maria. "Aranhas".
Folha de S.Paulo. Painel do Leitor, 26 fev. 2013.

A carta do leitor é uma crítica a um anúncio publicado no caderno Mundo, da *Folha*, em 25 de fevereiro de 2015. O leitor retoma o anúncio para criticá-lo e, por sua vez, o jornal faz remissão à carta do leitor para responder-lhe a crítica. As relações intertextuais acontecem em torno de um tema: é a chamada **intertextualidade temática** muito comum em produções acadêmicas, jornalísticas etc.

EXEMPLO 6

> **Too much**
>
> Comprar tomate requer mais atenção do que nunca. Por quase R$ 5 o quilo, ele registra a maior alta dos últimos dez anos em São Paulo; além disso, há uma queda da qualidade da hortaliça, de acordo com comerciantes e cozinheiros.
> "O tomate tem luz própria", escreveu o chileno Pablo Neruda (1904-1973) no poema "Oda al Tomate". Celebrou a hortaliça como "astro da terra" e "estrela fecunda".
> Os brasileiros compartilham essa devoção revelada pelo poeta. Está em saladas, acompanha massas, compõe sanduíches etc. etc.
> Mas, por aqui, anda caro ter esse "astro" à mesa. Em 2012, a região metropolitana de São Paulo registrou a maior elevação do preço do tomate nos últimos dez anos. De acordo com o IBGE (Instituto Brasileiro de Geografia e Estatística), houve alta acumulada de 77,2% ao longo deste ano. Em média, o quilo sai por R$ 4,90.
> Os problemas vão além dos preços altos. Para cozinheiros, comerciantes e pesquisadores, o tomate enfrenta uma queda de qualidade no país.
> É "too much". Que Neruda perdoe a tolice do trocadilho: a expressão em inglês, que significa "demais", tem som semelhante ao da hortaliça, tema desta reportagem.

Fonte: FECARROTA, Luiza. "Too much". *Folha de S.Paulo*. Comida, 19 set. 2012.

A reportagem começa retomando trecho do poema "Oda al Tomate", de Pablo Neruda:

> "O tomate tem luz própria", escreveu o chileno Pablo Neruda (1904-1973) no poema "Oda al Tomate". Celebrou a hortaliça como "astro da terra" e "estrela fecunda".

Para quê? Para argumentar no sentido de que os brasileiros compartilham com o poeta a devoção ao tomate, embora o alto preço, na época da reportagem, impossibilitasse ter esse fruto à mesa.

No conjunto de gêneros textuais que nos serve de exemplificação, vimos que a **intertextualidade** é um expediente de que podemos nos valer na construção de argumentos. Com esse objetivo, foi estabelecida a relação entre textos com explicitação da fonte (exemplo 1, exemplo 3, exemplo 4, exemplo 5, exemplo 6) ou sem explicitação da fonte (exemplo 2).

> Para saber mais sobre os tipos de intertextualidade, sugerimos a leitura das obras: *Ler e compreender* (Koch e Elias, 2006a); *Ler e escrever* (Koch e Elias, 2006b); *Introdução à linguística textual* (Koch, 2004a); *A coerência textual* (Koch e Travaglia, 1990); *Intertextualidade: diálogos possíveis* (Koch, Bentes e Cavalcante, 2007).

No tópico a seguir, voltaremos a nossa atenção à intertextualidade com explicitação da fonte, na forma de citação direta ou indireta.

FORMAS DE CITAÇÃO NO PROCESSO ARGUMENTATIVO

Com o propósito argumentativo de fundamentar um ponto de vista, fazemos citações. Para compor uma citação, podemos copiar literalmente um texto ou parte dele (citação direta) ou dizer com nossas palavras, ou seja, parafrasear o texto fonte (citação indireta). As duas formas são importantes estratégias utilizadas no processo argumentativo, com variação no efeito de sentido, como comentaremos a seguir.

Citação direta

Já dissemos que a **citação direta** ocorre quando reproduzimos o que lemos (ouvimos). Nesse tipo de reprodução, é preciso usar aspas e indicar o autor, como indicam os exemplos que seguem.

Exemplo 1

> OMS considera grave situação da febre Chikungunya nas Américas
>
> A Organização Mundial da Saúde (OMS) considerou nesta terça-feira que a situação epidemiológica da febre Chikungunya nas Américas é "grave", no momento em que o número de doentes já supera os 5.000.
> "A situação na região é realmente grave. Muitos dos países da região estão registrando casos", disse em Havana a diretora-geral da OMS, Margaret Chan.
> Chan, que encerrou com uma coletiva de imprensa os dois dias de visita oficial a Cuba, explicou que "sempre que há movimentação de pessoas, bens e serviços, é possível que na bagagem, por exemplo, seja transportado o vetor, o mosquito" Aedes Aegypti.

Fonte: AGENCE FRANCE-PRESSE. "OMS considera grave situação da febre Chikungunya nas Américas". *Diário de Pernambuco*, 16 jul. 2014. Disponível em: <http://www.diariodepernambuco.com.br/app/noticia/ciencia-e-saude/2014/07/16/internas_cienciaesaude,516372/oms-considera-grave-situacao-da-febre-chikungunya-nas-americas.shtml>. Acesso em: 17 jul. 2014.

No texto, há partes que são reprodução da fala da diretora-geral da OMS, Margaret Chan, em Havana. Vamos retomá-las:

> "A situação na região é realmente grave. Muitos dos países da região estão registrando casos"

> "sempre que há movimentação de pessoas, bens e serviços, é possível que na bagagem, por exemplo, seja transportado o vetor, o mosquito"

Essas citações diretas funcionam como um **recurso de autoridade**, que comentamos antes, lembra? Na prática, ao recorrer a essa estratégia, o autor da matéria imprime ao texto maior grau de credibilidade, pois implicitamente nos diz: *eu estou apenas transcrevendo o que foi dito; quem diz é uma autoridade que fala com conhecimento de causa; merece, portanto, credibilidade.*

Essa estratégia de impressionar o leitor por meio do **argumento de autoridade** acontece em gêneros textuais das mais variadas esferas de atuação humana. O próximo exemplo pertence à esfera publicitária. Vejamos:

EXEMPLO 2

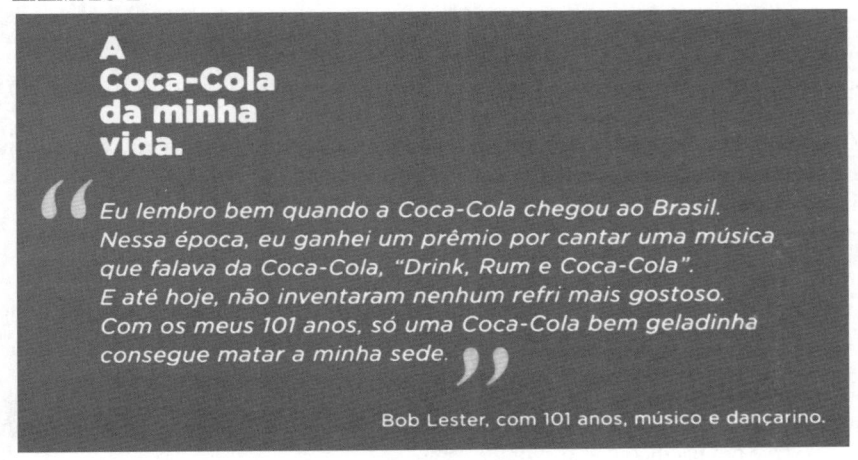

> **A Coca-Cola da minha vida.**
>
> "Eu lembro bem quando a Coca-Cola chegou ao Brasil. Nessa época, eu ganhei um prêmio por cantar uma música que falava da Coca-Cola, "Drink, Rum e Coca-Cola". E até hoje, não inventaram nenhum refri mais gostoso. Com os meus 101 anos, só uma Coca-Cola bem geladinha consegue matar a minha sede."
>
> Bob Lester, com 101 anos, músico e dançarino.

Fonte: *Veja*. São Paulo, 18 dez. 2013, p. 31.

A citação direta é uma estratégia muito eficiente: fazemos esse tipo de citação para argumentar a favor ou contra algo, para dar mais credibilidade ao que dizemos, para atribuir ao outro a responsabilidade pelo que foi dito e, consequentemente, nos eximirmos de eventual responsabilidade, para impressionar o outro e muitas outras razões. No exemplo, a citação atribuída ao artista Bob Lester está relacionada ao tópico "A Coca-Cola da minha vida" e serve ao propósito da campanha publicitária: aumentar a venda e o consumo da bebida. Esse anúncio se relaciona ao apresentado no capítulo "Texto e argumentação" (p. 29). Trata-se de um tipo de intertextualidade que remete ao tema e ao modo de produção/configuração textual: o depoimento de uma personalidade do mundo artístico ou esportivo que é resumido na forma de *slogan*.

Citação indireta

Numa citação também pode ocorrer uma adaptação das ideias apresentadas no texto fonte, isto é, podemos dizer com nossas palavras ou parafrasear as ideias alheias. Quando isso acontece, a **citação é indireta**.

Como realizamos um trabalho de "tradução" em um percurso que vai das palavras do autor às palavras de quem cita, sem que isso implique alteração da ideia central do texto base, a responsabilidade de quem faz uma citação indireta aumenta, mesmo recorrendo a alguns expedientes linguísticos como *segundo o autor, para o autor, de acordo com o autor* etc. Vamos aos exemplos:

Exemplo 1

> Tudo, como se sabe, vai mal – pelo menos é o que se costuma depreender da leitura dos jornais cotidianos. Vem da revista científica "Nature", todavia, a informação sobre uma pesquisa que pode trazer relativo consolo a tal constatação.
> As coisas vão mal, é certo – mas já foram muito piores. Segundo Steven Pinker, cientista de destaque mundial na área da psicologia evolucionista, o mundo nunca esteve tão pacífico como agora.

Fonte: EDITORIAIS. "Uma outra evolução". *Folha de S.Paulo*. Opinião, 23 out. 2011, A2.

No editorial, as ideias de Steven Pinker foram parafraseadas e introduzidas por meio do recurso linguístico que negritamos no trecho:

> As coisas vão mal, é certo – mas já foram muito piores. **Segundo Steven Pinker**, cientista de destaque mundial na área da psicologia evolucionista, o mundo nunca esteve tão pacífico como agora.

Do ponto de vista argumentativo, quem produz a citação dá visibilidade ao fato de que o autor da matéria atribui os créditos da ideia comentada **"o mundo nunca esteve tão pacífico como agora"** ao pesquisador **"Steven Pinker, cientista de destaque mundial na área da psicologia evolucionista"** (recurso de autoridade). Mesmo assim, quem faz a citação se compromete mais pelo que podemos chamar de "tradução discursiva", já que o texto fonte foi retomado nas palavras do jornalista e na sua forma de compreensão. Aliás, na letra da canção de Arnaldo Antunes, Marisa Monte e Dadi Carvalho, comentada no capítulo "Texto e argumentação" (p. 31), é retomada a ideia de Pinker ("o mundo está bem melhor do que há cem anos atrás, dizem") só que sem a indicação da fonte, um caso de intertextualidade implícita.

Exemplo 2

> Em 1900, Max Planck propôs algo que a ele mesmo soava absurdo: objetos absorvem e emitem energia em pacotes (em "quanta"), e não continuamente. Usando essa ideia estranha, e contra a sua vontade, Planck resolveu um dos desafios da época: provar que um corpo, quando aquecido, não emite energia sem controle. A revolução quântica, que hoje domina nossa tecnologia digital, teve início com a audácia de Planck.
> Baseando-se nos "quanta" de Planck, Einstein propôs três ideias revolucionárias: a luz pode ser interpretada como vindo em pacotes, os fótons, e não só como sendo uma onda (dualidade onda-partícula); a velocidade da luz é sempre a mesma, independentemente da velocidade da sua fonte ou do observador (teoria da relatividade especial); uma amostra de matéria pode ser convertida em luz (ou melhor, em radiação eletromagnética), sua energia convertida na energia da radiação resultante multiplicada pela velocidade da luz ao quadrado ($E=mc^2$).

Fonte: GLEISER, Marcelo. "O mundo segundo Einstein". *Folha de S.Paulo*, 16 mar. 2014.

O texto contém dois casos de citação indireta: no primeiro, há retomada da ideia de Max Planck:

> Max Planck propôs algo que a ele mesmo soava absurdo: objetos absorvem e emitem energia em pacotes (em "quanta"), e não continuamente.
>
> Planck resolveu um dos desafios da época: provar que um corpo, quando aquecido, não emite energia sem controle.

No segundo, das ideias de Einstein:

> Einstein propôs três ideias revolucionárias: a luz pode ser interpretada como vindo em pacotes, os fótons, e não só como sendo uma onda (dualidade onda-partícula); a velocidade da luz é sempre a mesma, **independentemente da velocidade da sua fonte ou do observador (teoria da relatividade especial); uma amostra de matéria pode ser convertida em luz (ou melhor, em radiação eletromagnética), sua energia convertida na energia da radiação resultante multiplicada pela velocidade da luz ao quadrado ($E=mc^2$).**

Quem produz o texto parafraseia o que leu dando os créditos devidos aos autores citados por meio de expedientes como "Planck propôs"; "Einstein propôs". Também a escolha do verbo *propor* indica uma interpretação da atividade discursiva por parte de quem faz a citação. De acordo com o que nos ensina Marcuschi (2007), no quadro desses verbos interpretativos destacam-se:

> aconselhar, criticar, advertir, enaltecer, elogiar, prometer, condenar, censurar, desaprovar, incentivar, sugerir, exortar, admoestar

EXEMPLO 3

Cavalheirismo e espionagem

O antropólogo Christopher Boehm sustenta que a consciência moral, pré-requisito da civilização, foi precedida por um processo de autodomesticação social, no qual até machos dominantes aprenderam a exercer autocontrole. No começo, evitavam recorrer à força por temer retaliações do grupo, mas, com o tempo, isso se tornou uma segunda natureza.
Se esse modelo é aplicável às relações internacionais, devemos reclamar cada vez que um país é apanhado espionando mais do que devia. Fazê-lo sentir-se desconfortável é o primeiro passo para que um dia consigamos tornar real a máxima segundo a qual cavalheiros não devem ler a correspondência uns dos outros.

Fonte: SCHWARTSMAN, Hélio. "Cavalheirismo e espionagem". *Folha de S.Paulo*. Opinião, 6 nov. 2013, A2.

No artigo de opinião, a ideia do autor é apresentada sob a forma de uma **citação indireta** e introduzida por meio do verbo **sustentar**:

> O antropólogo Christopher Boehm **sustenta** que a consciência moral, pré-requisito da civilização, foi precedida por um processo de autodomesticação social, no qual até machos dominantes aprenderam a exercer autocontrole. No começo, evitavam recorrer à força por temer retaliações do grupo, mas, com o tempo, isso se tornou uma segunda natureza

Argumentativamente, o verbo *sustentar* sinaliza para uma posição oficial ou afirmação positiva. Ainda de acordo com Marcuschi (2007), na lista de verbos com esse peso argumentativo podem ser citados:

> declarar, afirmar, comunicar, anunciar, informar, confirmar, assegurar

INTERTEXTUALIDADE NO TÍTULO E ORIENTAÇÃO ARGUMENTATIVA

Sem dúvida nenhuma podemos identificar a intertextualidade em qualquer parte do texto: na introdução, no desenvolvimento, na conclusão (como veremos nos capítulos "Estratégias para iniciar uma argumentação", "Estratégias para desenvolver uma argumentação" e "Estratégias para concluir uma argumentação") ou até mesmo no título, como passaremos a discutir nesta seção.

O título é o primeiro desencadeador de perspectivas sobre o texto. Assim, um título bem dado prepara o leitor para o que vai encontrar no texto, ativa na sua memória conhecimentos necessários para a compreensão da leitura, permite-lhe fazer previsões, levantar hipóteses, que, na leitura, vão ser testadas, confirmando-se ou não.

É bem verdade que existem títulos despistadores, intencionalmente ou não, que podemos encontrar principalmente em produções de publicitários ou humoristas. Um exemplo de título casualmente despistador é o conhecido exemplo do livro **Raízes do Brasil**, que, segundo consta, teria sido encontrado em uma biblioteca, no setor de botânica. No caso, faltaram à bibliotecária os conhecimentos necessários a respeito do autor da obra e de seu campo de atuação. Para nós, esse fato vem sublinhar ainda mais o quanto devemos prestar atenção ao título como leitores e como escritores, levando em conta a sua função de despertar a curiosidade ou interesse do leitor para o conteúdo do texto.

HOLANDA, Sérgio Buarque de. *Raízes do Brasil*. São Paulo: Companhia das Letras, 1997.

Na atividade de dar título ao texto, muito nos favorecem os conhecimentos textuais que armazenamos na memória, fruto dos livros que lemos, das músicas que ouvimos, dos filmes a que assistimos, das coisas que nos contam.

Extraídos de jornal, títulos como

Perdidos no espaço (*Folha de S.Paulo*, Imóveis, 5 jul. 2015)

Saudosa derrota (*Folha de S.Paulo*, Esporte, 29 jun. 2015)

Enfim, juntos (*Folha de S.Paulo*, Opinião, 14 jul. 2015)

Sem anos de perdão (*Folha de S.Paulo*, Poder, 10 ago. 2015)

são uma demonstração do que acabamos de dizer: *Perdidos no espaço* nos remete ao filme que tem esse título; *Saudosa derrota* nos faz lembrar a música "Saudosa maloca", de Adoniran Barbosa; *Enfim, juntos* tem como base o clássico enunciado *Enfim, sós*, situado no modelo mental (*frame*) que construímos sobre casamento, segundo a nossa cultura; e *Sem anos de perdão* nos remete a *Cem anos de solidão*, obra do escritor colombiano Gabriel García Márquez, considerada uma das mais importantes da literatura latino-americana.

O texto que vamos ler a seguir realça a importância da intertextualidade na constituição de títulos. Vejamos:

> **Títulos**
>
> Nós, da imprensa, somos assim. Quando adotamos uma fórmula, entregamo-nos a ela com fervor. Por exemplo, desde que passamos a usar títulos de filmes para criar títulos de matérias, nunca mais paramos. O auge desse macete foi na revista *Manchete*, nos anos 60 e 70, porque seu diretor, o querido Justino Martins, o achava divertido. Daí que, de repente, tudo se tornou "A hora e a vez de..." ou "Quem tem medo de...?", tirados de "A Hora e a Vez de Augusto Matraga", conto de Guimarães Rosa, e de "Quem Tem Medo de Virginia Woolf?", peça de Edward Albee, ambos filmados com enorme sucesso. Precisávamos ficar atentos para que cada título, ou suas variações, só saísse uma vez por edição.

Fonte: CASTRO, Ruy. "Títulos". *Folha de S.Paulo*. Opinião, 7 out. 2009.

Produzir textos (e também título para esses textos) pressupõe conhecimento textual, além de muitos outros, é claro. E muito desse conhecimento advém das leituras que realizamos com objetivos distintos. Então, se lemos para passar o tempo, manter-nos informados, realizar tarefas escolares ou dominar um tema para reunião, não importa, o que interessa mesmo é que a leitura é indispensável e os textos que lemos compõem um rico repertório que possibilita variadas combinações textuais, estejamos conscientes ou não disso.

RESUMINDO

Fazer remissão a textos que fazem parte da memória social dos leitores é uma importante estratégia na construção dos argumentos, principalmente quando, no próprio texto, fazemos menção à fonte do intertexto, isto é, quando outro texto ou um fragmento é citado, quando é reportado como tendo sido dito por outro(s), como acontece nas citações diretas ou indiretas.

Marcada no texto por meio de expedientes gráficos ou linguísticos, a citação funciona como um recurso à autoridade para abalizar uma tese, para ser tomada como argumento para determinada conclusão.

Usamos a língua na forma de textos e eles são repletos do modo como olhamos e interpretamos o mundo, das nossas crenças e descrenças, dos nossos gostos e desgostos, das nossas escolhas e desescolhas. Isso está na base da atividade de argumentar, cuja realização de modo reflexivo é o que incentivamos neste livro.

PROPOSTAS DE ATIVIDADE

Atividade 1

Leia o título da matéria publicada no caderno TEC da *Folha de S.Paulo*.

> **Recebeu, não leu...**
> WhatsApp passa a avisar usuários quando mensagem é lida e causa irritação e ansiedade; 'recurso' não pode ser desativado

Fonte: ROMANI, Bruno. "Recebeu, não leu...". *Folha de S.Paulo*. Tec, 11 nov. 2014.

1. Agora, responda: qual o texto que se encontra na base da construção do título?

2. Como vimos neste capítulo, muitos títulos são constituídos de forma intertextual. Você certamente já deve ter se deparado, em matérias da mídia impressa ou digital, com muitos títulos intertextuais. Então, com o olhar mais atento para a questão após o que estudou, procure em jornais ou revistas títulos de matéria em que você identifica o texto que lhes deu origem.

3. Escolha de sua lista um ou dois desses títulos e leia a matéria que se apresenta com o título selecionado.

4. Explique como a intertextualidade contida no título se relaciona com o plano argumentativo do texto.

Atividade 2

Leia o texto:

Uma casa muito engraçada

Era uma casa muito engraçada. Tinha teto, mas ele de pouco valia. As lâmpadas, a temperatura e boa parte dos eletrodomésticos eram controlados remotamente para garantir conveniência, conforto e segurança.

Ninguém podia entrar nela, não. Seu alarme digital era um sistema de segurança de padrão empresarial. Sensores e câmaras ligados à internet chamariam a central, o dono, a polícia, os bombeiros, o zelador ou um vizinho caso algo estranho fosse detectado. Da mesma forma que antigamente se deixava a luz acesa para espantar ladrões, a presença na casa poderia ser simulada com lâmpadas, motores e cortinas automáticas. Isso também resolvia o problema de regar plantas e alimentar bichos em uma viagem.

A casa praticamente não tinha paredes. Para se adaptar ao espaço progressivamente reduzido em cidades cada vez mais compactadas, cabia ao controle central simular ambientes de acordo com quem o ocupasse, conforme a atividade realizada. Isso ajudava a poupar energia, melhorar o humor e diminuir a sensação de confinamento.

Mas nem tudo era perfeito. Fazer pipi, por exemplo, demandava um certo desapego. Não por falta de penicos, mas por questões de privacidade. Toda a comodidade resultava de uma negociação com os fornecedores, que subsidiariam os equipamentos em troca de uma coleta de dados pessoais anônimos.

Expansões residenciais dos sistemas de automação industrial, projetos de casas automáticas existem há cerca de um século, com o declínio da oferta de serviçais e o surgimento dos eletrodomésticos, que vieram suprir uma demanda por ajuda nas cidades emergentes.

Vedetes nas feiras mundiais e cenários constantes dos filmes de ficção científica, as tais "casas do futuro" não eram tão simples. A complexidade dos equipamentos e o custo restringiam o sonho a mansões e a casas de inspetores-bugiganga.

Diz-se que o futuro é superestimado a curto prazo e subestimado a longo prazo, e com as casas não foi diferente. O surgimento dos microcontroladores, plaquinhas que funcionam como pequenos computadores embutidos em chips, foi o primeiro passo. Parte integrante dos automóveis, implantes medicinais, ferramentas e brinquedos modernos, eles estão cada vez mais simples e baratos. Conectados à rede e controlados por aplicativos em celulares, são a face mais evidente da tão falada "internet das coisas".

Toda essa traquitana parece supérflua, como um dia uma lava-louça o foi. Para quem é jovem, não tem problemas de locomoção e vive em um ambiente cujas variações de temperatura são apenas um incômodo, a robótica doméstica é quase um luxo. O mesmo não pode ser dito de uma população cada vez mais idosa que prefere (ou precisa) se manter independente.

A criação de um sistema operacional doméstico é o sonho de gigantes como Philips, GE, Intel, Cisco, Apple, Google, Samsung e Microsoft, todos na corrida para interligar serviços de armazenamento na nuvem, automação, computação vestível, "big data" e internet das coisas naquela que promete ser a nova fronteira digital.

Mas quem acredita que tudo isso é feito para o bem, sem nenhum interesse mercantilista, vigilante ou escuso, é melhor se mudar para a rua dos Bobos, número zero.

Fonte: RADFAHER, Luli. "Uma casa muito engraçada". *Folha de S.Paulo*. Tec, 14 jul. 2014.

1. Procure se informar sobre o texto que inspirou o autor na produção do artigo de opinião que acabou de ler:

    - qual é o texto fonte?
    - quem o produziu?
    - quando foi produzido?
    - a que tipo de leitor foi dirigido?
    - que sentido pode ser construído para o texto fonte considerando as informações obtidas?

2. Considerando as informações obtidas sobre o texto fonte e o artigo publicado na *Folha*, qual orientação argumentativa imprime a intertextualidade ao texto de Luli Radfaher publicado no jornal?

ATIVIDADE 3

Leia o texto:

A paz de Noronha

"Para mim a câmera é um caderno de esboço, um instrumento da intuição e da espontaneidade", escreveu certa vez Henri Cartier-Bresson. O fotógrafo João Vianna, nascido no Rio de Janeiro, parece ter seguido à risca as palavras do mestre francês para compor o livro *Inspiração – Fernando de Noronha*, uma ode à beleza do arquipélago pernambucano lançada este ano. Segundo ele, as imagens de praias, morros, flores e animais que compõem a obra foram captadas ao longo de dez anos, em momentos mágicos, em pleno contato com a natureza local. "Eu não programava nada. Acordava, escolhia uma praia para ir na mesma hora e saía para tirar as fotos", diz o fotógrafo de 38 anos. Isso sim é estar no lugar certo, na hora certa.

Fonte: VIANNA, João. "A paz de Noronha". *Revista Gol*, n. 139, out. 2013.

1. Identifique as citações contidas no texto, separando as diretas das indiretas:

Citações	
Diretas	**Indiretas**

2. Observe os verbos usados na introdução das citações e explique o efeito de sentido que a escolha deles promove no anúncio.

ATIVIDADE 4

Leia o texto

O Brasil bruto, na medida

O Brasil é um país mais embrutecido. Mata-se por motivo fútil ou motivo algum de modo mais brutal. A brutalidade não é apenas física; evidencia-se sintomaticamente "na deseducação, no rebaixamento individual e coletivo dos costumes, em muito do que os meios de comunicação tomam como modernidade, na política. Até onde a elevação do trato entre suas excelências parecia inexaurível no Supremo".
Esse é o resumo da tese exposta por Janio de Freitas em sua coluna do domingo passado nesta Folha ("Brasil Embrutecido"). Parece difícil discordar. [...]

Fonte: FREIRE, Vinicius. "O Brasil bruto, na medida". *Folha de S.Paulo*, 2 mar. 2014.

1. Dê continuidade ao texto discordando do posicionamento do autor.
2. Com esse objetivo, procure e leia textos sobre o tema.
3. Dos textos lidos, selecione algumas ideias que considera importantes para compor a sua argumentação. Lembre-se de que as citações, quer sejam diretas, quer indiretas, exigem a indicação do autor.

ATIVIDADE 5

Vamos retomar o anúncio que nos serviu de exemplo neste capítulo à página 49.

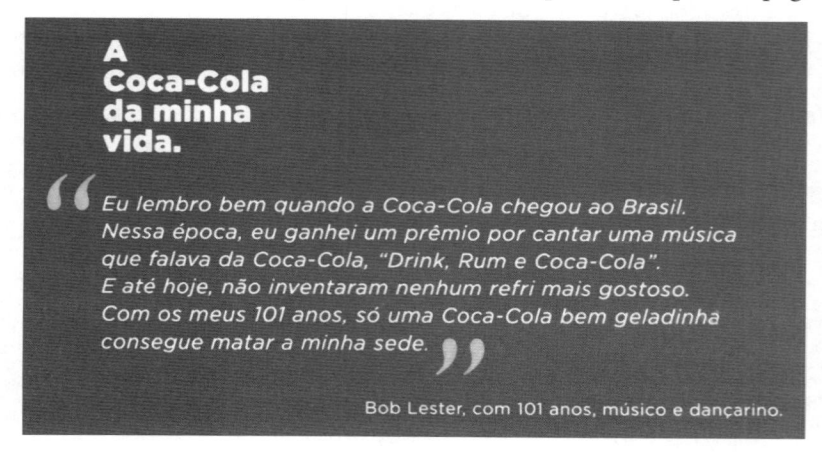

> **A Coca-Cola da minha vida.**
>
> " Eu lembro bem quando a Coca-Cola chegou ao Brasil. Nessa época, eu ganhei um prêmio por cantar uma música que falava da Coca-Cola, "Drink, Rum e Coca-Cola". E até hoje, não inventaram nenhum refri mais gostoso. Com os meus 101 anos, só uma Coca-Cola bem geladinha consegue matar a minha sede. "
>
> Bob Lester, com 101 anos, músico e dançarino.

Vimos que o anúncio é composto por um depoimento relacionado ao tópico **A coca-cola da minha vida**, certo? Pois bem. Há um filme de Eduardo Coutinho intitulado **As canções** que se desenvolve em torno de depoimentos feitos por pessoas comuns sobre determinada música. De forma simplificada, o tema do filme de Coutinho é a **música da minha vida**. Vale a pena assistir ao filme e não só para refletir sobre as questões intertextuais, nosso objetivo neste capítulo.

Bem, imagine que você precisa produzir um anúncio sobre um filme ou um livro e nessa produção vai recorrer a citações com propósito argumentativo, assim como fizeram os produtores do anúncio da Coca-Cola, ou do livro *O segredo do meu marido* (p. 41) ou como o fez Coutinho no filme *As canções*.

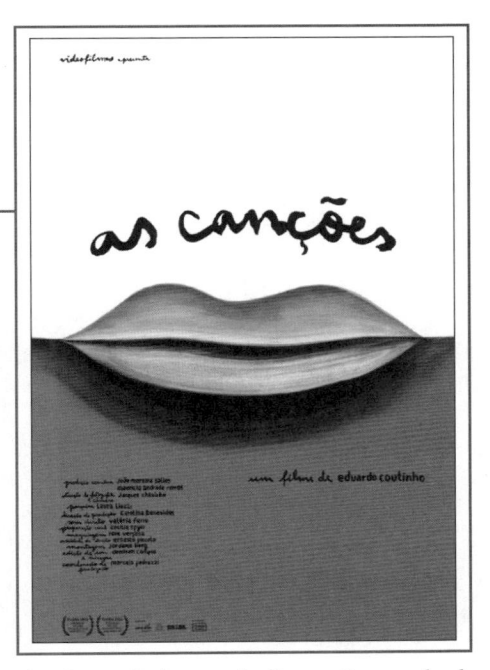

Apresente o seu texto ao professor e colegas de turma, a fim de despertar o interesse pelo livro, filme ou outro produto qualquer que escolha como tema de sua produção.

# 3
Conhecimento linguístico e argumentação: os operadores argumentativos

A gramática de uma língua possui certos elementos que têm por função indicar ou mostrar a força argumentativa dos enunciados, a direção ou o sentido para o qual apontam. Ducrot, o criador da teoria da argumentatividade na língua, designou esses elementos de **operadores argumentativos**.

Em seus estudos, Ducrot utiliza duas noções básicas: **classe argumentativa** e **escala argumentativa**.

A **classe argumentativa** designa o conjunto de elementos que apontam ou orientam para *uma mesma conclusão*.

EXEMPLO 1

> A História é a bola da vez.

Por quê?

> 1. As grandes livrarias destinam algumas das melhores estantes e balcões a livros de História. (Argumento 1)
> 2. Romances históricos estão entre os *best-sellers* no mundo todo. (Argumento 2)
> 3. Revistas destinadas à História, sejam científicas ou de divulgação, têm cada vez mais sucesso. (Argumento 3)

Fonte: PINSKY, Jaime. *Por que gostamos de história*. São Paulo: Contexto, 2013, p. 22.

No exemplo, todos os argumentos têm o mesmo valor para levar o interlocutor à conclusão desejada: **a História é mesmo a bola da vez.**

Representando graficamente esses argumentos que compõem uma classe argumentativa, temos:

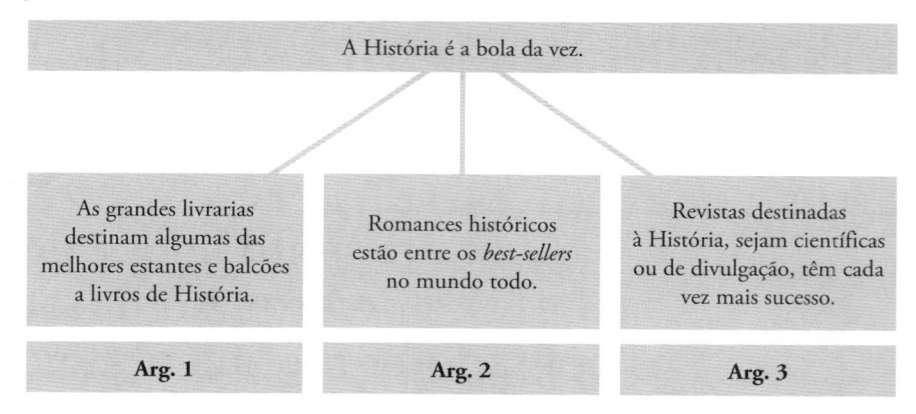

```
                    A História é a bola da vez.
         ┌──────────────────┼──────────────────┐
 As grandes livrarias   Romances históricos   Revistas destinadas
 destinam algumas das   estão entre os        à História, sejam científicas
 melhores estantes e    best-sellers          ou de divulgação, têm cada
 balcões a livros       no mundo todo.        vez mais sucesso.
 de História.
     Arg. 1                Arg. 2                 Arg. 3
```

O texto pode ser formulado de algumas maneiras:

1. A História é a bola da vez: as grandes livrarias destinam algumas das melhores estantes e balcões a livros de História; romances históricos estão entre os *best-sellers* no mundo todo **e** revistas destinadas à História, sejam científicas ou de divulgação, têm cada vez mais sucesso.

2. A História é a bola da vez: **não só** as grandes livrarias destinam algumas das melhores estantes e balcões a livros de História, **mas também** romances históricos estão entre os *best-sellers* no mundo todo **e** revistas destinadas à História, sejam científicas ou de divulgação, têm cada vez mais sucesso.

3. A História é a bola da vez: **além de** as grandes livrarias destinarem algumas das melhores estantes e balcões a livros de História, romances históricos estão entre os *best-sellers* no mundo todo e **também** revistas destinadas à História, sejam científicas ou de divulgação, têm cada vez mais sucesso.

Como demonstrado, os argumentos têm a mesma força argumentativa. No entanto, há enunciados de uma classe argumentativa que podem apresentar *uma gradação de força (crescente ou decrescente) no sentido de uma mesma conclusão*. Quando isso acontece, estamos diante de uma **escala argumentativa**.

Exemplo 2

> Com vocês, Bucareste!
>
> A capital romena é uma das boas pedidas do Leste europeu, com edifícios clássicos, história intrigante e até lendas sobre vampiros

Fonte: *Viajar pelo Mundo,* ano 5, n. 63.

> A capital romena é uma das boas pedidas do Leste europeu

Por quê?

> 1. Exibe edifícios clássicos (Argumento 1)
> 2. Possui história intrigante (Argumento 2)
> 3. Tem lendas sobre vampiros (Argumento 3)

O texto pode ser formulado da seguinte forma:

> A capital romena é uma das boas pedidas do Leste europeu. **Não apenas** exibe edifícios clássicos, **como também** possui história intrigante e **até (mesmo, ainda)** tem lendas sobre vampiros.

Como observamos, os três argumentos são orientados para a mesma conclusão, mas há uma gradação: do argumento mais fraco ao mais forte, na **escala argumentativa**.

Esquematicamente, podemos representar a escala assim:

> A capital romena é uma das boas pedidas do Leste europeu.
> ↳ tem lendas sobre vampiros. (Argumento 3) (Argumento mais forte)
> ↳ possui história intrigante. (Argumento 2)
> ↳ exibe edifícios clássicos. (Argumento 1)

Se a mesma conclusão for negada, invertem-se os elementos da escala:

> A capital romena **não** é uma das boas pedidas do Leste europeu.
> ↳ não exibe edifícios clássicos. (Argumento mais forte)
> ↳ não possui história intrigante.
> ↳ não tem lendas sobre vampiros.

No caso da escala de sentido negativo, o argumento mais forte vem introduzido por **nem mesmo**, como veremos a seguir.

O enunciado negativo pode ser formulado assim:

> A capital romena não é uma das boas pedidas do Leste europeu. Não tem lendas sobre vampiros, nem possui história intrigante, **nem mesmo** exibe edifícios clássicos.

Os **operadores** ou **marcadores argumentativos** são, pois, elementos linguísticos que permitem orientar nossos enunciados para determinadas conclusões. São, por isso mesmo, responsáveis pela **orientação argumentativa** dos enunciados que introduzem, o que vem a comprovar que a **argumentatividade** está inscrita na própria língua.

Há vários tipos de operadores argumentativos. É disso que trataremos a seguir.

- **Tipos de operadores argumentativos**

    1. Operadores que somam argumentos a favor de uma mesma conclusão

    > e, também, ainda, nem (e não), não só... mas também, tanto... como, além de, além disso etc.

    Exemplo 1

    > Mais do que nunca o país precisa de superação. **E** vai depender, mais uma vez, muito de seus jovens, honestos, desinibidos, sonhadores, preparados, inteligentes e competentes.

    Fonte: STEINBRUCH, Benjamin. "Leca Meleca". *Folha de S.Paulo*. Mercado, 14 jul. 2015, A20.

    Exemplo 2

    > O acesso à rede de água e esgoto traz mais dignidade para a vida das pessoas, **além de** gerar uma série de avanços econômicos e sociais para o país. Com a universalização do saneamento, nossas crianças podem melhorar o desempenho e a assiduidade escolar. O número de trabalhadores que precisam se afastar de suas atividades normais diminuiria expressivamente, assim como as internações hospitalares, reduzindo despesas com horas pagas e não trabalhadas e com atendimentos médicos.
    > AEGEA trabalha pela universalização do saneamento, levando serviços para 38 municípios de oito estados brasileiros. Assim, realiza um trabalho que, além de básico, é indispensável para o progresso do Brasil.

    Fonte: "O Brasil que dá certo". *Folha de S.Paulo*. Infraestrutura, 16 jul. 2015.

Exemplo 3

> Aventuras de férias
>
> Que época pode ser melhor para experimentar algo novo e divertido que durante uma viagem para os EUA? As experiências a seguir **não só** vão enchê-lo de adrenalina, **mas também** deixarão memórias extraordinárias, que vão durar muito tempo depois que você voltar para casa.

Fonte: DiscoverAmerica.com.br

2. **Operadores que indicam o argumento mais forte de uma escala a favor de uma determinada conclusão**

> até, até mesmo, inclusive

Exemplo 1

Não é o tempo que está biruta: é que até o sol quer passar Julho no Itamambuca Eco Resort.

Fonte: *Viagem e Turismo*, jun. 2015.

Exemplo 2

> **PARA ENFRENTAR A CRISE PROCURE UMA GRANDE AGÊNCIA.**
> **PODE INCLUSIVE SER A NOSSA.**

Fonte: *Folha de S.Paulo*. Poder, 13 jul. 2015, A9.

Quando a escala é orientada para a **negação**, usamos operadores como:

nem, nem mesmo

Com o significado de *e também não*, **nem** marca uma relação de adição e indica explicitamente que se acresce um segundo segmento a um primeiro segmento negativo. Os argumentos vão em uma mesma direção.

Exemplo

> UM ALUNO NUNCA ESQUECE UM GRANDE PROFESSOR. NEM O QUE ELE ENSINA.
>
> Quem estuda na Cultura Inglesa aprende inglês de verdade. A Cultura Inglesa investe mais no preparo de seus professores. Afinal, valorizar o professor é valorizar o aluno.

Fonte: *Veja São Paulo*, n. 2435, 22 jul. 2015.

Há, ainda, um operador que *acrescenta mais um argumento de maneira subreptícia*, como se não fosse necessário, para dar o golpe final, resumindo ou coroando todos os demais argumentos: o operador **aliás**.

> O estranhamento continuou ao constatar que nossos amigos, uma vez em casa, não se precipitaram para telefonar para o 190. **Aliás**, descobri na ocasião que ninguém sabia qual era o número certo: 190? 192? 193? Por que memorizar um número de emergência no qual ninguém confia?

Fonte: CALLIGARIS, Contardo. "Fim de semana no Rio". *Folha de S.Paulo*. Ilustrada, 27 ago. 2015, C10.

3. Operadores que deixam subentendida a existência de uma escala com outros argumentos mais fortes

> ao menos, pelo menos, no mínimo

EXEMPLO 1

> Mais novo entre dez irmãos, Jacob Fugger foi escolhido ainda pequeno pela mãe para ser padre. (...) Se o plano tivesse ido adiante, Jacob teria seguido uma vida regida pelo celibato, o dogma e, ironicamente, o voto de pobreza. Mas Barbara, a rígida e astuta matriarca, mudou de ideia sem motivo aparente e Fugger seguiu o caminho dos negócios, tornando-se um dos maiores financistas da história. E, como afirma o jornalista e consultor George Steinmetz, autor de uma biografia recém-lançada nos Estados Unidos, é o "homem mais rico que já viveu". Embora tal título seja difícil de comprovar, o livro mostra com riqueza de detalhes e farta pesquisa que Fugger merece, **no mínimo**, ocupar um lugar de destaque no hall da fama das finanças, talvez como o primeiro superbanqueiro da história.

Fonte: NINIO, Marcelo. "Livro conta vida de primeiro superbanqueiro da história". *Folha de S.Paulo*. Mercado, 22 ago. 2015, A22.

Exemplo 2

> **Jeitinho brasileiro é promovido a estratégia no mundo dos negócios**
>
> O jeitinho brasileiro foi promovido de vergonha nacional a centro da cultura estratégica brasileira. E com ensinamentos a serem divulgados mundo afora.
> **Pelo menos** ao levar em conta que o modo de agir peculiar foi tema de palestra a empresários ligados à Câmara de Comércio França-Brasil (CCFB) na segunda-feira (17), em São Paulo.
> O professor responsável pela análise foi o francês Pierre Fayard, do Instituto Franco-Brasileiro de Administração de Empresas (IFBAE), estudioso das culturas estratégicas (principalmente China) e professor da Universidade de Poitiers, na França.
> "É um tema que parece pequeno, mas é grande. O jeitinho tem componentes que são vistos como negativos, mas também há alguns que são bem positivos. É uma coisa bem milagrosa para nós, franceses", disse ele à *Folha*.
> Segundo Fayard, o jeitinho se caracteriza por uma mistura de capacidade de achar solução para qualquer problema sem desistir facilmente, cordialidade e uma certa amoralidade. [...]

Fonte: OLIVEIRA, Filipe. "Jeitinho brasileiro é promovido a estratégia no mundo dos negócios". *Folha de S.Paulo*. Mercado, 20 ago. 2015, A16.

Exemplo 3

> **Somos todos marcianos**
>
> O título do último livro de Peter Ward e Joe Kirschvink é pretensioso: "A New History of Life" (uma nova história da vida), e o subtítulo, "as radicais novas descobertas sobre as origens e a evolução da vida na Terra", não ajuda muito.
> Como não sou especialista em biologia, geologia nem em paleontologia, não posso julgar com precisão o que constitui realmente novidade e o que é uma interpretação diferente para ideias mais ou menos aceitas. Mas, mesmo que demos um bom desconto para os aspectos em que a obra se pretende revolucionária, "A New History..." continua sendo uma leitura fascinante e informativa (**ao menos** para quem não é especialista).

Fonte: SCHWARTSMAN, Hélio. "Somos todos marcianos". *Folha de S.Paulo*. Opinião, 9 ago. 2015, A2.

4. Operadores que contrapõem argumentos orientados para conclusões contrárias

> mas, porém, contudo, todavia, no entanto, entretanto
> embora, ainda que, posto que, apesar de (que)

Exemplo 1

> **NÃO EXISTE DIA RUIM PARA COMPRAR UM BMW.**
> **MAS EXISTE DIA MELHOR.**
>
> Fonte: *Veja*, n. 2.357, 22 jan. 2014.

A construção ***A mas B*** exprime um contraste:

> **A** (não existe dia ruim para comprar um BMW)
> **mas**
> **B** (existe dia melhor para comprar um BMW)

Isso quer dizer que **A** e **B** são tomados como argumentos a favor de duas conclusões opostas ***C e não C***, embora **C** e **não C** não precisem ser explicitamente formuladas. Assim:

A (não existe dia ruim para comprar um BMW)	**mas**	**B** (existe dia melhor para comprar um BMW)
Argumento possível à C		Argumento decisivo a favor de não C
C (pode-se comprar um BMW em qualquer dia)		**não C** (não se pode comprar um BMW em qualquer dia)

Então, quando usamos **mas** informamos que **B** é mais forte como argumento a favor de **não C** do que **A** em favor de **C**. Dizendo de outro modo, a construção ***A mas B*** em seu todo é favorável a **não C**, conclusão para a qual **B** é argumento decisivo. Isso porque quando usamos **mas** introduzimos no discurso um argumento possível para uma conclusão e, logo em seguida, opomos um argumento decisivo para a conclusão contrária.

Ducrot (1980) recorre à metáfora da balança para explicar o funcionamento do **mas**, o operador argumentativo por excelência: quem usa o **mas** coloca no prato **A** um argumento com o qual não se engaja, isto é, que pode ser atribuído a seu interlocutor, ou a terceiros ou ainda ao saber comum de determinada cultura. A seguir, coloca no prato **B** um argumento contrário, ao qual adere, fazendo a balança inclinar-se nessa direção. Há, portanto, contraposição de argumentos orientados para conclusões contrárias, pois o argumento do prato **B** nega as expectativas criadas pelo argumento do prato **A**.

Ainda explica Ducrot que **mas** pode exprimir um movimento psicológico entre crenças, opiniões, emoções, desejos mesmo que implícitos, quando orientados em sentidos contrários. Vejamos como isso acontece nos exemplos:

Exemplo 2

> FILME
>
> ELA ***
> Spike Jonze (Sony Pictures, R$ 69,90)
> Demorou, **mas** finalmente chegou às locadoras "Ela", o bonito drama romântico de Spike Jonze sobre um solitário (Joaquin Phoenix) que se apaixona por "Samantha", um sistema operacional (voz de Scarlett Johansson). Jonze faz um esforço danado para ser cool e modernex, mas a história é tão boa e inusitada que você perdoa.

Fonte: BARCINSKI, André. "Caixa com 8 filmes de Spielberg mescla bons clássicos e 'abacaxis'". *Revista sãopaulo*. São Paulo: Folha de S.Paulo, 19 a 25 out. 2014, p. 93.

Exemplo 3

> É golfe, **mas** jogado com os pés
> No futegolfe, esporte criado no Brasil, não é precioso desviar do goleiro. O desafio é ser bom de mira.

Fonte: CARRERA, Isabella; OSHIMA, Flávia Yuri. "É golfe, mas jogado com os pés". *Época*. São Paulo: Globo, ed. 845, 11 ago. 2014.

A conjunção **embora** desempenha um papel análogo, pois a construção *A embora B* sugere que **A** e **B** são argumentos a favor de conclusões opostas.

Exemplo 4

> Casamento entre palavras
>
> Abraço caudaloso
> Algumas palavras dependem de outras, **embora** não sejam grudadas por um hífen – quando têm hífen elas não são casadas, são siamesas. Casamento acontece quando se está junto por algum mistério. Alguns dirão que é amor, outros dirão que é afinidade, carência, preguiça e outros sentimentos menos nobres (a palavra engano, por exemplo, só está com ledo por pena – sabe que ledo, essa palavra moribunda, não iria encontrar mais nada a essa altura do campeonato).

Fonte: DUVIVIER, Gregório. "Abraço caudaloso". *Folha de S.Paulo*, 2 fev. 2015.

No exemplo, já ficamos sabendo que o argumento introduzido por **embora** (ou **apesar de)** não será suficiente para modificar a conclusão.

Vale ressaltar, com base nos estudos de Koch (1987, 1989, 1992, 2014), que os operadores pertencentes ao grupo do **mas** e do **embora** funcionam de modo semelhante do ponto de vista semântico, mas de forma diferente do ponto de vista da estratégia argumentativa.

Isso porque o uso do **mas** é marcado pela **estratégia do suspense**, pois primeiro faz o interlocutor pensar em dada conclusão para depois apresentar o argumento que levará a uma conclusão contrária.

Já o uso do **embora** é marcado pela **estratégia de antecipação**, visto que anuncia de antemão que o argumento introduzido pelo **embora** vai ser anulado, não tem peso, não vale.

MAS	EMBORA
estratégia do suspense	estratégia da antecipação

5. Operadores que introduzem uma conclusão com relação a argumentos apresentados em enunciados anteriores

logo, portanto, pois, por isso, por conseguinte, em decorrência etc.

Exemplo 1

Posto, **logo** existo

Pequenas e médias empresas usam redes sociais para se aproximar dos clientes, mas perfil mal gerenciado pode arruinar a imagem do negócio

Fonte: *Folha de S.Paulo*. Negócios, Empregos e Carreiras, 23 ago. 2015.

Exemplo 2

Dias de calor intenso podem causar danos à saúde se não forem tomados os cuidados adequados. O organismo perde líquidos naturalmente ao longo do dia. **Por isso** hidrate-se neste carnaval! Corpo saudável, mente sã.

Fonte: Anúncio Abyara BrasilBrokers. *Folha de S.Paulo*. Mercado, 15 fev. 2015, A20.

6. **Operadores que introduzem uma justificativa ou explicação relativamente ao enunciado anterior**

> porque, porquanto, já que, pois, que, visto que, como etc.

EXEMPLO 1

Por que viajar para a Áustria?

Porque é um país que combina, de forma impressionante, os opostos: rica herança imperial com uma espetacular arquitetura moderna, cidades românticas com aventuras incríveis, natureza com cultura erudita.

Fonte: "Por que viajar para a Áustria?". Chegar: o jornal de férias da Áustria. Disponível em: <https://anabarandasviena.files.wordpress.com/2014/03/austria-chegar-_o_jornal_de_fc3a9rias.pdf>. Acesso em: 8 jan. 2016.

EXEMPLO 2

Com seu português arrevesado, que misturava sotaques diversos e mandava às favas as leis gramaticais, Adoniran Barbosa (1910-1982) era a cara da cidade de São Paulo. Pouco importa o fato de que ele não era propriamente paulistano, **uma vez que** nasceu em Valinhos; de que tinha de se esforçar para não deixar escapar o português correto, com plurais e tudo; de que não se chamava Adoniran, nem Barbosa, e sim João Rubinato. Pouco importa, **porque** era tudo parte de uma brincadeira.

Fonte: CHIAVERINI, Tomás. "Curta Adoniran". *Folha de S.Paulo*, 9 a 15 ago. 2015.

7. **Operadores que estabelecem relações de comparação entre elementos, visando a uma determinada conclusão:**

> mais ... (do) que, menos... (do)que, tão... quanto

EXEMPLO 1

Em 15 anos, capital paulista terá **mais** velhos **do que** jovens; atual geração de idosos é **mais** ativa **do que** anteriores.

Fonte: FAGUNDEZ, Ingrid. "Em 15 anos, SP terá mais idosos do que jovens, mas ainda está despreparada". *Revista sãopaulo*. São Paulo: Folha de S. Paulo, 16 a 22 ago. 2015.

Exemplo 2

"Aprender dormindo" parece uma possibilidade **tão** atraente **quanto** "perder peso comendo": ambas prometem benefícios alcançados sem esforço. Não à toa, muita besteira já foi dita, prometida e sobretudo vendida fazendo mau uso do santo nome da ciência, como as gravações em línguas estrangeiras para "ouvir" durante a noite.
Mas eis que surge algo que de fato se aprende enquanto inconsciente – e, de fato, só neste estado. A descoberta vem do grupo de Noam Sobel, pesquisador do Instituto Weizmann em Israel, um dos neurocientistas que gosto de acompanhar.

Fonte: HERCULANO-HOUZEL, Suzana. "Enfim, algo que se aprende dormindo". *Folha de S.Paulo*. Equilíbrio, 1 set. 2015, B9.

8. Operadores que introduzem argumentos alternativos que levam a conclusões diferentes ou opostas

ou... ou, quer... quer, seja... seja

Exemplo 1

Seja porque a vida de gente grande é uma pedreira, **seja** pela neotenia – o apego à forma jovem, a característica mais bela de nossa espécie –, o fato é que há homens que nunca deixam de ser meninos pela vida afora (assim como há aqueles que parecem nunca tê-lo sido).

Fonte: DAUDT, Francisco. "O menino no armário". *Folha de S.Paulo*. Cotidiano, 19 ago. 2015, B2.

No exemplo que segue, o **ou** tem força de desafio. Essa força pode ser ainda aumentada com a anteposição do operador **afinal**:

Exemplo 2

Aos sinólogos juntaram-se linguistas e especialistas em feng shui para discutir que animal representa o ano no zodíaco chinês.
Afinal, o Ano-Novo chinês, que começa na quinta (19), é o ano da cabra, da ovelha, **ou** do carneiro? A confusão ocorre porque o caractere chinês para o oitavo dos 12 signos do horóscopo chinês é "yang", que pode se referir aos animais citados e a outros, como a gazela.

Fonte: NINIO, Marcelo. "Chineses divergem sobre qual animal será símbolo de seu Ano-Novo". *Folha de S.Paulo*. Mundo, 17 fev. 2015, A9.

9. Operadores que introduzem no enunciado conteúdos pressupostos

> já, ainda, agora etc.

Exemplo 1

> Sua vida **já** é digital. Está na hora de a sua conta também ser.

Fonte: Campanha da Vivo "Usar bem pega bem". *Veja*. São Paulo, n. 2.438, 12 ago. 2015.

No enunciado, **já** é um indicador de mudança de estado: em um tempo (t0) a vida não era digital; em um tempo (t1) a vida passou a ser digital. Então, se a vida não era e passou a ser digital, a sua conta precisa acompanhar essa mudança. É essa a conclusão a que se chega. É isso que apregoa o anúncio. E nessa argumentação o **já** tem importante papel, como analisado.

Exemplo 2

FOLHA DE S.PAULO
★ ★ ★
sãopaulo
19 a 25 de julho de 2015

Cão (ainda) sem dono

Número de animais adotados cresceu nos últimos três anos; saiba como preparar a rotina e a casa para receber um novo integrante

Vira-lata para adoção na feira da Matilha Cultural

No título da matéria, **ainda** aponta para o seguinte pressuposto: cão não tinha dono e continua sem, argumentando a favor da conclusão: adote um cão.

EXEMPLO 3

> Roda Viva. **Agora**, também no seu celular.

Fonte: *Folha de S.Paulo*. Cotidiano, 17 ago. 2015, B9.

O pressuposto introduzido por **agora** é que antes não era possível assistir ao programa *Roda Viva* no celular. Trata-se de uma forma adverbial portadora de pressuposto de mudança de estado que, no caso, serve para orientar a argumentação no seguinte sentido: *Roda Viva* é um programa que se pode assistir não apenas na TV como também no celular. Você decide.

10. Operadores que funcionam numa escala orientada para a afirmação da totalidade (um pouco, quase) ou para a negação da totalidade (pouco, apenas)

EXEMPLO 1

João estudou **um pouco**: tem possibilidade de passar no concurso.

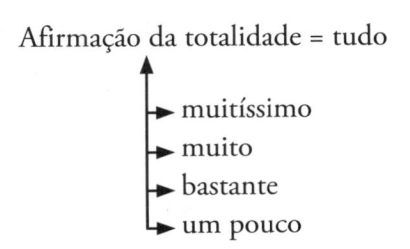

Afirmação da totalidade = tudo

→ muitíssimo
→ muito
→ bastante
→ um pouco

> João estudou **pouco**: provavelmente não passará no concurso.

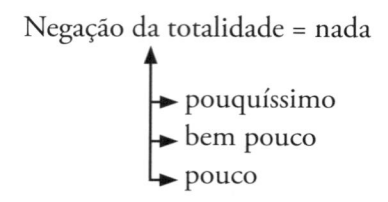

Negação da totalidade = nada
- pouquíssimo
- bem pouco
- pouco

RESUMINDO

Os operadores argumentativos são elementos que fazem parte do repertório da língua. São responsáveis pelo **encadeamento dos enunciados**, estruturando-os em texto e determinando a **orientação argumentativa**, o que vem a comprovar que a **argumentatividade** está inscrita na própria língua.

PROPOSTAS DE ATIVIDADE

ATIVIDADE 1

Leia o texto:

> Bruna tem celulite
>
> RIO DE JANEIRO – Bruna é uma jovem bonita, mas pouco se vê o seu rosto. Ele está sempre virado para baixo, na direção do celular. **Até** quando entra na piscina do clube, Bruna leva o smartphone, protegido por uma capa plástica.
> Pesquisa divulgada por uma fabricante de aparelhos diz que, em média, as pessoas consultam seus celulares uma vez a cada seis minutos e meio. Bruna não suportaria tamanha abstinência.

Fonte: VIANNA, Luiz Fernando. "Bruna tem celulite". *Folha de S.Paulo*. Opinião, 19 jan. 2015.

Como estudamos, **até** aponta para o **argumento mais forte** numa **escala argumentativa**. Considerando o texto lido, produza dois outros argumentos que apresentem força argumentativa menor que aquele introduzido por **até**, representando os argumentos numa escala.

> Bruna leva o smartphone, protegido por uma capa plástica.

até quando entra na piscina do clube
....
....

Atividade 2

Leia o texto e observe o argumento introduzido por **até**.

> Bota a garotada pra correr!
> E pra nadar, cavalgar, fazer amigos e até aprender inglês nos melhores acampamentos das férias

Fonte: *Viagem e Turismo*, maio 2015.

Sabemos que "até aprender inglês nos melhores acampamentos das férias" é o argumento mais forte na escala argumentativa construída a favor de uma conclusão como:

> Férias é período de muitas atividades para a garotada

Se a mesma conclusão for negada, invertem-se os elementos da escala. Como ficaria a escala com essa inversão?

Atividade 3

1. Leia os textos a seguir e indique se o operador argumentativo em destaque:
   a) soma argumentos a favor de uma mesma conclusão.
   b) contrapõe argumentos orientados para conclusões contrárias.
   c) introduz argumentos alternativos que levam a conclusões opostas.

2. Justifique a sua resposta.

Texto 1

"Juridiquês" invade condomínios

É natural que o especialista, acostumado aos formais embates nos tribunais, acabe por utilizar, em seu cotidiano de trabalho, uma linguagem rebuscada, recheada de termos técnicos, jargões jurídicos e palavras em latim. **Porém**, nas assembleias de condomínio, o advogado pode e deve usar uma linguagem mais simples e coloquial, de forma que seus esclarecimentos sejam mais bem compreendidos por todos. Afinal, assembleias já são cansativas e impopulares.

Fonte: RACHKORSKY, Marcio. "'Juridiquês' invade condomínios". *Folha de S.Paulo*. Imóveis, 3 mar. 2013.

Texto 2

Estrela Obama

Filha mais velha do presidente dos Estados Unidos chama atenção por seu estilo e ganha legião de fãs

---

Fonte: BILENKY, Thaís. *Folha de S.Paulo*. Mundo, 16 ago. 2015, A18.

Texto 3

Qual a diferença entre o conteúdo disponível na internet e o de uma enorme biblioteca?

A diferença básica é que uma biblioteca é como a memória humana, cuja função **não é apenas** a de conservar, **mas também** a de filtrar – muito embora Jorge Luis Borges, em seu livro Ficções, tenha criado um personagem, Funes, cuja capacidade de memória era infinita. Já a internet é como esse personagem do escritor argentino, incapaz de selecionar o que interessa – é possível encontrar lá tanto a Bíblia como Mein Kampf, de Hitler. Esse é o problema básico da internet: depende da capacidade de quem a consulta. Sou capaz de distinguir os sites confiáveis de filosofia, mas não os de física. Imagine então um estudante fazendo uma pesquisa sobre a 2ª Guerra Mundial: será ele capaz de escolher o site correto? É trágico, um problema para o futuro, pois não existe ainda uma ciência para resolver isso. Depende apenas da vivência pessoal. Esse será o problema crucial da educação nos próximos anos.

Fonte: BRASIL, Ubiratan. "Eletrônicos duram 10 anos; livros, 5 séculos, diz Umberto Eco". *O Estado de S. Paulo*. Cultura, 10 mar. 2010.

Texto 4

Estou certo de que, à mente do leitor, ocorrerá uma indagação inevitável: se eu não sonhava em ser famoso, por que me tornei poeta?
Sei que você não vai acreditar, mas a verdade é que jamais havia pensado em me tornar poeta, **nem mesmo** sabia que isso me tornaria conhecido. Veja bem, eu tinha 13 anos, nascido na família do quitandeiro Newton Ferreira, com dez irmãos e numa casa onde não havia livros; só havia exemplares da revista "Detective", leitura predileta de meu pai, enquanto eu e meus irmãos líamos histórias em quadrinhos. Talvez por isso, quando, pela primeira vez, li um poema, levei um susto.
Um susto bom, tão bom que tive vontade de escrever coisas bonitas como aquelas. Era uma ideia de jerico, sem muito propósito, já que, na minha infundada opinião, todos os poetas já haviam morrido (Camões, Bocage, Gonçalves Dias, Castro Alves) e, ainda assim, decidi entregar-me àquela atividade de defuntos.

Fonte: GULLAR, Ferreira. "Papo furado". *Folha de S.Paulo*. Ilustrada, 1º fev. 2015.

Texto 5

Na música popular brasileira, ao longo do século 20, a guitarra elétrica ocupou um lugar de disputa; **seja** na construção de uma identidade nacional – sendo alvo por exemplo, da anedótica passeata dos artistas da MPB contra a incorporação do instrumento –, **seja** como agente de ruptura, muitas vezes reivindicada como um símbolo de modernidade por artistas e movimentos que buscavam a renovação em nosso meio.

Fonte: FRÓES, Romulo. "Guitarras siamesas". *Folha de S.Paulo*. Ilustríssima, 21 dez. 2014.

ATIVIDADE 4

Leia o texto:

A Folha é contra o voto obrigatório. Eu não.

"O voto é um direito do cidadão, e não um dever. Sua obrigatoriedade revela uma faceta autoritária da política brasileira e torna a ida às urnas um mero cumprimento da lei, e não um ato de consciência.
Por essa razão, os candidatos sentem-se menos comprometidos com o eleitor." Essa é a posição da Folha.
Concordando ou não, siga a Folha, porque ela tem suas posições, mas sempre publica opiniões divergentes.

Fonte: *Folha de S.Paulo*, 10 out. 2014, C10.

1. Identifique os operadores argumentativos e as relações de sentido sugeridas no enunciado:

    "Concordando ou não, siga a Folha, porque ela tem suas posições, mas sempre publica opiniões divergentes."

2. Reescreva o trecho que segue usando o operador argumentativo para explicitar a relação de sentido pressuposta.

    "A Folha é contra o voto obrigatório.
    Eu não."

3. O jornal, para defender a não obrigatoriedade do voto, argumenta:

    "O voto é um direito do cidadão, e não um dever. Sua obrigatoriedade revela uma faceta autoritária da política brasileira e torna a ida às urnas um mero cumprimento da lei, e não um ato de consciência. Por essa razão, os candidatos sentem-se menos comprometidos com o eleitor." Essa é a posição da Folha.

   A essa posição do jornal, apresente um contra-argumento encadeando os enunciados por meio de um operador argumentativo que sinalize para essa oposição ou contrajunção.

Atividade 5

1. Leia o anúncio e explique a função do operador argumentativo **porque**.

Fonte: *Folha de S.Paulo*. Ilustrada, 14 ago. 2014, E5.

2. Acrescente à justificativa do anunciante outras razões para a escolha do hotel, todas orientadas para a mesma conclusão.

Atividade 6

Quando escrevemos (e também quando falamos) nem sempre explicitamos os **operadores argumentativos**. E não há problema algum nisso porque, como dissemos antes, quem produz um texto conta com a "cumplicidade" do leitor/ouvinte para preencher-lhe as lacunas.

Então, a atividade que segue consiste em preencher lacunas do texto com o uso de **operadores** ou **marcadores argumentativos** que promovam de forma coerente o encadeamento entre os enunciados. No preenchimento das lacunas, considere que existem algumas possibilidades de resposta, não apenas uma, e que a pontuação pode ser alterada.

Texto 1

Turismo é a nossa praia

O turismo brasileiro precisa ser do tamanho do Brasil. [..............................] A pasta do Turismo tem sido uma pasta menor. [............................] Nunca foi dado a ela o enfoque espetacular que ela merece.
Eu viajo muito e vejo que, apesar de nossos problemas, o mundo quer cada vez mais ser brasileiro. [............................] Nosso estilo de vida é agradável. O Brasil não odeia ninguém e, tirando o futebol, não quer derrotar ninguém. [............................] O Brasil não quer dominar o mundo, quer seduzi-lo. [............................] Somos não só um mercado emergente mas um estilo emergente.

Fonte: GUANAES, Nizan. "Turismo é a nossa praia". *Folha de S.Paulo*. Mercado, 29 abr. 2014, B13.

Texto 2

Maca

Assistindo aos jogos da Copa, entendi que, dos jogadores de futebol, não invejo nem o corpo atlético, nem o dinheiro, nem a fama. Mas adoraria ter em casa uma equipe médica rápida e eficiente como a que eles têm em campo.
[...........................]
Uma dor no ombro durante a escrita de uma crônica, por exemplo, e quatro médicos apareceriam correndo, me jogariam numa maca, me levariam pra fora do escritório e espirrariam uns sprays mágicos nos músculos e nervos. Em segundos eu já estaria de volta, atacando o teclado do computador com gana, cumprindo o destino, sem perder tempo com consultas médicas e sessões de fisioterapia.

Fonte: CORSALETTI, Fabrício. "Seis". *Revista sãopaulo*. São Paulo: Folha de S.Paulo, 27 jul. a 2 ago. 2014, p. 98.

Atividade 7

Leia o texto:

> **SORRIA, VOCÊ ESTÁ SENDO CONTADO**
> Lojas usam tecnologia para medir fluxo de clientes. Em julho, o movimento melhorou em relação a junho, mas as vendas não avançaram na mesma proporção

Fonte: *Folha de S.Paulo*. Folhainvest, 24 ago. 2015, A14.

1. Qual é a relação de sentido sugerida entre os enunciados que compõem o título da matéria?
   ( ) oposição
   ( ) adição
   ( ) explicação
   ( ) conclusão
   ( ) disjunção

2. Reescreva o título explicitando um operador argumentativo que indique a relação de sentido assinalada na questão anterior.

Atividade 8

Leia o texto:

> "Nós estamos vivos, somos inteligentes; temos de saber se existe vida alienígena."
>
> Stephen Hawking, físico inglês, no lançamento do projeto Breakthrough Initiatives, resultado de sua parceria com o bilionário russo Yuri Milner, que pretende varrer o universo em busca de seres dotados de inteligência. O investimento inicial será de 100 milhões de dólares.

Fonte: *Veja*, 29 jul. 2015.

Reescreva o que disse Stephen Hawking promovendo o encadeamento dos enunciados por meio do uso de operadores argumentativos que orientem para as relações de sentido pressupostas.

Atividade 9

1. Leia o anúncio:

> **A gente erramos demais**
>
> A recente edição da Revista de Jornalismo ESPM trata de um assunto pouco discutido mas não tão raro: os erros da imprensa. Erros de concordância, grafia, números e informações.
>
> Assine a Revista de Jornalismo ESPM.

Fonte: *Folha de S.Paulo*. Cotidiano, 29 abr. 2014, C3.

Explique o funcionamento argumentativo do operador **mas** no anúncio.

2. Explicite por meio de um operador argumentativo a relação de sentido pressuposta entre as partes:

> "A recente edição da Revista de Jornalismo ESPM trata de um assunto pouco discutido mas não tão raro: os erros da imprensa. Esrros de concordância, grafia, números e informações."

> "Assine a Revista de Jornalismo ESPM."

4
Progressão textual e argumentação

Na leitura de um texto, acompanhamos o raciocínio do autor, identificamos os seus argumentos, ativamos vários conhecimentos, preenchemos as lacunas, e construímos um sentido. E tudo isso acontece porque o autor, pensando no objetivo e no leitor de seu texto, elege um tema ou assunto e o desenvolve, observando um equilíbrio variável entre duas exigências fundamentais: repetição (retroação) e progressão. Ou seja, o autor remete a algo que já está presente na memória do leitor e, considerando essa base, vai acrescentando informações novas, que, por sua vez, passarão também a constituir suportes para informações subsequentes.

É disso que trataremos neste capítulo: de como o autor pode garantir os movimentos de repetição (continuidade ou retroação) e progressão no texto, a fim de que seu projeto de dizer se concretize de forma coerente e imprima a orientação argumentativa desejada. Esse propósito requer o uso de várias estratégias, como discutiremos nas seções a seguir.

ESTRATÉGIAS DE CONSTRUÇÃO E RETOMADA DE REFERENTES

Na produção de um texto, elegemos inicialmente um assunto ou referente (aquilo de que se vai tratar), ao qual se vão acrescentando as informações desejadas. Quando há necessidade de retomar mais adiante o mesmo tema, produz-se o movimento de retroação (remissão). À criação de um tema ou a sua retomada, dá-se o nome de **referenciação**.

Exemplo

> Língua da internet
>
> Luis von Ahn vendeu duas ideias para o Google e quer dominar o ensino de idiomas Por trás d**o curso on-line de idiomas Duolingo** há uma forma inovadora de usar trabalho colaborativo. **A plataforma gratuita de ensino de idiomas, com 5 milhões de usuários**, usa o aprendizado dos estudantes para traduzir páginas da web sob encomenda. Ao fazerem exercícios e traduzirem palavras que aparecem na tela para seu idioma natal, os usuários agem coletivamente como uma espécie de "Google Translator" humano.

Fonte: CABRAL, Rafael. "Língua da internet". *Galileu*. São Paulo: Abril, n. 269, dez. 2013.

De que fala o texto? Ou, qual é o seu referente? Se nos perguntarem, facilmente responderemos: o referente (assunto) é "o curso on-line de idiomas Duolingo". Esse referente foi introduzido no texto como para dizer ao leitor: é disso que trataremos, grave isso na sua memória. É uma espécie de acordo sobre o qual assenta a produção de sentido. Afinal, não podemos sair por aí falando de qualquer coisa a qualquer momento e causando a impressão no leitor de que ele pegou o trem errado ou o bonde andando, de que perdeu um pedaço da conversa. Embora algumas vezes isso ocorra e nos sintamos perdidos, não se trata de uma regra quando interagimos. Muito pelo contrário. Preocupamo-nos com o nosso leitor e queremos que ele saiba do que falamos, bem como acompanhe o que estamos dizendo, ponto a ponto, passo a passo.

Voltando ao nosso exemplo: o referente "o curso on-line de idiomas Duolingo", após a sua entrada no texto, "reaparece" logo em seguida sob a forma nominal: "A plataforma gratuita de ensino de idiomas, com 5 milhões de usuários".

Essa forma nominal que promove a retomada do referente mantendo-o em cena no texto e em foco na nossa memória também assume outras importantes funções, como indicar o modo como o referente é descrito, por conseguinte uma avaliação (no exemplo, positiva) da plataforma pelo número de usuários ("5 milhões").

Disso tudo, podemos concluir:

1. o referente é construído no texto (sim, porque nós o instituímos como tema/assunto e o fazemos de determinada forma entre tantas outras possíveis);
2. a introdução do referente geralmente ocorre por meio de uma expressão nominal;
3. o referente, uma vez introduzido no texto, se mantém momentaneamente em cena porque a introdução pressupõe a retomada e esses dois movimentos andam juntos: não faz sentido introduzir um objeto sem falar nada sobre ele nem deixá-lo um tempo saliente em nossa memória;
4. a retomada do referente pode acontecer de diferentes formas (por pronome, elipse, formas nominais);
5. a retomada por formas nominais geralmente promove uma transformação (recategorização) no referente;
6. o referente é construído no texto de acordo com o nosso projeto de dizer, por isso, deve ser entendido como um objeto do discurso.

Além de expressões nominais, a retomada do referente também ocorre por meio de:

- Pronomes (pronominalização)

> Aperte enter para terminar
>
> "Acabou", dizia a mensagem que Mariana recebeu após 4 anos de namoro – **ela** nunca mais **o** viu.
> Na era da paquera no Tinder, o fim também é virtual.

Fonte: VINES, Juliana. "Aperte enter para terminar". *Folha de S.Paulo*. Equilíbrio, 14 jul. 2015.

No texto, o pronome "ela" promove a retomada do referente "Mariana". Por sua vez, o pronome oblíquo "o" aponta para o referente *namorado de Mariana* que não aparece no texto, mas pode ser identificado, pois se encontra ancorado na pista textual "namoro" que possibilita a inferência. É um caso de **anáfora indireta** muito comum em nossas produções textuais, orais ou escritas.

- Numerais

> **Três guarda-chuvas**
>
> Qual é a diferença básica entre estrelas, planetas e satélites? **A primeira categoria**, que inclui o Sol, reúne os astros que têm luz própria. **A segunda** é feita de objetos quase esféricos, sem luz própria, que giram em torno de uma estrela e são dominantes em sua órbita – como a Terra. **A terceira**, que inclui a Lua, consiste em objetos que orbitam planetas.

Fonte: NOGUEIRA, Salvador. "Astronomia". *Folha de S.Paulo*. Ilustrada, 13 jul. 2015, C5.

Como indicado no texto, "a primeira", "a segunda" e "a terceira" retomam os referentes "estrelas", "planetas" e "satélites", respectivamente.

- Elipses

> **Surfe: com socos, australiano Mick Fanning, tricampeão mundial, escapa de animal na decisão em Jeffreys Bay**
>
> Com a calma que já lhe é peculiar, o australiano Mick Fanning, 34, aguardava uma onda na bateria final da sexta etapa do Mundial de surfe, em Jeffreys Bay, na África do Sul, neste domingo (19).
> E logo nos primeiros minutos da disputa contra o compatriota Julian Wilson, 26, Fanning acabou surpreendido por um tubarão, foi atacado e teve que ser resgatado às pressas pelos seguranças.
> Após uma luta contra o animal, Fanning saiu do mar com alguns arranhões.

Fonte: FANTONIDE, Éder. "Ataque de tubarão para etapa na África". *Folha de S.Paulo*. Esporte, 20 jul. 2015, B2.

Na leitura do trecho,

> Fanning acabou surpreendido por um tubarão, **foi atacado e teve que ser resgatado às pressas pelos seguranças**.

sabemos, com base no contexto linguístico, que quem "foi atacado" e "teve que ser resgatado" foi o referente introduzido anteriormente: "Fanning".

No estudo que faremos neste capítulo, chamaremos a atenção para as **formas nominais referenciais**, porque nesse processo elas assumem múltiplas funções, como focalizaremos no tópico a seguir.

Funções das formas nominais referenciais

1. **Categorizar e recategorizar o referente**

Como dissemos, o referente se constrói no nosso dizer, no modo como constituímos esse dizer, de acordo com o nosso objetivo, a nossa intenção, os nossos leitores/ouvintes, a situação em que nos encontramos envolvidos. Por isso, não são poucas as vezes em que, em nossas interações do dia a dia, nos pegamos pensando na melhor forma de fazer referência a um acontecimento, uma atitude ou ação, uma fala nossa ou de alguém, a um sentimento ou emoção, a objetos existentes no mundo. Na esfera cotidiana ou em qualquer esfera de atuação humana, isso acontece.

EXEMPLO 1

> Preconceito alimenta terrorismo, diz Obama
>
> O presidente americano, Barack Obama, afirmou nesta quarta (18) que o Ocidente não está em guerra contra o islã e o preconceito contra muçulmanos serve só para alimentar a narrativa de grupos terroristas como o Estado Islâmico e Al Qaeda.
> Em discurso na Conferência contra o Extremismo Violento, Obama defendeu não usar **a expressão "terrorismo islâmico"** para se referir aos ataques desses grupos. "Falar em terrorismo islâmico perpetua a ideia de que há uma guerra contra o islã e ajuda a recrutar militantes. [Al Qaeda e EI] não são líderes religiosos, são terroristas; e nós não estamos em guerra contra o islã, estamos em guerra contra gente que perverteu o islã", afirmou Obama.

Fonte: "Preconceito alimenta terrorismo". *Folha de S.Paulo*. Corrida, 19 fev. 2015, C12.

No exemplo 1, vemos que o terrorismo no mundo vem causando muita discussão, inclusive do ponto de vista de como denominá-lo ou referir-se a ele. Nesse sentido, Obama defende que não se use "a expressão 'terrorismo islâmico'" para se referir aos ataques dos grupos terroristas e expõe, assim, o motivo para se fugir a essa categorização: *não há uma guerra contra o islã, mas contra gente que perverteu o islã.*

Exemplo 2

Cientistas criticam uso do termo "cético" pela imprensa

As palavras são usadas como insultos. Quem rejeita as descobertas da ciência climática é tachado de **"negacionista"** ou **"desinformador"**. Aqueles que aceitam essa ciência são chamados de **"alarmistas"**.

Recentemente, um abaixo-assinado que já recebeu 22 mil adesões nos Estados Unidos introduziu um novo argumento nesse longo debate. O documento pede à imprensa que abandone o termo mais utilizado para descrever pessoas que questionam a ciência climática, **"céticos"**, e que passe a chamá-las de **"negacionistas climáticos"**.

Os climatologistas estão entre os maiores críticos à aplicação do termo **"cético"** às pessoas que rejeitam suas descobertas. Eles argumentam que o ceticismo é o fundamento do próprio método científico. O consenso moderno sobre os riscos das mudanças climáticas, dizem eles, baseia-se em provas acumuladas ao longo de décadas.

Nas convenções dedicadas à ciência climática, os pesquisadores são praticamente unânimes em apontar os riscos associados à emissão de grandes quantidades de gases de efeito estufa na atmosfera. Esses cientistas dizem que são os verdadeiros céticos e que o consenso só foi possível após as evidências relativas aos riscos se tornarem esmagadoras. Sob esse ponto de vista, quem rejeita as provas é um falso cético e se recusa a pesar os indícios como um todo.

O abaixo-assinado para que a imprensa abandone o rótulo dado aos **"céticos climáticos"** foi criado pelo físico Mark Boslough. A expressão está errada, argumentou ele, porque "essas pessoas não adotam o método científico". Boslough participa ativamente do grupo Comitê pela Investigação Cética, que há anos combate a pseudociência em todas as suas formas. No ano passado, ele escreveu uma carta aberta sobre a questão, e dezenas de outros cientistas rapidamente a subscreveram.

Fonte: GILLIS, Justin. "Cientistas criticam uso do termo 'cético' pela imprensa". The New York Times International Weekly. *Folha de S.Paulo*, 28 fev. 2015.

No exemplo 2, destaca-se que, no debate climático, aqueles que rejeitam as descobertas da ciência climática são tachados de "'negacionistas'" ou "'desinformadores'" e aqueles que aceitam essas descobertas, de "'alarmistas'". Trata-se de duas categorias que emergiram no bojo dessa discussão.

Além disso, há uma discussão em andamento – com abaixo-assinado e tudo – para que aqueles que rejeitam as descobertas da ciência climática deixem de ser tachados de "'céticos'" pela imprensa e passem a ser vistos ou categorizados como "'negacionistas climáticos'". Por quê? Porque segundo os defensores dessa mudança ou recategorização "o ceticismo é o fundamento do próprio método científico".

Notamos, então, nos exemplos 1 e 2, como o emprego das expressões nominais serve para denominar ou categorizar as coisas do mundo de acordo com o nosso modo de compreendê-las. Ou seja, as escolhas das formas nominais não são aleatórias nem neutras, mas estão atreladas ao nosso projeto enunciativo, aos interesses no jogo interacional.

Essas formas nominais, quando retomam o referente, geralmente promovem uma transformação nele, isto é, recategorizam-no. Vimos isso no exemplo 2 que acabamos de comentar e também no anterior, quando o referente "o curso on-line de idiomas Duolingo" foi retomado e transformado/recategorizado pela forma nominal descritiva "A plataforma gratuita de ensino de idiomas, com 5 milhões de usuários". (p. 86)

2. Apresentar e reapresentar o referente à medida que o texto avança

Nesse movimento de introdução e retomada de referentes, as formas nominais vão orientando argumentativamente o leitor para uma dada conclusão. Então, não é difícil constatar como o emprego de expressões nominais na retomada de referentes opera a "transformação" desses objetos, isto é, de que forma tais objetos, ao longo do texto, vão sendo (re)construídos de determinada maneira, atendendo aos propósitos comunicativos de quem fala/escreve.

EXEMPLO

> Assim caminha a humanidade
>
> "Virunga", documentário da Netflix que disputa o Oscar, retrata como exploração ilegal de petróleo em **parque no Congo** ameaça gorilas
> No leste da República Democrática do Congo, **o parque mais antigo e com a maior biodiversidade do continente africano** abriga os últimos gorilas-das-montanhas do planeta. E também grande quantidade de petróleo.
> A exploração ilegal do recurso n**o local, que é patrimônio mundial da Unesco**, pela empresa britânica Soco deu origem a ***um conflito tenso entre funcionários do parque e grupos armados*** – que chegam a matar os gorilas na esperança de que sem os símios acabe a proteção na área.
> ***O entrevero*** é documentado por **"Virunga"** – **o nome do parque** –, filme exibido pela Netflix e dirigido pelo britânico Orlando von Einsiedel. Pelo longa, o serviço de vídeo sob demanda concorre pelo segundo ano seguido ao Oscar de documentário. Em 2014, "The Square" perdeu a disputa. [...]

Fonte: REIS, Fernanda. "Assim caminha a humanidade". *Folha de S.Paulo*. Ilustrada, 20 fev. 2015.

No texto, vemos que, uma vez introduzido, o referente "parque no Congo" foi retomado por meio da forma nominal descritiva "o parque mais antigo e com a maior biodiversidade do continente africano". Na sequência, esse referente continua em evidência na forma descritiva "o local, que é patrimônio mundial da Unesco". Ainda aparece no fim do texto como "Virunga – o nome do parque".

No movimento textual, outro referente foi introduzido pela forma nominal descritiva "um conflito tenso entre funcionários do parque e grupos armados" é retomado logo em seguida pela forma nominal "o entrevero".

Em ambos os casos, as formas nominais são responsáveis pela retomada e manutenção do referente no texto e na nossa memória. Além disso, contribuem para a progressão do texto e orientam de modo argumentativo no sentido da preservação do parque e, consequentemente, da necessidade de solução para o conflito/entrevero.

3. Resumir ou encapsular porções textuais dando-lhes um rótulo

Fato bastante comum, em se tratando de remissão textual, é o uso de uma forma nominal para resumir porções textuais e transformar essa porção em um referente. O referente que resulta desse encapsulamento é denominado *rótulo*, de acordo com os estudos de Francis (1994).

Consideremos os exemplos:

Exemplo 1

> A minha amiga Letícia detesta peixe. Odeia tanto que chega a sentir gosto de peixe em alimentos nada piscosos. Biscoitos de polvilho, por exemplo. É raro, mas acontece. Faz dez anos, desde que ela me contou d**essa alucinação gustativa**, que sempre que eu como biscoito de polvilho lembro da Letícia e da história do peixe. Gosto da Letícia. Lembrar dela não é ruim. Mas ser obrigado a rememorar a história sempre que como um biscoito de polvilho me parece um desvio desnecessário, um pedágio mental que sou obrigado a pagar.

Fonte: PRATA, Antônio. "Araminhos". *Folha de S.Paulo*. Ilustrada, 21 dez. 2014.

Exemplo 2

> **Peter Pan às avessas**
>
> Não é todo dia que se estreia na TV, ainda por cima na maior emissora do país; não é todo dia, também, que se faz isso aos 17 anos, já com prêmio no currículo. **A tal façanha** foi realizada por Matheus Fagundes, que faz parte do elenco da nova minissérie da TV Globo, *Felizes para sempre?*, dirigida por Fernando Meirelles.

Fonte: VOMERO, Renata. "Peter Pan às avessas". *Revista da Cultura*. São Paulo: Livraria Cultura, ed. 91, fev. 2015, p. 74.

Exemplo 3

"Kevin From Work" aposta em amor na firma

Quem nunca se interessou, platônica ou concretamente, com final feliz ou nem tanto, por um(a) colega de trabalho? E quando, por algum motivo, o romance desanda – ou nem anda – e você é obrigado a lidar com o(a) dito(a) cujo(a) diariamente, sob olhares alheios?

É no poder d**essa identificação praticamente inevitável entre espectador e protagonista** que aposta a nova "Kevin From Work" (Kevin do trabalho), comédia romântica que a rede ABC Family estreou nos EUA no último dia 12 em horário nobre.

Fonte: "'Kevin From Work' aposta em amor na firma". *Folha de S.Paulo*. Ilustrada, 23 ago. 2015, C8.

Exemplo 4

Em vez de uma estrela de cinema atormentada por um fotógrafo em seu encalço – primeira imagem que vem à mente quando se fala no trabalho dos paparazzi –, um profissional angustiado pela missão de perseguir um ator.

Foi com **essa ideia** que Daniel Florêncio, 35, diretor, produtor, editor e roteirista brasileiro radicado em Londres, resolveu, ao mesmo tempo, expor os bastidores dos tabloides britânicos e estrear num longa de ficção.

Intitulado "Chasing Robert Barker" (Perseguindo Robert Barker), o filme, rodado em Londres, foi finalizado no mês passado pela produtora islandesa Pegasus, a responsável pelas cenas de gelo de "Game of Thrones".

Fonte: ODILLA, Fernanda. "Reino unido dos paparazzi". *Folha de S.Paulo*. Ilustrada, 31 ago. 2015, C10.

Exemplo 5

Ovni

"Informamos que devido à mudança de posicionamento da aeronave o seu embarque, quando efetuado, será realizado pelo portão 9."

Eis **uma frase** que deixa possesso qualquer passageiro. Mas o que a mim incomoda mais nem é zanzar pela sala de embarque. É ouvir "aeronave" em vez de "avião".

Fonte: FREIRE, Ricardo. "Ovni". *Viaje na Viagem*, 21 jan. 2012. Disponível em: <http://www.viajenaviagem.com/2012/01/ovni-minha-cronica-no-divirta-se-do-estadao>. Acesso em: 25 fev. 2015.

No exemplo 1, o segmento textual

> A minha amiga Letícia detesta peixe. Odeia tanto que chega a sentir gosto de peixe em alimentos nada piscosos. Biscoitos de polvilho, por exemplo.

foi resumido e rotulado como "essa alucinação gustativa".

No exemplo 2, a fração textual

> Não é todo dia que se estreia na TV, ainda por cima na maior emissora do país; não é todo dia, também, que se faz isso aos 17 anos, já com prêmio no currículo.

foi resumida e rotulada como "A tal façanha".

No exemplo 3, o conteúdo do primeiro parágrafo

> Quem nunca se interessou, platônica ou concretamente, com final feliz ou nem tanto, por um(a) colega de trabalho? E quando, por algum motivo, o romance desanda – ou nem anda – e você é obrigado a lidar com o(a) dito(a) cujo(a) diariamente, sob olhares alheios?

foi resumido e rotulado como "essa identificação praticamente inevitável entre espectador e protagonista".

No exemplo 4, o trecho

> Em vez de uma estrela de cinema atormentada por um fotógrafo em seu encalço – primeira imagem que vem à mente quando se fala no trabalho dos paparazzi –, um profissional angustiado pela missão de perseguir um ator.

foi resumido e rotulado como "essa ideia".

No exemplo 5, todo o conteúdo do primeiro parágrafo

> "Informamos que devido à mudança de posicionamento da aeronave o seu embarque, quando efetuado, será realizado pelo portão 9".

foi resumido e rotulado como "uma frase".

Como vemos, os **rótulos** exigem do leitor/ouvinte a capacidade de interpretação não só da expressão em si, como também da informação que os antecede. Também é preciso frisar que todos os rótulos contêm algum grau de subjetividade, pois, no momento em que o produtor, ao rotular segmentos textuais, cria um novo objeto de discurso, ele procede a uma avaliação desses segmentos e escolhe aquele rótulo que considera adequado para a realização de seu projeto de dizer.

Isso quer dizer que há sempre uma escolha e esta será sempre significativa em maior ou menor grau. Por exemplo, o fato de o produtor rotular o conteúdo que está sumarizando como "ideia" ou "frase" constitui sempre uma opção que, embora possa parecer neutra, não deixa de ser significativa.

Pode acontecer de o rótulo se adiantar ao segmento que resume. Isso se dá em nossas falas mais comuns, por exemplo:

> Tenho **uma pergunta**:
> o que se pode dizer em até 140 caracteres?

Quando nos valemos desse recurso, promovemos o efeito surpresa e, desse jeito, despertamos o interesse e prendemos a atenção do leitor. É o que também acontece no texto a seguir em que a forma nominal "um problema geográfico" rotula tudo o que vem depois dele. É um **rótulo prospectivo**.

> Temos **um problema geográfico**. Você quer abraçar o mundo e eu ficaria contente em abraçar você.

Fonte: BERNARDI, Tati. *Clássicos da twitteratura brasileira*: romance. São Paulo: Livraria da Vila, 2010.

Assim, as expressões nominais rotuladoras desempenham funções textuais importantes:

i) resumem uma porção ou segmento do texto;
ii) criam um novo referente textual que passará a constituir um tema específico para os enunciados subsequentes;
iii) orientam argumentativamente para uma determinada conclusão.

4. Marcar o parágrafo (cognitivamente falando)

Também as expressões nominais referenciais podem funcionar como um importante recurso para a marcação do parágrafo do ponto de vista cognitivo. Nesse caso, contribuem para a organização do texto e chamam a atenção do leitor para o assunto que é desenvolvido no parágrafo, indicando se se trata de um referente novo ou que já foi apresentado e está sendo retomado; ou se o referente é resultado do encapsulamento de um segmento textual e, nesse caso, se apresenta sob a forma de um rótulo.

Exemplo 1

> Ovo hoje ou galinha amanhã?
>
> Domingo, voltando a São Paulo, assim que o avião tocou o solo, minha vizinha de poltrona retirou da bolsa e reanimou o celular que ela nunca tinha desligado – contrariando a ordem expressa de apagar totalmente qualquer aparelho eletrônico.
>
> Naquele exato momento, a aeromoça pediu que os celulares fossem ligados só quando o avião estivesse de porta aberta. Minha vizinha, já nos seus e-mails, procurou minha cumplicidade: "Não dá para esperar, hein?".
>
> Se você tem simpatia pela minha vizinha e, a esta altura, pensa que o mundo merece ser de quem não quer esperar, é bom lembrar que o famoso teste do marshmallow diz o contrário.
>
> Proponha esta alternativa a crianças de cinco anos: você pode comer um marshmallow (ou outra guloseima preferida) agora mesmo ou, então, esperar até eu voltar, e aí você terá direito a dois marshmallows. Acrescente que, se a criança não aguentar e chamar antes de você voltar, você aparecerá imediatamente, mas ela ficará com um doce só.
>
> **Essa experiência** foi realizada numa creche da Universidade Stanford, nos Estados Unidos, no começo dos anos 1960. Em tese, o teste explorava os meios pelos quais as crianças conseguiam resistir à tentação imediata (ou, ao contrário, as estratégias que as levavam a desistir rapidamente).

Fonte: CALLIGARIS, Contardo. "Ovo hoje ou galinha amanhã?". *Folha de S.Paulo*. Ilustrada, 12 fev. 2015, E6.

A expressão referencial "Essa experiência" assume duas funções:

i) resume/rotula a porção textual que a antecede

> Proponha esta alternativa a crianças de cinco anos: você pode comer um marshmallow (ou outra guloseima preferida) agora mesmo ou, então, esperar até eu voltar, e aí você terá direito a dois marshmallows. Acrescente que, se a criança não aguentar e chamar antes de você voltar, você aparecerá imediatamente, mas ela ficará com um doce só.

ii) institui esse rótulo como o tópico sobre o qual o parágrafo se desenvolve, definindo cognitivamente essa unidade constitutiva do texto.

Exemplo 2

> Gosta de pizza, chocolate ou batata frita? E nunca percebeu por que é tão difícil resistir a eles? Então não se sinta culpado. O consumo exagerado pode estar ligado à dependência. Isso porque pesquisadores da Universidade de Michigan, nos Estados Unidos, defendem que este tipo de alimento, altamente processado e rico em gordura e açúcar, causa efeito semelhante às drogas.
> **O estudo**, publicado recentemente pela revista "PlosOne", sugere que itens com doses concentradas de substâncias potencialmente aditivas, e que são rapidamente absorvidas pelo corpo, viciam mesmo. E quanto mais concentradas essas doses, mais viciante. Segundo Ashley Gearhardt, professora-assistente de Psicologia do Food and Addiction Science and Treatment (FAST), da Universidade de Michigan, a pesquisa indica que esses alimentos podem ter efeitos no cérebro que são semelhantes aos do álcool e da nicotina. Isso porque o "sistema de recompensa no cérebro", ativado por essas drogas, pode ser desencadeado com o consumo desse tipo de alimento.
> **A opinião** é compartilhada por Amélio Godoy, do Instituto Estadual de Diabetes e Endocrinologia Luiz Capriglione, da Universidade Federal do Rio de Janeiro:
> – Tanto o cigarro como a junk food ou o chocolate ativam áreas específicas do cérebro, e o prazer é imediato. Por isso o consumidor quer mais – explicou o endocrinologista, que defende campanhas de conscientização em relação aos alimentos altamente processados em âmbito mundial. – Como já aconteceu com o tabaco, igualmente viciante.

Fonte: KNOPLOCH, Carol. "Chocolate, pizza e batata frita viciam como álcool e nicotina". Disponível em: <http://oglobo.globo.com/sociedade/saude/chocolate-pizza-batata-frita-viciam-como-alcool-nicotina-15535092>. Acesso em: 9 mar. 2015.

No exemplo 2:

- A forma nominal rotuladora "O estudo" resume a sequência textual:

    Gosta de pizza, chocolate ou batata frita? E nunca percebeu por que é tão difícil resistir a eles? Então não se sinta culpado. O consumo exagerado pode estar ligado à dependência. Isso porque pesquisadores da Universidade de Michigan, nos Estados Unidos, defendem que este tipo de alimento, altamente processado e rico em gordura e açúcar, causa efeito semelhante às drogas.

- A forma nominal rotuladora "A opinião" resume a sequência textual:

    Segundo Ashley Gearhardt, professora-assistente de Psicologia do Food and Addiction Science and Treatment (FAST), da Universidade de Michigan, a pesquisa indica que esses alimentos podem ter efeitos no cérebro que são semelhantes aos do álcool e da nicotina. Isso porque o "sistema de recompensa no cérebro", ativado por essas drogas, pode ser desencadeado com o consumo desse tipo de alimento.

As expressões nominais referenciais destacadas contribuem para a constituição do parágrafo, pois indicam o assunto a ser desenvolvido. Orientam, portanto, a atenção do leitor e a produção de sentido do texto.

5. Orientar argumentativamente num dado sentido

Como resultam de uma escolha que fazemos em razão do nosso projeto de dizer, as formas nominais referenciais assinalam uma dada orientação argumentativa como já comentamos. Vejamos no exemplo a seguir como isso acontece.

Exemplo 1

Monstro marinho

É aprazível a vista do mar, dizia Lucrécio, para quem, no cais, está a salvo das tribulações e tormentas.
Os clássicos versos do poeta latino ganham nova e bizarra pertinência nestes dias, quando se divulgam os resultados de uma abrangente pesquisa sobre a poluição dos oceanos, no encontro anual da Associação Americana para o Avanço da Ciência (AAAS), em San Jose, na Califórnia.
Invisível para quem, da praia, contempla o horizonte – mas capaz de enredar baleias em seu lençol tóxico –, **o plástico que se acumula na superfície dos mares** vai assumindo dimensões gigantescas.
A cientista Jenna Jambeck, da Universidade da Georgia, soube traduzir de forma vívida a extensão d**o problema**. Para cada metro de praia, joga-se nos oceanos o equivalente a 18 sacolas de supermercado cheias de produtos plásticos.
Esse lixo nem sempre volta ao litoral de onde foi despejado. Levado pelas correntes, dá origem a uma extensão redemoinhante de polímeros a 1.600 km do Havaí.
Esse verdadeiro monstro marinho, a que se deu o nome de Grande Mancha de Lixo, possui uma área calculada em 1 milhão de quilômetros quadrados – quatro vezes o tamanho do Estado de São Paulo.
No outro extremo da escala, ficaram conhecidas as fotos de filhotes mortos de albatroz no oceano Pacífico: traziam na carcaça os resíduos plásticos com que tinham sido alimentados pelos pais. De baleias a micro-organismos, exemplares de toda a fauna marinha parecem ter sido expostos à silenciosa violência d**esse inimigo químico**.
Inimigo humano, a bem dizer. São 8 milhões de toneladas de plástico despejadas anualmente nos mares. A pesquisa divulgada pela AAAS incide de modo específico sobre o ano de 2010. A previsão é que essa quantidade se multiplique por dez até 2025.
São poucas as propostas para corrigir **o problema**. No máximo, e já não parece um cenário dos mais prováveis, haveria de ser desencadeado um esforço internacional para reduzir o fluxo dos detritos.
Enquanto isso, **a grande mancha** flutua, como se fosse a versão de pesadelo da história de José Saramago, "O Conto da Ilha Desconhecida". Na ficção do Nobel português, a jangada de um viajante utópico assumia, aos poucos, a forma da ilha que ele sonhava descobrir.
Na realidade, a forma de nossos tantos sonhos triviais de consumo se resolve em lixo – e o país de plástico se estende, como uma mortalha indestrutível, pelos quadrantes mais remotos do mar.

Fonte: EDITORIAL. "Monstro marinho". *Folha de S.Paulo*, 15 fev. 2015.

No texto, "o plástico que se acumula na superfície dos mares" foi retomado e se mantém em evidência no texto por meio de formas nominais como:

- esse lixo
- esse verdadeiro monstro marinho, a que se deu o nome de Grande Mancha de Lixo
- inimigo químico
- inimigo humano
- o problema
- a grande mancha

Essas expressões nominais que constituem uma cadeia referencial apontam para uma avaliação negativa do fato e conduzem o olhar do leitor nesse sentido. Assim, a orientação argumentativa que pode ser configurada por meio de um nome-núcleo ou pelo acréscimo de modificadores avaliativos (positivos ou negativos) evidencia a relação íntima entre formas nominais referenciais e argumentação.

Trata-se, em geral, da ativação de características ou traços do referente que devem levar o interlocutor a construir dele determinada imagem, isto é, a vê-lo sob um determinado prisma, como podemos observar em mais um exemplo:

EXEMPLO 2

> Herói incompreendido
>
> Media 1,65 m, pesava 60 kg, tinha o "peito miúdo" e "pernas impossivelmente finas". **A aparente fragilidade,** porém, se dissolvia quando Simón Bolívar (1783-1830) começava a falar, com "**um magnetismo que parecia apequenar homens mais robustos**". Durante 11 anos, **esse homem culto, que podia citar Rousseau em francês e Júlio César em latim**, liderou uma campanha militar sem precedentes na América Latina. Enfrentando a umidade das selvas, o calor caribenho e o gelo dos Andes, Bolívar foi definitivo para libertar do jugo espanhol o que hoje são Colômbia, Venezuela, Panamá, Equador, Peru e Bolívia.

Fonte: COLOMBO, Sylvia. "Biografia revê trajetória do herói venezuelano Simón Bolívar". *Folha de S.Paulo.* Ilustrada, 29 ago. 2015, C7.

As formas referenciais

> esse homem culto, que podia citar Rousseau em francês e Júlio César em latim, com uma "aparente fragilidade" e "um magnetismo que parecia apequenar homens mais robustos"

permitem ao leitor extrair do texto informações importantes sobre as opiniões, crenças e atitudes do seu produtor, que vão auxiliá-lo na construção do sentido. Diferentemente do exemplo anterior, deparamo-nos no exemplo 2 com expressões nominais referenciais que possibilitam a construção de uma imagem positiva do referente em questão: Simón Bolívar.

Resumindo esse tópico, o emprego de uma forma nominal implica sempre uma escolha entre uma multiplicidade de maneiras de caracterizar o referente, escolha esta que será feita, em cada contexto, em função da proposta de sentido do produtor do texto.

Por essa razão, essas formas referenciais encerram, na absoluta maioria dos casos, valor persuasivo, isto é, têm o poder de orientar o interlocutor no sentido de determinadas conclusões. Vemos, portanto, que a **referenciação** por meio de formas nominais é um dos mais importantes **recursos argumentativos** que a língua nos oferece.

ESTRATÉGIAS DE PROGRESSÃO TEXTUAL (SEQUENCIAÇÃO)

A progressão ou sequenciação textual diz respeito aos procedimentos linguísticos por meio dos quais se estabelecem, entre segmentos do texto (enunciados, partes de enunciados, parágrafos e sequências maiores do texto), diversos tipos de relações semânticas e/ou pragmáticas, à medida que se faz o texto progredir.

A progressão textual pode realizar-se **com recorrências de termos** e, nesse caso, destacamos as estratégias enumeradas a seguir:

Repetição

Tradicionalmente, a repetição é avaliada de forma negativa. Costuma-se criticar os textos que contêm repetição como redundantes, circulares, mal estruturados. No entanto, a repetição é uma estratégia básica de estruturação textual: os textos que produzimos apresentam uma grande quantidade de construções paralelas, repetições literais enfáticas, pares de sinônimos ou quase sinônimos, repetições da fala do outro e assim por diante.

Portanto, é impossível a existência de textos sem repetição, pois se trata de um mecanismo essencial no estabelecimento da **coesão textual**. Ainda há pouco vimos, no tópico anterior, que a repetição é constitutiva das cadeias referenciais, sendo um elemento importantíssimo no estabelecimento da **coesão referencial**. Mais adiante neste capítulo, discutiremos a importância da repetição no estabelecimento da coesão sequencial. Isso tudo sem falar da estratégia *água mole em pedra dura*: repete-se como meio de martelar na mente do leitor/ouvinte até que ele se deixe persuadir. E é nesse sentido, para ressaltar **a repetição como recurso retórico**, que apresentamos o exemplo:

> Funes, o memorioso
>
> **Recordo-me dele** (eu não tenho o direito de pronunciar esse verno sagrado, só um homem na Terra teve esse direito e esse homem morreu) segurando uma sombria flor-da-paixão, vendo-a como ninguém a viu, ainda que a olhasse do crepúsculo do dia até o da noite, por toda uma vida inteira. **Recordo-me dele**, a cara de índio taciturna e singularmente remota, atrás do cigarro. **Recordo** (creio) suas mãos afiladas de trançador. **Recordo**, perto daquelas mãos, uma cuia de mate, com as armas da Banda Oriental;* **recordo** na janela da casa uma esteira amarela, com uma vaga paisagem lacustre. **Recordo** claramente a voz dele; a voz pousada, ressentida e nasal do suburbano antigo, sem os sibilos italianos de agora. Mais que três vezes não o vi; a última, em 1887... Parece-me muito feliz o projeto de escreverm sobre ele todos os que o conheceram; meu testemunho será talvez o mais breve e sem dúvida o mais pobre, mas não o menos imparcial do volume que os senhores editarão. [...]
> * Assim os argentinos costumam denominar a República Oriental do Uruguai

Fonte: BORGES, Jorge Luis. *Ficções*. São Paulo: Companhia das Letras, 2007 [1994], p. 99.

Paralelismo sintático (recorrência de estruturas)

Sabemos que o paralelismo tem a ver com a repetição de uma mesma estrutura sintática só que, a cada vez, essa estrutura é preenchida por itens lexicais diferentes. Trata-se de uma estratégia que tem importante função persuasiva, como indica o exemplo:

> O quanto a indústria é importante para o Brasil?
>
> Sem a indústria da moda, o ícone de beleza brasileira lá fora seria só a natureza.
> Sem a indústria aeronáutica, uma parte da nossa história poderia não ter decolado.
> Sem a indústria automobilística, não teríamos tantos ídolos.
> Sem a indústria médica, muitas vidas não teriam sido salvas.
> Sem a indústria da música, jamais teríamos levado o charme de Ipanema para o resto do planeta.
> A indústria química é a base de todas essas indústrias. É a indústria das indústrias. Por isso a Braskem tem orgulho de ajudar a produzir um país tão forte quanto o seu povo.

Fonte: *Veja*. São Paulo, jan. 2015.

No texto, a estrutura "sem a indústria de..." a cada vez que se apresenta traz um complemento diferente, como se fosse uma fórmula:

> Sem a indústria da moda,
> Sem a indústria aeronáutica,
> Sem a indústria automobilística,
> Sem a indústria médica,
> Sem a indústria da música.

Esse paralelismo é um importante componente na seguinte condução argumentativa: se a indústria química é a base da indústria <u>da moda</u>, <u>aeronáutica</u>, <u>automobilística</u>, <u>médica</u> e <u>da música</u>, então, sem a indústria química não haveria as outras indústrias porque a indústria química está na base de todas as outras, é a indústria das indústrias. Com esse recurso, o leitor vai sendo orientado aos poucos para a conclusão que a recorrência sintática ajuda a reforçar, de forma envolvente.

Paráfrases (repetição de conteúdo semântico)

Se, no paralelismo, tem-se a repetição de uma estrutura que a cada vez é preenchida com um conteúdo diferente, na paráfrase ocorre o contrário: tem-se o mesmo conteúdo, apresentado sob formas estruturais distintas. O conteúdo, quando reapresentado, sofre algum tipo de alteração como reformulação, ajuste, desenvolvimento, síntese etc.

Mas seja qual for a razão, a paráfrase chama a atenção do leitor não apenas para o conteúdo que está sendo alterado, mas, principalmente, para a alteração ocorrida e o objetivo que a justifica, aumentando as chances de êxito no empreendimento argumentativo.

Em nossa língua, funcionam como introdutoras de paráfrases expressões como

> *isto é, ou seja, ou melhor, quer dizer, em síntese, em resumo, em outras palavras etc.*

Nos textos que vamos ler a seguir, as expressões "ou seja" (exemplo 1), "isto é" (exemplo 2) e "quer dizer" (exemplo 3) demonstram o que acabamos de dizer:

Exemplo 1

O que é a lei de Murphy?

É um comentário ácido e pessimista sobre o Universo que diz: "Tudo o que puder dar errado dará".

Ou seja, de lei, a lei de Murphy não tem nada: não se trata de um conceito matemático, e sim de uma máxima sobre "a perversidade do Universo", um conceito que existe há pelo menos dois séculos. Trata-se da sensação de que o Universo "quer" que dê tudo errado, uma visão de mundo que por ser interpretada tanto como negativismo puro e simples quanto como um alerta para sempre se tomar todas as precauções possíveis ao trabalhar em algum projeto.

Fonte: LAZARETTI, Bruno. "O que é a lei de Murphy?". *Superinteressante*. São Paulo, Abril, n. 148, jan. 2014.

Exemplo 2

Meu filho Nicolai, agora no ensino médio, recebeu uma carta um dia desses. A missiva era de uma pessoa que morava na minha casa, e, no entanto, já não existe. **Isto é**, a carta foi escrita pelo próprio Nicolai quatro anos antes. Apesar de ter viajado muito pouco no espaço, a carta tinha viajado muito no tempo, pelo menos no tempo de vida de uma criança. Ele escreveu a carta na sexta série, como parte de um trabalho escolar. Era uma mensagem de um Nicolai de onze anos falando com o Nicolai de quinze anos do futuro. As cartas dos alunos foram reunidas e guardadas durante esses quatro anos por um maravilhoso professor de inglês, que afinal as mandou pelo correio para os adolescentes que seus alunos da sexta série tinham se tornado.

Fonte: MLODINOV, Leonard. *Subliminar*: como o inconsciente influencia nossas vidas. Rio de Janeiro: Jorge Zahar, 2013, p. 254.

Exemplo 3

Os índios moram longe,
no alto rio Negro.
Quer dizer: longe para nós.
Para eles, não é longe de nada.
Pelo contrário:
quem mora longe somos nós,
estrangeiros nas florestas do rio Negro.

Fonte: NESTROVSKI, Arthur; SANDOVAL, Andrés.
Viagens para lugares que eu nunca fui. São Paulo: Companhia das Letrinhas, 2008.

Recorrência de recursos fonológicos (como metro, ritmo, rima, assonâncias, aliterações etc.)

No poema de Fernando Pessoa, a semelhança de sons reforça a argumentação pretendida. Vejamos:

> O poeta é um fingidor:
> Finge tão completamente
> Que chega a fingir que é dor
> A dor que deveras sente.

A presença de elementos de recorrência no texto produz um efeito de intensificação, de ênfase. "Martela-se" na cabeça do interlocutor, repetindo palavras, estruturas, conteúdos semânticos, recursos sonoros, de modo a tornar a mensagem mais presente na sua memória e, assim, acabe por aceitar a orientação argumentativa que o autor imprime ao texto.

ESTRATÉGIAS DE PROGRESSÃO TEMÁTICA

Na seção anterior, vimos algumas formas de progressão textual com recorrências de termos. Agora, vamos ver que a progressão textual também pode realizar-se *sem* **recorrências de termos**.

Nesse sentido, destacamos os tipos de **progressão temática**. Do ponto de vista funcional, a organização e a hierarquização das unidades semânticas do texto concretizam-se através de dois blocos comunicativos: **tema** (aquilo que se toma como base da comunicação, aquilo de que se fala) e **rema** (aquilo que se diz a respeito do tema).

EXEMPLO

> Era uma vez **um texugo muito pobre e injustiçado**. O texugo muito pobre e injustiçado passou a adolescência lendo textos, vendo filmes e assistindo a peças que denunciavam as causas da pobreza e da injustiça, de modo que se transformou num texugo muito pobre, injustiçado e revoltado.

Fonte: PRATA, Antonio. "Texugos". *Folha de S.Paulo*. Cotidiano, 8 mar. 2015, C2.

O **tema** "um texugo muito pobre e injustiçado", após introduzido, foi repetido, antes de sabermos o que se diz sobre ele, ou seja, o **rema**:

> passou a adolescência lendo textos, vendo filmes e assistindo a peças que denunciavam as causas da pobreza e da injustiça, de modo que se transformou num texugo muito pobre, injustiçado e revoltado.

Focalizando esses blocos comunicativos, vamos estudar na próxima seção algumas estratégias de progressão textual.

Progressão com tema constante

Ocorre quando a **um mesmo tema** são acrescentados sucessivamente **diversos remas**, como é comum acontecer na descrição.

Exemplo

> **São Paulo** é mais do que subcelebridades do fitness, socialites, maquiagem definitiva e novas tinturas de cabelo; é mais do que Higienópolis, Jardins e Berrini.
> **É a cidade** dos vendedores de picolé e dos carteiros que cantam, dos velhinhos que esperam o supermercado abrir de manhã e saem correndo para entrar na fila do pão; dos barbeiros antigos que cumprimentam os passantes e abrigam desconhecidos quando a chuva aperta. Onde às vezes se divide um guarda-chuva com uma senhora comendo canjica num prato de plástico. É a cidade de gente que adota animais abandonados e conta piadas no aperto do trem.
> **São Paulo** é muito mais do que ódio e intolerância, muito mais do que rotular os outros de fascistas, comunistas, fanáticos, veados ou carolas – é uma cidade com crianças de 4 anos, vira-latas, dançarinos, equilibristas e gente que não dá as costas quando vê algo injusto acontecer.
> Ou pelo menos é assim que devia ser.

Fonte: BARBARA, Vanessa. "Síntese de paulistano". *Revista sãopaulo*. São Paulo: Folha de S.Paulo, 16 a 22 mar. 2014.

O texto tem como tema "São Paulo". A esse tema, que se mantém e orienta a construção dos parágrafos, são acrescentadas predicações variadas que ressaltam as peculiaridades da cidade de São Paulo, objeto da descrição. Vejamos graficamente a representação desse tipo de progressão textual.

Progressão temática com tema constante

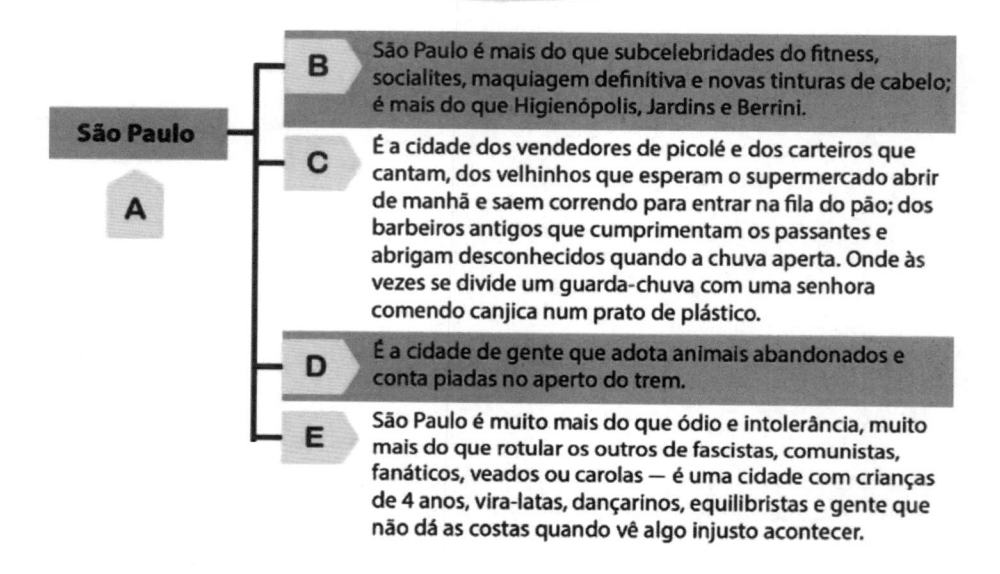

São Paulo
A

- **B** — São Paulo é mais do que subcelebridades do fitness, socialites, maquiagem definitiva e novas tinturas de cabelo; é mais do que Higienópolis, Jardins e Berrini.
- **C** — É a cidade dos vendedores de picolé e dos carteiros que cantam, dos velhinhos que esperam o supermercado abrir de manhã e saem correndo para entrar na fila do pão; dos barbeiros antigos que cumprimentam os passantes e abrigam desconhecidos quando a chuva aperta. Onde às vezes se divide um guarda-chuva com uma senhora comendo canjica num prato de plástico.
- **D** — É a cidade de gente que adota animais abandonados e conta piadas no aperto do trem.
- **E** — São Paulo é muito mais do que ódio e intolerância, muito mais do que rotular os outros de fascistas, comunistas, fanáticos, veados ou carolas — é uma cidade com crianças de 4 anos, vira-latas, dançarinos, equilibristas e gente que não dá as costas quando vê algo injusto acontecer.

Progressão com subdivisão do tema

Ocorre quando de um "hipertema" derivam-se **temas parciais**, ou seja, quando um tema se divide em vários outros.

EXEMPLO

> A astronomia é uma ciência ampla e, por isso, tem algumas especializações. A chamada *astronomia fundamental* estuda a posição e o movimento dos corpos celestes. Já a *astrofísica* trata da constituição, das propriedades físicas e da evolução dos astros. Outra subdivisão é a *astrofísica estelar*, que estuda a composição, a formação, o nascimento, o crescimento e a morte das estrelas. Já a poeira, os gases e as formas de radiação que há entre as estrelas são estudados pela *astrofísica de meio interestelar*. A *astronomia galáctica*, como o nome sugere, estuda as galáxias – ou seja, os aglomerados formados por centenas de bilhões de estrelas. A *astronomia extragaláctica* trata de como as galáxias se reúnem para formar sistemas maiores. Tem ainda a *cosmologia*, que estuda a evolução do universo, e a *astronomia planetária*, que analisa os planetas, asteroides e cometas. Para finalizar a lista, existe a parte de *instrumentação*, que envolve engenheiros e astrônomos no desenvolvimento de aparelhos que permitem estudar os vários aspectos da luz emitida pelos astros.

Fonte: VÁRIOS AUTORES. *O que você vai ser quando crescer?* São Paulo: Companhia das Letrinhas, 2007, p. 10.

No exemplo, o tema "astronomia" se divide em vários outros, como notamos na leitura. Esquematicamente, esse tipo de progressão pode ser assim representado:

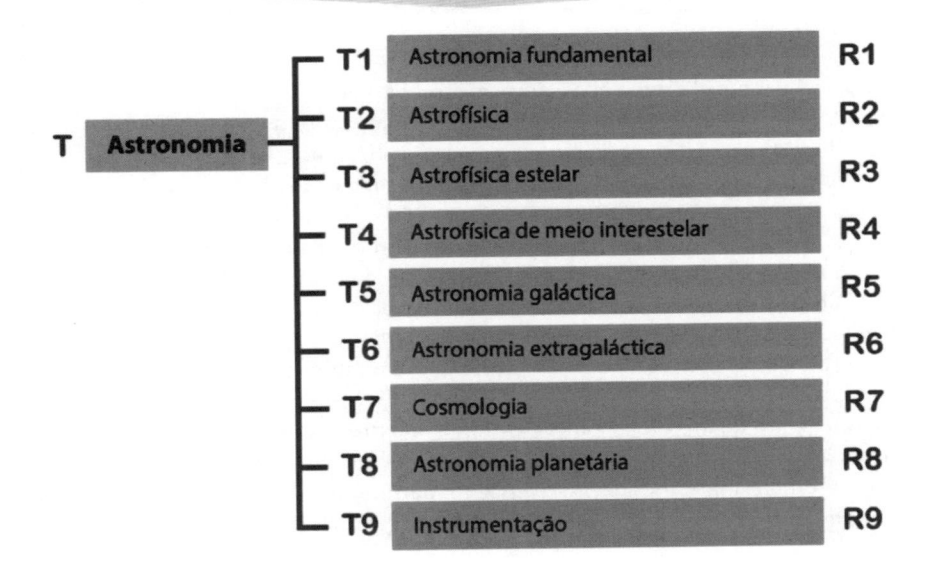

Progressão com temas variados

T	Astronomia			
	T1	Astronomia fundamental	R1
	T2	Astrofísica	R2
	T3	Astrofísica estelar	R3
	T4	Astrofísica de meio interestelar	R4
	T5	Astronomia galáctica	R5
	T6	Astronomia extragaláctica	R6
	T7	Cosmologia	R7
	T8	Astronomia planetária	R8
	T9	Instrumentação	R9

Progressão com subdivisão do rema

É o tipo que ocorre quando na base do desenvolvimento ocorre **a divisão do rema em outros remas**.

EXEMPLO

> Deixem a ortografia em paz
>
> Do Senado, duas notícias, **uma boa** e **outra má**. **A boa:** parece que temos senadores preocupados com o ensino de português. **A má:** querem alterar outra vez nossa ortografia, agora radicalmente, com a esperança de que, com isso, alunos possam obter melhores resultados na aprendizagem da língua. Criaram até uma comissão, com o objetivo de aplicar o acordo ortográfico (o mesmo que, na prática, já está em vigor), e para fazer com que "se escreva como se fala". Além de não ser boa, a ideia é impraticável. Fico curioso a respeito de como vai se escrever, por exemplo, aquilo que na ortografia atual é denominada Estação das Barcas (lá na Praça Mauá, no Rio de Janeiro). Para "fazer justiça" à pronúncia, deveríamos grafar "Ijtação daj Barcaj" ou "Ixtação dax Barcax"? Fora do Rio, talvez "Istação", ou ainda "Stação", como muita gente fala, já que poucos dizem "estação", além dos curitibanos...
> E como redigir o quarto mês do ano? "Abriu", como dizem muitos brasileiros, "abril", como diriam alguns gaúchos, ou "abrir", como parte dos paulistas, mineiros, paranaenses e outros pronunciam? Cabe ao leitor pensar em outros exemplos.

Fonte: PINKSY, Jaime. "Deixem a ortografia em paz". *Correio Braziliense*, 9 maio 2014.

Vejamos esquematicamente a progressão por desenvolvimento de um rema subdividido:

Progressão por desenvolvimento de um rema subdividido

```
              T
Do Senado —— Duas notícias
             /           \
           T1             T2
        Uma boa        Uma má
          R1              R2
```

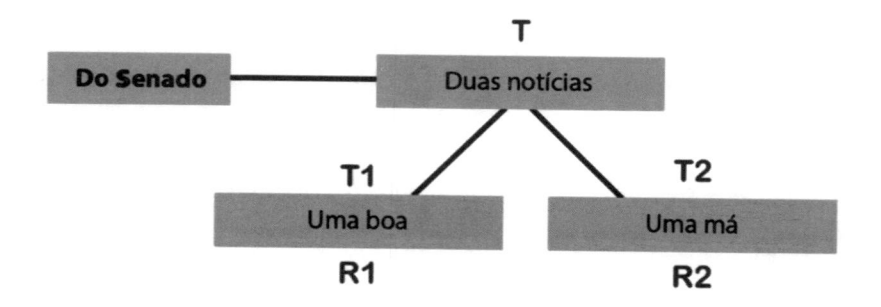

Progressão linear

Ocorre quando **o rema** do primeiro enunciado passa **a tema** do enunciado seguinte e, assim, sucessivamente.

É a estratégia que prevalece no exemplo:

> Tofu é a ricota oriental.
> A ricota o chuchu dos queijos.
> E o chuchu é o quarto
> estado da água.

Fonte: JAIME, Leo. *Clássicos da twitteratura brasileira*. São Paulo: Livraria da Vila, 2010.

Como notamos no exemplo, a progressão textual é garantida por meio da estratégia que transforma o rema em tema do enunciado seguinte. Vamos representar esquematicamente como isso acontece:

Progressão temática linear

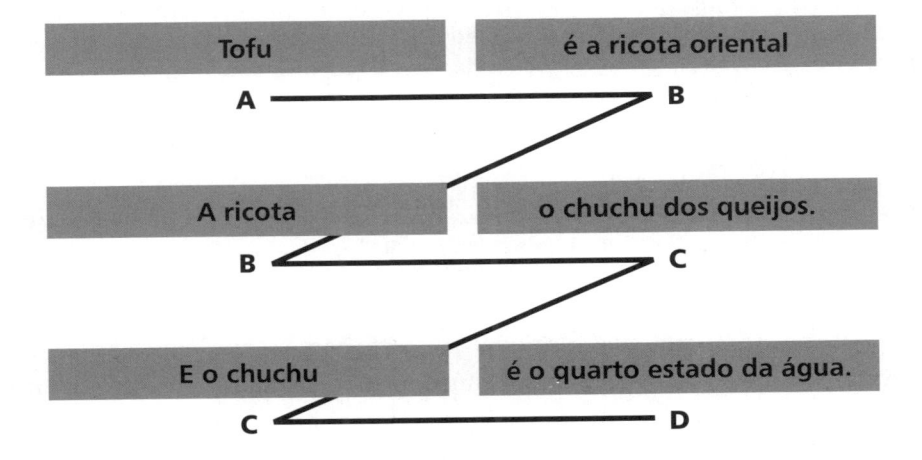

Tofu	é a ricota oriental
A	B
A ricota	o chuchu dos queijos.
B	C
E o chuchu	é o quarto estado da água.
C	D

A mesma estratégia de progressão textual é constitutiva da parlenda:

> Hoje é domingo
> Pede **cachimbo**
> O **cachimbo** é de barro
> Que bate **no jarro**
> O **jarro** é de ouro
> Que bate **no touro**
> O **touro** é valente
> Bate **na gente**
> A **gente** é fraco
> E cai **no buraco**
> O **buraco** é fundo
> Acabou-se o mundo!

Progressão com salto temático

O desenvolvimento tem como traço uma sucessão de novos temas.

Exemplo

> Centenas de hábitos influenciam nossos dias – eles orientam o modo como nos vestimos de manhã, como falamos com nossos filhos e adormecemos à noite; eles afetam o que comemos no almoço, como realizamos negócios e se vamos fazer exercícios ou tomar uma cerveja depois do trabalho. Cada um deles tem uma deixa diferente e oferece uma recompensa única. Alguns são simples e outros são complexos, apoiando-se em gatilhos emocionais e oferecendo prêmios neuroquímicos sutis. Porém **todo hábito, por maior que seja sua complexidade**, é maleável. **Os alcoólatras mais viciados** podem ficar sóbrios. **As empresas mais disfuncionais** podem se transformar. **Um menino que largou o ensino médio** pode se tornar um gerente bem-sucedido.

Fonte: DUHIGG, Charles. *O poder do hábito*. Rio de Janeiro: Objetiva, 2012, p. 283.

As expressões destacadas funcionam no texto como tema. Vemos, então, uma sucessão de novos temas que foram introduzidos, segundo o projeto de dizer, para orientar no sentido da maleabilidade do hábito. O procedimento é bem justificado na progressão do texto, considerando a intencionalidade do autor.

Progressão com recursos retóricos

Do ponto de vista argumentativo, o emprego de um ou outro tipo de progressão temática adquire grande importância. A anteposição do rema, por exemplo, produz importantes efeitos persuasivos, como em:

> **Falsos amigos**, é melhor não tê-los.

Caso em que a repetição do tema possui grande força argumentativa é aquele em que o rema da primeira oração é diversas vezes repetido, mas seguido de novas predicações, com se pode verificar no trecho a seguir:

> O homem teme **o pensamento** como nada mais sobre a terra, mais que a ruína e mesmo mais que a morte. **O pensamento** é subversivo e revolucionário, destrutivo e terrível; **o pensamento** é impiedoso com os privilégios, com instituições estabelecidas e com hábitos confortáveis. **O pensamento** é anárquico e indiferente à autoridade, descuidado com a sabedoria curada pela idade. **O pensamento** espia o fundo do inferno e não se amedronta. Ele vê o homem como um frágil graveto, circundado por desmesurados abismos de silêncio. Não obstante, ele se porta orgulhosamente, imutável, como se fosse o senhor do universo. **O pensamento** é grande, ágil e livre, é a luz do mundo e a verdadeira glória do homem. [...]

Fonte: RUSSEL, Bertrand; CERQUEIRA LEITE, Rogério Cesar. "Quem tem medo da Universidade?". *Folha de S.Paulo*, 1º sem. de 1981.

PROGRESSÃO/CONTINUIDADE TÓPICA

Ao final de uma conversa, se for perguntado aos participantes sobre o que falaram, provavelmente eles serão capazes de enumerar os principais "tópicos" abordados.

Na linguagem comum, **tópico** é aquilo sobre o que se fala. Essa noção, contudo, é mais complexa e abstrata. Estudiosos como Jubran et al. (1992) defendem que a noção de tópico é definida por duas propriedades:

1. **centração** que se caracteriza pelo foco em determinado assunto;
2. **organicidade** que se manifesta pela natureza das articulações que um tópico tem com outros na sequência textual, bem como pelas relações hierárquicas entre os tópicos.

Podemos dividir um texto em fragmentos recobertos por um mesmo tópico, porém, cada conjunto desses fragmentos irá constituir uma unidade de nível mais alto. Várias dessas unidades, conjuntamente, formarão outra unidade de nível superior e assim por diante.

Cada uma dessas unidades, em seu nível próprio, é um tópico. Para evitar confusão, podemos denominar aos fragmentos de nível mais baixo de **segmentos tópicos**; um conjunto de segmentos tópicos formará um **subtópico**; diversos subtópicos constituirão um **quadro tópico**; havendo ainda um tópico superior que englobe vários quadros tópicos, ter-se-á um **supertópico**.

A representação esquemática a seguir ajuda a compreender melhor essa explicação. Vejamos:

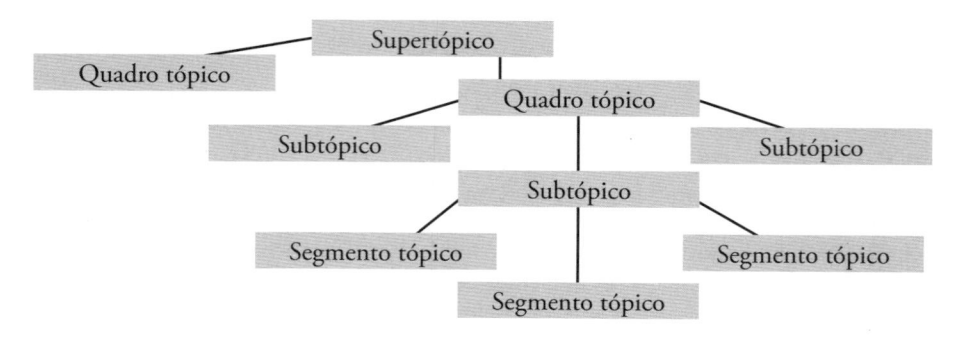

```
                    Supertópico
   Quadro tópico         |
                     Quadro tópico
         Subtópico                    Subtópico
                      Subtópico
     Segmento tópico              Segmento tópico
                   Segmento tópico
```

Selecionamos o texto a seguir para uma exemplificação de como a progressão tópica se constitui textualmente. Depois da leitura, vamos observar na representação esquemática como os tópicos se constituem e contribuem para a organização e progressão do texto, bem como para o propósito argumentativo do artigo de divulgação científica.

EXEMPLO

> Pererecas usam cabeçadas para envenenar inimigos
>
> *Anfíbios da caatinga e da mata atlântica têm espinhos que ajudam no ataque*
> Na cabeça delas quase não há pele, mas sim espinhos capazes de injetar veneno nos predadores.
> Trata-se de uma descoberta importante, pois faz com que duas espécies nacionais, conhecidas como pererecas-de-capacete, devam mudar de categoria: de animais venenosos para peçonhentos.
> O trabalho, já aceito para publicação na revista "Current Biology", é uma parceria entre o Instituto Butantan e a Universidade de Utah.
> Venenosos são aqueles organismos – como taturana, sapos, algumas plantas e o baiacu – que produzem veneno mas não têm um mecanismo capaz de injetá-lo.
> Já os organismos peçonhentos – como aranha armadeira, jararaca, arraias e água-viva – têm essa capacidade para agredir quem incomoda.
> Os animais do primeiro grupo têm a chamada defesa passiva. O segundo grupo, ativa.
> Até então, as pererecas teriam defesa passiva porque, como os sapos, apresentam glândulas de veneno na pele, que só com um evento físico (como uma mordida) afetavam o predador.
> A mudança de categoria das pererecas-de-capacete veio de uma experiência bastante real, sofrida pelo biólogo Carlos Jared, pesquisador do Instituto Butantan e um dos autores do estudo (veja depoimento abaixo).

Fonte: ALVES, Gabriel. "Pererecas usam cabeçadas para envenenar inimigos". *Folha de S.Paulo*. Ciência + Saúde, 26 jul. 2015, B17.

Organização do quadro tópico

Tópico: Descoberta de pererecas peçonhentas

- Subtópico 1
  - Objeto de pesquisa
    - Nome
    - Descrição
    - SEGMENTOS TÓPICOS
- Subtópico 2
  - Conclusão da pesquisa
    - Mudança de categoria
    - SEGMENTO TÓPICO
- Subtópico 3
  - Publicação da pesquisa
- Subtópico 4
  - Responsáveis pela pesquisa
    - Instituições
    - Pesquisadores
    - SEGMENTOS TÓPICOS
- Subtópico 5
  - Diferença entre animais venenosos e peçonhentos
    - Animais peçonhentos e tipos de defesa
    - Animais venenosos e tipos de defesa
    - SEGMENTOS TÓPICOS

Como notamos, um texto é constituído de segmentos tópicos, direta ou indiretamente relacionados com o tema geral ou tópico discursivo. Isto é, um segmento tópico, quando introduzido, mantém-se por determinado tempo, após o qual será introduzido um novo segmento tópico. A continuidade e a progressão tópicas são condições indispensáveis para a coerência textual.

RESUMINDO

A progressão vai garantir a continuidade, o constante ir e vir entre o que foi dito e o que se está por dizer. Para tanto, o produtor do texto dispõe, entre outras, das seguintes estratégias:

1. **Progressão/continuidade referencial**, garantida pela formação das cadeias referenciais (referenciação), que mantêm os referentes em estado de ativação durante o processamento do texto, como vimos na seção "Estratégias de construção e retomada de referentes".
2. **Progressão/continuidade temática**, que consiste no emprego de termos de um mesmo campo lexical, que mantém ativado o modelo de mundo a que eles pertencem; bem como, nos encadeamentos, o tipo de relacionamento que se estabelece entre segmentos textuais e a explicitação dessas relações por meio de elementos de ligação, que permitam ao interlocutor verificar que não se trata de um simples amontoado aleatório de frases, mas de um contínuo textual dotado de sentido.
3. **Progressão/continuidade tópica**, isto é, uso de estratégias que possam garantir a manutenção dos tópicos em andamento, de modo a não prejudicar a construção da coerência. Esta engloba a progressão/continuidade temática que, por sua vez, repousa fortemente na progressão/continuidade referencial.

Todos os recursos aqui estudados vão ser responsáveis, entre outros, pela **coesão textual**, pois possibilitam "amarrar" entre si as várias partes do texto, aumentando em muito sua legibilidade. Assim, a partir do que tem diante dos olhos, o leitor vai construindo **a coerência** e desvendando **a argumentação** que o texto encerra.

PROPOSTAS DE ATIVIDADE

Atividade 1

Indique as funções exercidas pelas **formas nominais referenciais** em destaque nos textos.

Texto 1

> Projeção da ONG britânica Oxfam dá conta de que, em algum momento do ano que vem, a riqueza combinada do 1% mais próspero do mundo superará o patrimônio e a renda dos 99% restantes. É **uma ótima estatística** para citar, provocar indignação e até para motivar as pessoas a combater a pobreza, mas ela esconde um fenômeno ainda mais interessante, que raramente é destacado: o mundo está deixando de ser um lugar linear.

Fonte: SCHWARTSMAN, Hélio. "Desigualdade extrema". *Folha de S.Paulo*. Opinião, 18 fev. 2015, A2.

Texto 2

> **Fotógrafos especializados em turismo dão dicas de fotografia de viagem**
>
> "Você é um fotógrafo que viaja ou um viajante que fotografa?" Esse é **um questionamento** que o profissional Haroldo Castro ouve com frequência e responde com desenvoltura: "Acho que sou os dois."
> Se **esse tipo de resposta** não é a sua praia, e você se encaixa no segundo grupo, dos amadores, gente como Castro ensina truques para você ter orgulho de mostrar seus álbuns de viagem.

Fonte: YURI, Débora. "Fotógrafos especializados em turismo dão dicas de fotografia de viagem". *Folha de S.Paulo*. Turismo, 12 fev. 2015, F1.

Texto 3

> **Eu sou: tanatopraxista**
>
> Saiba como é a rotina d**os profissionais que cuidam da aparência dos que foram 'dessa para a melhor'**
> **O tanatopraxista** cuida da boa aparência dos que já se foram. Para isso, o procedimento é quase cirúrgico. A diferença é que sua sala fica, normalmente, numa casa funerária. Apesar de não ser médico, **esse profissional** passa por um curso onde aprende anatomia e técnicas de instrumentação médica. "A gente precisa saber, ao menos, pegar uma veia", conta Fausto da Silva Filho, 55, tanatopraxista há 10 anos.

Fonte: SANT'ANA, Thais. "Eu sou tanatopraxista". *Galileu*. São Paulo, Abril, n. 272, mar. 2014.

ATIVIDADE 2

Indique o referente a que faz remissão o pronome **ele** no texto que você vai ler em seguida e justifique a sua resposta.

> Focinho atento, **ele** para e arranha o solo por quatro segundos. É o sinal: ali, há resquícios de TNT (trinitrotolueno). Pode ser uma mina terrestre, restos de munição ou uma bomba aérea não detonada – de toda forma, um achado potencialmente perigoso.
> O trabalho bem feito é recompensado com carinho e pedacinhos de banana ou amendoim. Associados geralmente à sujeira, ratos são utilizados há mais de 15 anos pela ONG Apopo para a detecção de minas terrestres. Estima-se que 56 nações tenham hoje parte de seu território minado. [...]

Fonte: PESSOA, Luisa. "Ratazanas salvam vidas farejando minas terrestres em países da África e da Ásia". *Folha de S.Paulo*. Mundo, 2 set. 2015, A12.

Atividade 3

Nos textos:

1. identifique as expressões que resumem e rotulam partes do texto.
2. indique a orientação argumentativa que os rótulos imprimem no texto.

Texto 1

> **Mosquitos da discórdia**
>
> A mera expressão "mosquito transgênico" soa ameaçadora para a maioria das pessoas. A reação visceral se explica pela conturbada introdução dos organismos geneticamente modificados no dia a dia, duas décadas atrás, cujos ecos ainda se fazem ouvir na forma de preconceitos irracionais.
> O inseto foi desenvolvido pela empresa britânica Oxitec, incubada na Universidade de Oxford e que abriu uma filial em Campinas para vender no Brasil seu produto de combate à dengue. Mas ela anda tropeçando na burocracia.

Fonte: Editorial. *Folha de S.Paulo*. Opinião, 25 ago. 2015, A2.

Texto 2

> Quando se fala em cidades históricas, é impossível não se lembrar de Minas Gerais. Esse reconhecimento é tão grande que Ouro Preto acaba de ser escolhida pelos paulistanos como o melhor destino histórico do Brasil. Mas Minas é muito mais do que isso. Venha descobrir nossos outros destinos e surpreenda-se.

Fonte: *Viaja SãoPaulo*, Folha de S.Paulo, 23 a 29 de ago. 2015.

Atividade 4

Identifique a estratégia de **progressão textual** e explique como o uso dessa estratégia contribui para a argumentação.

> "Se os olhos veem com amor, o corvo é branco; se com ódio, o cisne é negro; se com amor, o demônio é formoso; se com ódio, o anjo é feio..." (Padre José Antônio Vieira)

Atividade 5

Leia os dois textos.

1. Indique a estratégia de progressão textual comum aos textos.
2. Explique o efeito que o uso da estratégia produz no plano argumentativo.

Texto 1

> **Paris, por partes**
>
> A cidade mais desejada do mundo é romântica e é modernosa, é cosmopolita e é provinciana, é conservadora e é antenada. Destrinchamos cinco regiões, com suas novidades e seus clássicos, pra você encontrar a sua Paris dentro de Paris

Fonte: *Viagem e Turismo*, ano 20, n. 7, ed. 237, jul. 2015.

Texto 2

> Descoberta pelos portugueses,
>
> colonizada pelos italianos,
>
> erguida pelos brasileiros.
>
> A Plano & Plano parabeniza a São Paulo que abraça todos os povos e que, com eles, ajuda a construir uma cidade cada vez melhor.
>
> **Feliz Aniversário, São Paulo!**
> **461 anos**
>
> Homenagem da
> **PLANO & PLANO**
> CONSTRUÇÕES E PARTICIPAÇÕES

Fonte: *Revista sãopaulo*. São Paulo: Folha de S.Paulo, 25 a 31 jan. 2015.

ATIVIDADE 6

Leia o texto.

1. Diga que estratégia de progressão textual é preponderante no texto.
2. Explique o efeito que a estratégia produz no plano argumentativo do texto.

Não vá

É verdade que a situação política por aqui está feia, que tem gente perdendo emprego, que o dinheiro que falta para a Educação sobra nas mordomias usufruídas por membros dos três poderes.
É verdade que a Petrobras é a única petrolífera do mundo a dar prejuízo, por conta da má administração e da roubalheira desenfreada, enquanto os bancos privados batem recordes de lucro a cada semestre.
É verdade que ainda temos capitais sem um único metro de rede de esgoto e que o estado mais rico da federação está com falta de água e com sobra de dengue.
É verdade que o álcool continua sendo consumido descontroladamente, que motoristas irresponsáveis não param de matar e mutilar milhares de brasileiros, sem que se tome medidas sérias contra este nosso hábito de "beber socialmente" e dirigir. **Também é verdade que** o asfalto das ruas de nossas cidades é esburacado, que os trajetos são mal sinalizados, que um assaltante pode estar de tocaia em cada congestionamento e em cada farol fechado.
É verdade que os críticos das "elites" tomam vinho de 3000 reais (sem problemas, já que a origem do dinheiro são "consultorias" pra lá de suspeitas). **É também verdade que** ainda se elogia a ignorância, que se valoriza a falta de cultura, que ler é considerado chato, que alegria é quase sempre sinônimo de ruído (sem consideração pelos vizinhos).
É verdade que resquícios da escravidão estão presentes no nosso cotidiano, no preconceito nosso de cada dia, no horror que ainda temos ao trabalho físico, no amor ao bacharelismo. Está presente ainda no paternalismo típico das senzalas que, em vez de oferecer oportunidades (liberdade, boa escolaridade) prefere ser paternalista, dando peixes e não ensinando a pescar.
É verdade que remédios custam mais caro aqui do que na Suíça, camisas mais do que na Itália, brinquedos mais do que em Orlando, refeições mais do que na França, automóveis mais do que no mundo inteiro. Já a cachaça e a cerveja são baratas.
É verdade que viver na periferia (onde a maioria mora) é muito perigoso, que caminhar à noite é arriscado e que engolir o óleo diesel dos veículos provoca doenças respiratórias.
É verdade que criamos leis que não pegam, mas em compensação temos "não leis" que pegam. A pena de estupro nas prisões não existe no nosso código penal e é aplicada sistematicamente, como se tivesse sido aprovada pelo legislativo e referenciada pelo Supremo...
É verdade que nossos motoristas não sabem como dirigir: nas estradas andam pela pista do meio em baixa velocidade (brasileiro que se preze não vai pela pista da direita); nas cidades não dão seta, fazem conversões em diagonal, não sabem que pisca alerta é só quando se para o carro, não usam farol quando devem (e quando usam, ligam o farol alto), estacionam na frente de garagens e em ponto de ônibus e não respeitam faixa de pedestres.

▷ Tudo isso é verdade, e há muitas outras verdades desagradáveis em nosso país. Por um lado, isto é ruim. Por outro, isto mostra que há muito para se fazer no Brasil. Por isso mesmo viver e trabalhar aqui dá uma sensação de que podemos ser úteis, temos condição de fazer algo para quem precisa. Há muito por fazer por aqui e isto nos ajuda a dar um sentido às nossas vidas. Você que está lutando por um passaporte da União Europeia ou por um Green Card americano, você tem certeza de que quer viver em um país já constituído, já formado, com sua identidade nacional já definida, para o bem e para o mal?

Nosso país ainda não está pronto. Você pode ajudar a construí-lo, colocar a sua pedra, o seu cimento, plantar a sua árvore, arrancar as ervas daninhas que proliferam por aqui. Não vá. Fique por aqui com sua competência e sua honestidade. Melhore nosso país. Ele precisa de você.

Fonte: PINSKY, Jaime. "Não vá". *Correio Braziliense*, 8 jun. 2015.

ATIVIDADE 7

Na constituição de um texto, podemos recorrer a várias estratégias de progressão textual. Indique algumas dessas estratégias no trecho destacado a seguir e explique o efeito que produzem na argumentação do texto.

Cadim

Estou trabalhando em Minas este mês e meu dia é pontuado por "cadim" disso e daquilo. "Cadim" é minha expressão favorita de Minas, é o verdadeiro espírito mineiro: um cadim de queijo, um cadim de café, um cadim de pinga, um cadim de roça, um cadim desse sotaque que é bomdimaisdaconta, sô!

Toda vez que um mineiro perto de mim solta um "cadim" eu fico um "cadim" mais contente.

Decidi que aquele gráfico e aquele artigo podem ir passear um cadim, pastar um cadim, ir passar um cadim no raio que os parta!

Minha meta é ser feliz o máximo que eu conseguir, no trabalho, no amor, na fila do banco, atrasada, estourando pipoca, combinando canudinho, abraçando meu cachorro, em casa, viajando, tomando uma cerveja, passando creminho no pé, fazendo as unhas, observando estranhos.

Vou juntar cada cadim de felicidade, comemorá-lo, guardar cada cadim como se fosse meu único cadim.

Sem os cadins ficamos só com o tal gráfico. E vamos combinar, que não dá pra coxinhar a felicidade desse jeito, jogando a ditacuja no Excel. Assim não sobra nenhum cadim de alegria, nem pra dançar no transporte público.

PS. Ok, admito, ser feliz na fila do banco já é exagero.

Fonte: ELIAS, Paula. "Cadim". Disponível em: <https://esparrela.wordpress.com/2013/08/09/cadim/>. Acesso em: 24 jul. 2014.

5
Articuladores textuais e argumentação

A produção textual exige que cuidemos da articulação entre orações, períodos, parágrafos e sequências maiores, porque todas essas partes contribuem para que o texto seja compreendido como uma unidade de sentido. As marcas responsáveis pelo encadeamento de segmentos textuais de qualquer extensão são denominadas **articuladores textuais, operadores de discurso** ou **marcadores discursivos**.

Com importante papel no estabelecimento da coesão, da orientação argumentativa e da coerência do texto, os articuladores atuam em diferentes níveis:

- no da **organização global do texto**, em que explicitam as articulações das sequências ou partes maiores do texto.

Exemplo 1

> Sim, o "Sunday Times" é preferível ao "Sunday Telegraph" (mesmo com Rod Liddle, que também aparece aos domingos no jornal). Mas a melhor colheita das rotativas britânicas é, sem surpresa, a revista "The Oldie", dirigida por Alexander Chancellor e só superficialmente vocacionada para a "Terceira Idade".
> Nas páginas de publicidade, lá encontramos casas de repouso; aparelhos auditivos; calçado ortopédico; e, juro pela minha saúde, o último grito em cadeira de rodas.
> Mas depois temos artigos superiormente escritos (e superiormente hilariantes) sobre as pequenas loucuras da vida actual.
> As secções onde aparecem esses textos têm títulos que são todo um programa: "Still with us" ("ainda com a gente", retratos biográficos de personalidades que se mantêm vivas); "Living Hell" ("puro inferno", normalmente devotado à indústria do turismo); e, naturalmente, o heroico "Notes from the Sofa" ("notas do sofá", reflexões sobre tudo o que mexe, o que obviamente exclui o autor das notas).
> **Para concluir**, Mary Kenny responde a perguntas dos leitores, explicando, entre outros mimos, por que motivo a demência não tem que ser o fim do mundo.

Fonte: COUTINHO, João Pereira. "Diário de Oxford – Capítulo 9". *Folha de S.Paulo*, 23 fev. 2015.

No texto, "para concluir" sinaliza para o leitor que o texto está chegando a sua etapa final. Daí se tratar de um articulador que atua na organização global do texto.

- no **nível intermediário**, em que assinalam os encadeamentos entre parágrafos ou períodos.

Exemplo 2

> Na semana passada, o jornalista George Johnson, que escreve ocasionalmente sobre ciência para o "New York Times", publicou um ensaio em que comparava dois livros relativamente recentes que oferecem <u>pontos de vista opostos à natureza da realidade</u>. Dado que esse é o tema de meu livro mais recente, "A Ilha do Conhecimento", revejo alguns dos pontos dessas obras, <u>contrastando-os com minha posição</u>.
> **De um lado**, temos o famoso filósofo Thomas Nagel, que argumentou em seu livro de 2012, "Mente e Cosmo", que o materialismo mais simples, conforme é entendido hoje e usado na formulação das ciências físicas e biológicas, não é capaz de explicar alguns dos fenômenos naturais mais complexos, incluindo a origem e a evolução da vida e a natureza do consciente humano. [...]
> **De outro**, temos o ultraplatonismo do físico Max Tegmark, do Instituto de Tecnologia de Massachusetts, que no livro "Nosso Universo Matemático" propõe que a realidade física, o espaço, o tempo, a matéria e a energia, em todas as suas manifestações, originam-se de uma realidade puramente matemática.

Fonte: GLEISER, Marcelo. "Perguntas irrespondíveis". *Folha de S.Paulo*. Colunistas, 3 ago. 2014.

No texto, as expressões "de um lado" e "de outro" estabelecem a articulação entre parágrafos chamando a atenção do leitor para o que é colocado em foco num parágrafo (a obra do filósofo Thomas Nagel) e noutro (a obra do físico Max Tegmark), conforme proposta do autor apresentada no início de seu texto.

- no **nível microestrutural**, em que indicam os encadeamentos entre orações e termos das orações.

Exemplo 3

> Deprê na firma
>
> Empresas gastam milhões **para** entender o que faz seus funcionários felizes **e para** motivá-los, **mas** demonização da tristeza talvez não seja saudável, defende novo livro

Fonte: LACOMBE, Milly. *Folha de S.Paulo.* Equilíbrio, 11 ago. 2015, B9.

No exemplo, as palavras negritadas articulam as orações estabelecendo relações argumentativas de finalidade (para), adição (e) e oposição (mas), respectivamente.

Considerando o quanto esses recursos são importantes na constituição de um texto, da sua argumentação e do seu sentido, estudaremos neste capítulo os articuladores textuais destacando as funções que assumem.

FUNÇÕES DOS ARTICULADORES TEXTUAIS

Os articuladores textuais assumem variadas funções. Eis algumas:

- situar ou ordenar os estados de coisas de que o enunciado fala no espaço e/ou no tempo;
- estabelecer entre os enunciados relações do tipo lógico-semântico (causalidade, condicionalidade, disjunção etc.);
- sinalizar relações discursivo-argumentativas;
- funcionar como organizadores textuais;
- introduzir comentários ora sobre o modo como o enunciado foi formulado (como aquilo que se diz é dito), ora sobre a enunciação (o ato de dizer).

Os articuladores podem ser agrupados de forma diferente de acordo com a função que assumem no texto. É disso que trataremos a seguir.

Articuladores de situação ou ordenação no tempo e/ou espaço

Esses articuladores servem para sinalizar as relações espaciais e temporais a que o enunciado faz referência demarcando, por exemplo, episódios na narrativa (ordenadores temporais) ou segmentos de uma descrição (ordenadores espaciais). Fazem parte do conjunto desses articuladores:

> antes, depois, em seguida, a seguir, defronte de, além, mais além, do lado direito, do lado esquerdo, a primeira vez que, a última vez que, muito tempo depois etc.

EXEMPLO 1

> **A primeira vez que** ele a encontrou, foi à porta da loja Paula Brito, no Rocio. Estava ali, viu uma mulher bonita, e esperou, já alvoroçado, porque ele tinha em alto grau a paixão das mulheres. Marocas vinha andando, parando e olhando como quem procura alguma casa. **Defronte da loja**, deteve-se um instante; **depois**, envergonhada e a medo, estendeu um pedacinho de papel ao Andrade, e perguntou-lhe onde ficava o número ali escrito.

Fonte: ASSIS, Machado de. Singular ocorrência. *Volume de contos*. Rio de Janeiro: Garnier, 1884.

EXEMPLO 2

> O menos comum, porém fatal
>
> "TOCAR E MORDER"
> **Antes** de avançar com fúria, o tubarão rodeia a presa. **Depois**, sinaliza a ação encostando suavemente no corpo de seu alvo. **Em seguida**, dá o bote, crava as mandíbulas e não solta mais. As vítimas são mergulhadores em águas profundas

Fonte: *Veja*, 29 jul. 2015, p. 90.

Articuladores de relações lógico-semânticas

Esses articuladores são responsáveis pela relação entre o conteúdo de duas orações. No texto, as relações lógico-semânticas entre orações são estabelecidas por meio de conectores. No conjunto das relações lógico-semânticas, podemos citar:

- **Relação de condicionalidade**: pode ser configurada na construção *__se p então q__* que expressa conexão de duas orações: uma introduzida pelo conector **se** (oração antecedente) e outra por **então** que quase sempre se encontra implícita (oração consequente).

Se é o conector condicional típico que geralmente introduz um fato (real ou hipotético) ou uma premissa a que se associa uma consequência ou inferência. Entre o conteúdo de **p** e o de **q**, instaura-se a seguinte relação:

condição para realização → consequência da resolução da condição enunciada

Outros conectivos que assumem valor condicional são:

caso, desde que, contanto que, a menos que, sem que, a não ser que, salvo se

EXEMPLO 1

> **Se você está vendo este copo meio vazio, economize água.**
> **Se está vendo meio cheio, economize também.**
>
> Ontem foi o Dia Mundial da Água. Um dia para lembrarmos que, apesar de 2/3 do planeta ser formado por água, apenas 0,007%* desse total é potável. Todos nós devemos aprender a usá-la com responsabilidade. Economizar água é cuidar do nosso bem mais valioso. Economize água hoje e garanta a água de amanhã.
>
> **Ypê. Cuidando bem da nossa casa.**

Fonte: *Folha de S.Paulo*. Poder, 23 mar. 2014, A15.

No anúncio, a condição para realização é

1. **Se** você está vendo este copo meio vazio
2. **Se** você está vendo este copo meio cheio

E a consequência da resolução da condição enunciada em ambos os casos é

(Então) economize água

Exemplo 2

> **O MAIS COMUM E MENOS FATAL**
>
> "BATER E CORRER"
>
> O tubarão ataca, percebe que a carne humana é menos suculenta do que a de uma tartaruga ou de um golfinho, por exemplo, e vai embora. **Caso** a mordida não atinja órgãos vitais, a vítima – normalmente banhista ou surfista – sobrevive

Fonte: *Veja*, 29 jul. 2015, p. 90.

No texto, a condição é expressa da seguinte forma:

> **Caso** a mordida não atinja órgãos vitais

E a consequência:

> (Então) a vítima – normalmente banhista ou surfista – sobrevive

Os exemplos nos dizem que o jogo funciona como se propuséssemos uma questão e obtivéssemos o consentimento do nosso interlocutor para a validade do que é proposto. Em geral, quando antecipamos a oração condicional, indicamos para o nosso interlocutor que se trata de conhecimento partilhado, ou seja, que não se trata de informação nova.

- **Relação de causalidade** é entendida com base na construção *p porque q* que expressa conexão de duas orações: uma delas encerrando a causa que acarreta a consequência contida na outra. Em outras palavras, a relação de causa refere-se à conexão *causa-consequência* ou *causa-efeito* entre dois eventos.

Do ponto de vista do discurso, causa ou efeito não é um valor inerente a um fato na sua relação com o outro, por exemplo:

> Ela está com os olhos vermelhos porque chorou bastante.

Mas, sim, uma possibilidade de sentido segundo a necessidade de compreensão do evento a que se faz referência. O emprego do conectivo tem justamente a função de explicitar a relação de causa para orientar a compreensão.

O conector mais usado para indicar a relação de causa é **porque**. Outros conectores utilizados para expressar relação de causa são:

> como, pois, porquanto, já que, uma vez que, dado que, visto que

As orações causais iniciadas com **porque** geralmente são *pospostas*, sinalizando para o interlocutor se tratar de uma informação nova.

Quando *antepostas*, as orações causais exprimem um fato que se pressupõe já conhecido do interlocutor e chama a atenção para isso pela focalização causada pela extraposição, segundo defende Neves (2011).

Exemplo 3

JÁ QUE LEMBROU DA CÂMERA, VÊ SE NÃO VAI ESQUECER O SORRISO NO HOTEL.

Fonte: *Folha de S.Paulo*. Mercado, 23 ago. 2015.

- **Relação de mediação ou finalidade** se exprime por intermédio de duas orações, numa das quais se explicita o meio para atingir um fim expresso na outra. Trata-se de orações que expressam um efeito visado, um propósito, um fim por meio do uso de conectores como

para que, a fim de que

É muito comum a relação de finalidade ser expressa por uma oração encabeçada pela preposição **para** ou pela locução **a fim de**, como mostram os exemplos:

Exemplo 4

> **Deputados vão ao STF a fim de anular votação de idade penal**

Fonte: *Folha de S.Paulo*, 10 jul. 2015, 1ª página.

Exemplo 5

> Universitário de Manaus cria site **para** oferecer experiências como dormir na casa de nativos e pescar em igarapés

Fonte: *Folha de S.Paulo*. Mercado, 4 jul. 2015, A28.

- **Relação de disjunção ou alternância** é expressa através do conectivo **ou** que associa dois fatos, duas ideias, negando a união deles.
  O conector **ou** pode ser usado:
  - Com valor exclusivo (= um ou outro, mas não os dois, ou seja, os elementos se excluem).

Exemplo 6

> **Ou** se tem chuva e não se tem sol,
> **ou** se tem sol e não se tem chuva!
> **Ou** se calça a luva e não se põe o anel,
> **ou** se põe o anel e não se calça a luva!

Fonte: MEIRELES, Cecília. *Ou isto ou aquilo*. Rio de Janeiro: Nova Fronteira, 1990, p. 71.

Exemplo 7

> Já reparou a dificuldade feminina para saber o que se pode (**ou** não) fazer depois de uma determinada idade?
> Devo **ou** não pintar o cabelo? Posso deixar o cabelo comprido? É ridículo ter franja **ou** fazer rabo de cavalo? Qual é o comprimento adequado da saia? E o tamanho do biquíni?

Fonte: GOLDENBERG, Mirian. "Me deixa ficar velha". *Folha de S.Paulo*. Equilíbrio, 14 jul. 2015.

- Com valor inclusivo (= um ou outro, possivelmente ambos, ou seja, os elementos se somam).

Exemplo 8

> Sabe quando duas pessoas estão brigando e aparece alguém no meio para apartar a confusão, pedindo para elas pararem de se agredir e tentando fazer que voltem a ser amigas? **Ou** quando duas pessoas que falam línguas diferentes não conseguem se entender e, mais uma vez, é preciso que alguém resolva a situação, conversando com cada uma delas em seus próprios idiomas? Pois é mais ou menos isso que faz um diplomata, só que não entre pessoas, mas entre países.

Fonte: Quando crescer, vou ser... diplomata! In: Vários Autores. *O que você vai ser quando crescer?* São Paulo: Companhia das Letrinhas, 2007, p. 18.

- **Relação de temporalidade** é construída de várias formas podendo indicar simultaneidade, anterioridade, posterioridade, continuidade ou progressão.

    a. tempo exato, pontual:

    > quando, mal, assim que, nem bem, logo que, no momento em que

Exemplo

> Minha cachorra não suporta não ser o alvo da nossa atenção. Ela detesta quando sentamos para ver televisão, os quatro olhando fixamente para a parede, e não para ela. Como que em protesto, ela senta e nos encara, um a um, fixamente. O jogo é não olhar para ela – porque **assim que** retribuímos seu olhar, ela traz o brinquedo da vez, rabo abanando, e exige atenção ativamente.

Fonte: Herculano-Houzel, Suzana. "Ligados pelo olhar". *Folha de S.Paulo*. Equilíbrio, 7 jul. 2015, B7.

b. tempo anterior (antes que)

EXEMPLO

> Antes que se imagine o tubarão à espreita como mera cena de cinema ou praias longínquas, tudo muito distante do Brasil, convém lembrar o passado recente do litoral sul de Pernambuco. O estado contabiliza 56% das histórias de ataque no Brasil. "Pernambuco não tem mais tubarões que outros estados brasileiros. Aqui há uma combinação de muitos fatores que levam ao surto de ataques a partir de 1992", explica o pesquisador Flávio Hazin, da Universidade Federal Rural de Pernambuco. Além de

Fonte: Veja, 29 jul. 2015, p. 92.

c. tempo posterior (depois que)

EXEMPLO

> Bacon, Calabresa, Costelinha. Qualquer glutão esmorece ao ser informado de que os nomes dos suculentos ingredientes agora batizam criaturas graciosas, carentes.
> A domesticação de porcos, que não para de crescer no Brasil, começa a fomentar negócios e a movimentar o mercado de bichos de estimação.
> "É o fim da feijoada! Muita gente deixa de comer carne de porco **depois que** vira dono de porquinho", anima-se Fabiana Varoni, que há um ano expandiu sua granja no interior de São Paulo para começar a vender os miniporcos, como são chamados os bichos, que podem pesar até 70 quilos quando adultos.

Fonte: CUNHA, Joana. "Porcos de estimação aquecem mercado pet com 'ajudinha' de famosos". *Folha de S.Paulo*. Mercado, 9 ago. 2015, A27.

d. tempo simultâneo (enquanto)

EXEMPLO

> **Enquanto** o navio avançava rio acima, o administrador de empresas Carlos Silva, 36, desenhava a bordo do Grand Amazon um modelo de negócio para conter a poluição de suas águas disseminando "privadas secas". Trata-se de uma tecnologia social de baixo custo, na forma de caixotes de madeira que substituem o vaso convencional.

Fonte: TRINDADE, Eliane. "Estudante vence competição com site para hospedar turistas com ribeirinhos". *Folha de S.Paulo*. Mercado, 4 jul. 2015, A28.

e. tempo progressivo (à medida que, à proporção que etc.)

EXEMPLO

> A ocupação das favelas do Rio pelos traficantes de drogas é um fenômeno particular desta cidade e isso data de muitos anos [...]. **À medida que** o seu poder se consolidava, eles passaram de bandidos a justiceiros, punindo quem se comportava mal e, com isso, evitavam a volta da polícia a seus domínios.

Fonte: GULLAR, Ferreira. "Pior sem ela". *Folha de S.Paulo*. Ilustrada, 9 ago. 2015, C10.

- **Relação de conformidade** é expressa pela conexão entre duas orações em que se mostra a conformidade do conteúdo de uma com algo afirmado/asseverado na outra. Para a construção da relação de conformidade, podemos recorrer aos conectores:

> conforme, consoante, segundo, como

EXEMPLO

COMUNICADO

Conforme resolução nº 553 da Anatel, publicada em 14 de dezembro de 2010, a Oi informa que a partir de **11 de Outubro de 2015** o dígito 9 será incluído à frente de todos os números celulares Oi dos Estados da Bahia (71, 73, 74, 75 e 77) Sergipe (79) e Minas Gerais (31, 32, 33, 34, 35, 37 e 38). A partir do dia **11/10/15**, ao ligar ou enviar SMS para celulares dos DDDs 31, 32, 33, 34, 35, 37, 38, 71, 73, 74, 75, 77 e 79, também será necessário incluir o dígito 9 antes do número discado.

Mais informações acesse www.oi.com.br/9digito

oi

Fonte: *Folha de S.Paulo*. Mercado, 11 jul. 2015, A16.

- **Relação de modo** em que expressa numa oração o modo como se realizou ou se realiza o evento ou a ação contida em outra.

EXEMPLO

> A imagem retoma Gilberto Freyre em Casa-Grande & Senzala. À sombra de flamboyants, os meninos, todos negros ou mulatos, puxam cavalos para deleite do "senhozinho". A sociedade patriarcal brasileira está ali sintetizada **sem que ninguém se dê conta**. As crianças dos dois lados são exploradas. As do chão doam seu trabalho braçal. As da montaria estão ali para reproduzir a marca registrada da pobreza, caso ainda persista alguma dúvida quanto ao lugar na pirâmide ocupada por cada uma.

Fonte: BRÊTAS, Pollyanna. "Severino, me ajuda aqui!". *Le Monde Diplomatique Brasil*, ed. 94, maio 2015.

Articuladores discursivo-argumentativos

Diferentemente dos articuladores de relações lógico-semânticas que estabelecem uma relação entre o conteúdo de duas orações, os articuladores discursivo-argumentativos determinam relações entre dois ou mais enunciados distintos, encadeando-se o segundo sobre o primeiro que é tomado como **tema**. (ver capítulo "Progressão textual e argumentação").

Prova de que se trata de enunciados diferentes resultantes, cada um, de um ato de fala particular é que eles poderiam ser apresentados sob forma de dois períodos ou até proferidos por locutores distintos.

Assim, os encadeamentos podem ocorrer entre orações de um mesmo período, entre dois ou mais períodos e também entre parágrafos de um texto. É por essa razão que são chamados de **operadores ou encadeadores do discurso**.

Além disso, esses encadeadores determinam a **orientação argumentativa** do enunciado que introduzem. Daí serem também chamados de **operadores argumentativos** (ver capítulo "Conhecimento linguístico e argumentação: os operadores argumentativos") e as relações que estabelecem serem pragmáticas, retóricas ou argumentativas.

As principais relações discursivo-argumentativas são:

- **Conjunção (soma)**: relação expressa por meio de operadores que ligam enunciados cujos argumentos apontam para uma mesma conclusão:

> e, também, não só... mas também, tanto... como,
> além de, além disso, ainda, nem (= e não)

Exemplo 1

Ele tropeçou **e** quase caiu na semifinal. Com lesões nos últimos meses, competiu pouco **e** não tinha a melhor marca da temporada. Mas, para a alegria de quase todos que lotavam o estádio Ninho de Pássaro, em Pequim, o jamaicano Usain Bolt, 29, ganhou a prova dos 100 m do Mundial de atletismo.

Fonte: NUBLAT, Johanna. "0,01 segundo". *Folha de S.Paulo*. Esporte, 24 ago. 2015, B4.

Exemplo 2

Segundo o dicionário Houaiss, o sufixo "eco" funciona como diminutivo que adiciona quase sempre um valor depreciativo às palavras.
A definição ajuda **não só** a entender a língua portuguesa, **mas também** a desvendar como a palavra "pixuleco" virou sinônimo de propina nos autos da Operação Lava Jato.

Fonte: LIMA, Daniela. *Folha de S.Paulo*. Poder, 29 jun. 2015, A5.

Exemplo 3

O Facebook anunciou uma atualização na política de controle da timeline de seus usuários; agora, passa a permitir um maior domínio sobre o que aparece ou não na página que você encontra ao acessar a rede social.
A ideia é facilitar o controle do conteúdo exibido, permitindo ao usuário marcar prioridades, com pessoas e tipos de posts que ele deseja ver primeiro, descobrir novas páginas, **além de** facilitar a ocultação de posts indesejados ou exibir quem o usuário deixou de seguir.

Fonte: *Jornal Destak*. Tecno, 15 jul. 2015.

Exemplo 4

Não é folclore **nem** é piada: gases produzidos na digestão de bois e vacas pioram o aquecimento global. Um estudo da Universidade Federal de Minas Gerais mostra que dá para reduzir muito os arrotos e demais produções poluidoras dos 211 milhões de cabeças do Brasil – o maior rebanho comercial do mundo.

Fonte: LEITE, Marcelo. "Como fazer o boi arrotar cada vez menos". *Folha de S.Paulo*. Ciência + Saúde, 29 ago. 2015, B9.

- **Disjunção argumentativa**: relação que resulta de dois atos de fala distintos em que o segundo procura provocar o leitor/ouvinte para levá-lo a modificar a sua opinião ou, simplesmente, aceitar a opinião expressa no primeiro. Trata-se, portanto, de orientações discursivas diferentes.

Exemplo 1

> Você já ficou triste por qualquer motivo? **Ou** até mesmo sem motivo algum? Saiba que isso pode acontecer com qualquer pessoa, seja ela criança ou adulto. Um dia (sem nem saber a razão), você acorda um pouco chateado, sem vontade de fazer nada – nem as atividades de que costuma gostar tanto.
> Se já aconteceu (ou está acontecendo), o primeiro passo é ter em mente que seu caso não é o único. A qualquer dia ou hora, sempre existe alguém que também está se sentindo triste.

Fonte: SAYÃO, Rosely. "Você está triste?". *Folha de S.Paulo.* Folhinha, 15 ago. 2015.

Exemplo 2

> Quem é que nunca ficou com uma pontinha de dúvida ao reservar um hotel desconhecido, mesmo após realizar exaustivas pesquisas? **Ou** que, convicto da escolha, se desapontou com o carpete exalando perfume, o quarto apertado, o atendimento rude? Hoje, sites e buscadores de hospedagem trazem tantos reviews de usuários, filtros e recursos de avaliação, que chegam a nos confundir.

Fonte: *Viagem e Turismo,* jul. 2015, p. 113.

- **Contrajunção (oposição, contraste de argumentos):** relação pela qual se contrapõem enunciados de orientações argumentativas diferentes devendo prevalecer a do enunciado introduzido por **mas** (o operador argumentativo por excelência), como explicado no capítulo "Conhecimento linguístico e argumentação: os operadores argumentativos".

Outros operadores que expressam contrajunção ou adversidade são:

> porém, todavia, contudo, entretanto, no entanto,
> embora, ainda que, apesar de (que)

Exemplo 1

> No livro que se vai publicar agora, Jean Louise não é mais a narradora em primeira pessoa, **mas** permanecem a graciosidade, a capacidade de provocar os outros, de arreliá-los para em seguida distender magicamente o clima que ia azedando por culpa sua.

Fonte: COELHO, Marcelo. "Protagonista mantém a sua graça em novo livro de Harper Lee". *Folha de S.Paulo.* Ilustrada, 13 jul. 2015, C3.

Exemplo 2

Crise financeira, pauperização maciça, descrédito dos profissionais da política: tudo teria conduzido à renovação da esquerda na Europa. **Entretanto**, ela cambaleia por toda parte. Isso explica a concentração de interesses na Espanha, onde o partido Podemos exibe uma inventividade estratégica.

Fonte: IGLESIAS, Pablo. "A Espanha entre duas eleições. Podemos, 'a nossa estratégia'". *Le Monde Diplomatique Brasil*, ed. 96, jul. 2015.

Exemplo 3

O personagem solitário Robinson Crusoé frequentemente inspira os economistas por sua força, eficiência, inteligência e frugalidade; ele encarnaria a capacidade da espécie humana de dominar a natureza. A epopeia contada por Daniel Defoe é, **no entanto**, igualmente uma história de conquista, escravidão, exploração e assassinato. Em suma, da lei do mais forte.

Fonte: HYMER, Stephen. Tudo começou na ilha de Robinson. *Le Monde Diplomatique Brasil*. 10, jul. 2012 (ed. especial).

Quando acontece o uso de operadores como **embora** ou similares, prevalece a orientação argumentativa do enunciado *não* introduzido pelo operador. Dizendo de outro modo, ficamos sabendo que o argumento introduzido por **embora** não será suficiente para modificar a conclusão, conforme discutido no capítulo "Conhecimento linguístico e argumentação: os operadores argumentativos".

Exemplo 4

Embora Jorge Amado tenha nascido na vizinha Itabuna, foi em Ilhéus que tomou inspiração para escrever o famoso romance "Gabriela, Cravo e Canela", de 1958. Não à toa, a cidade do sul da Bahia ficou conhecida como sua terra.
Boa parte do turismo ilheuense hoje está voltado para os lugares citados em suas obras ou frequentados por ele – caso, por exemplo, do Bataclan, prostíbulo convertido em restaurante temático. Mas nem só de Jorge Amado vive (ou deve viver) o turista que passa por ali.

Fonte: BOLDRINI, Angela. "Chocolate faz Ilhéus superar Jorge Amado". *Folha de S.Paulo*. Turismo, 13 ago. 2015, D7.

Exemplo 5

Duas exposições, uma no Rio, outra em São Paulo, coincidentemente abordam uma mesma temática, **apesar de** serem praticamente opostas na abordagem: a produção feminina na arte no modernismo brasileiro.

Fonte: CYPRIANO, Fabio. "Mostra 'Tarsila e as Mulheres Modernas', no Rio, é superior a 'Mulheres Artistas' em SP". *Folha de S.Paulo*. Acontece, 15 jul. 2015.

Exemplo 6

Em "Go Set a Watchman", encontramos uma moça sulista, Jean Louise Finch, chegando de trem à sua terra natal após uma temporada em Nova York. Em "O Sol é para Todos", a mesma Jean Louise conduzia a narração – mas era só uma menina espertíssima, nos seus sete ou oito anos.
Ainda que o tema de "O Sol é para Todos" seja a violência de uma mentalidade ainda escravagista, um humor infantil, puro e lúcido faz todo o encanto da menina.

Fonte: COELHO, Marcelo. "Protagonista mantém a sua graça em novo livro de Harper Lee". *Folha de S.Paulo*. Ilustrada, 13 jul. 2015, C3.

Exemplo 7

Mesmo animados pelos programas de motivação criados para a terceira idade, todos sabemos que ficar velho não é fácil. Muito mais em um país como o nosso, em que não se respeita quase nada.

Fonte: VIVEIROS, Ricardo. "Shakespeare, INSS e amor". *Folha de S.Paulo*. Opinião, 22 jul. 2015, A3.

- **Explicação ou justificativa**: pode ser indicada por meio dos operadores ***pois, porque, que*** quando estes iniciam um argumento para uma tese/opinião ou uma atitude expressa no enunciado anterior.

Exemplo

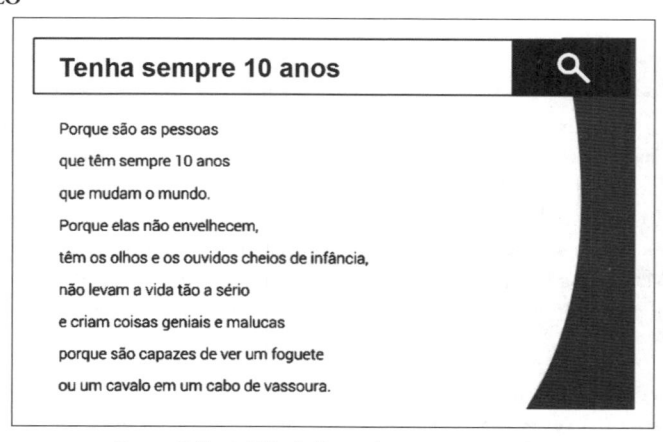

Tenha sempre 10 anos

Porque são as pessoas
que têm sempre 10 anos
que mudam o mundo.
Porque elas não envelhecem,
têm os olhos e os ouvidos cheios de infância,
não levam a vida tão a sério
e criam coisas geniais e malucas
porque são capazes de ver um foguete
ou um cavalo em um cabo de vassoura.

Fonte: *Folha de S.Paulo*. Ilustrada, 23 ago. 2015, C1.

- **Comprovação**: quando, através de um novo ato de fala, acrescenta-se uma possível comprovação da asserção apresentada no primeiro. Em outras palavras, aquele que diz apresenta provas de que sua asserção é verdadeira.

Exemplo

> Embora a atual crise esteja realmente preocupando e fazendo muita gente ficar em casa, fui ao teatro assistir à peça "Rei Lear", dirigida por Elias Andreato. O espetáculo me perturbou. **Tanto que** perdi o sono em conjecturas sobre a vida.

Fonte: VIVEIROS, Ricardo. "Shakespeare, INSS e amor". *Folha de S.Paulo*. Opinião, 22 jul. 2015, A3.

- **Conclusão**: em que se introduz um enunciado de valor conclusivo em relação a dois ou mais atos de fala anteriores, isto é, a partir de uma premissa maior geralmente implícita e de uma premissa menor explícita, extrai-se uma conclusão. Quando primeiro é apresentado o argumento, o enunciado seguinte que contém a tese/opinião ou expressa a atitude é introduzido por um operador argumentativo de conclusão.

São operadores que introduzem um enunciado de valor conclusivo:

> portanto, logo, por isso, por conseguinte, consequentemente, então

Exemplo 1

> Cabo da Boa Esperança.
>
> Em 1488 o navegador Bartolomeu Dias cruzou um cabo no sul da África, onde hoje fica a África do Sul. Ele avistou a terra depois de dias na tormenta. Batizou o cabo, **portanto**, de Cabo das Tormentas.
> O rei de Portugal, Dom João, porém, resolveu batizar o cabo de cabo da Boa Esperança: ter alcançado aquele lugar era um passo à frente no sonho de conquista das Índias.

Fonte: ELIAS, Paula. "Cabo da Boa Esperança". Disponível em: <https://esparrela.wordpress.com/2013/06/13/cabo-da-boa-esperanca/>. Acesso em: 27 nov. 2015.

Exemplo 2

> O Dom Quixote original viveu na Espanha em um momento de muitas conturbações históricas: Guerra Anglo-Espanhola, peste e decadência econômica. Incapaz de lidar com tais problemas, o cavaleiro decide ver o mundo com olhos do passado e tornar-se herói de uma das novelas de cavalaria que tanto lia.
> Apega-se, **então**, a títulos nobiliárquicos inexistentes, enxerga gigantes em moinhos de vento e ganha o mundo para salvar sua donzela Dulcinea (mesmo sendo ela Aldonza, sua vizinha camponesa, capaz de bem se defender sozinha).

Fonte: SANCHES, Almir Teulb. "Moinhos de vento e lavadoras a jato". *Folha de S.Paulo*. Opinião, 11 ago. 2015, A3.

- **Comparação**: relação que, estabelecida entre um termo comparante e um termo comparado, pode indicar igualdade, superioridade ou inferioridade. O confronto entre os dois elementos é estabelecido, tendo em vista determinada meta a ser alcançada.

A relação comparativa possui caráter altamente argumentativo, como nos explica Vogt (1977, 1980). Isso porque a comparação é feita tendo em vista dada conclusão a favor ou contra a qual se pretende argumentar. Vejamos:

EXEMPLO

> Tutancâmon assumiu o trono por volta dos nove anos e morreu ainda jovem, aos 19 anos e sem herdeiros.
> Acredita-se que, devido à sua morte precoce, o túmulo de Tutancâmon não foi feito especialmente para ele e, por isso, seria **menos** suntuoso **do que** o de outros faraós. [...] Segundo o cientista, a tumba de Nefertiti deve ser ainda **mais** luxuosa **do que** a de Tutancâmon.

Fonte: "Arqueólogo diz ter encontrado a tumba da rainha Nefertiti". *Folha de S.Paulo*. Ciência + Saúde, 11 ago. 2015.

- **Generalização/extensão**: relação em que o segundo enunciado exprime uma generalização do fato contido no primeiro ou amplificação da ideia nele expressa.

EXEMPLO

> Uma Amsterdã tamanho P. e universitária. Nem o frio de 3°C inibe os estudantes da Universidade de Leida, a mais antiga do país, de 1575, de circularem de bicicleta. **Aliás**, no centro de Leida, a 40 km da capital holandesa, há mais bikes do que carros, que ficam estacionados na calçada devido à falta de espaço – o pedestre deve caminhar pelo meio da rua.

Fonte: ALCANTARA E SILVA, Luísa. "Leida, onde Rembrandt nasceu, tem moinhos, museus e campo de tulipas". *Folha de S.Paulo*. Turismo, 19 fev. 2015, F5.

- **Especificação/exemplificação**: relação em que o segundo enunciado particulariza e/ou exemplifica uma declaração mais geral apresentada no primeiro.

Exemplo 1

> **Os geoengenheiros estão chegando**
>
> A Academia de Ciências dos EUA acaba de publicar dois amplos relatórios sobre o que existe de mais próximo da alquimia nos nossos tempos: a geoengenharia. Trata-se da ideia de que com a tecnologia atual é possível fazer intervenções diretas sobre o clima da Terra, corrigindo o que for preciso.
>
> **Por exemplo**, para resolver o aquecimento global bastaria soltar uma nuvem de sulfato nas camadas superiores da atmosfera, bloqueando parte da incidência da luz solar. Ou despejar grandes quantidades de ferro nos oceanos para fertilizar algas que capturam carbono. Ou ainda cobrir vastas extensões de gelo oceânico com bolsas de silicone, reduzindo a velocidade do degelo.

Fonte: LEMOS, Ronaldo. "Os geoengenheiros estão chegando". *Folha de S.Paulo*. Tec, 27 jul. 2015, A17.

Exemplo 2

> Berço do flamenco, o ritmo espanhol mais universalizado, e da maior produção de azeites de oliva do mundo, a Andaluzia começa a revelar outras faces – **como** a da arte moderna e a da sua costa atlântica.

Fonte: MOSKOVICS, Luisa Belchior. "Um novo descobrimento". *Folha de S.Paulo*. Turismo, 13 ago. 2015, D4.

- **Correção/redefinição**: relação que se estabelece quando através de um segundo enunciado se corrige, suspende ou redefine o conteúdo do primeiro, se atenua ou reforça o comprometimento com a verdade do que nele foi veiculado ou, ainda, se questiona a própria legitimidade de sua enunciação.

Exemplo 1

> Antes, é preciso esclarecer como a questão do gênero é tratada neste livro. Quando falamos em gênero, estamos falando da construção cultural do que é percebido e pensado como diferença sexual, **ou seja**, das maneiras como as sociedades entendem, por exemplo, o que é "ser homem" e "ser mulher", e o que é "masculino" e "feminino". Assim, podemos tratar essas noções como conceitos históricos.

Fonte: BASSANEZI PINSKY, Carla. *Mulheres dos anos dourados*. São Paulo: Contexto, 2014, p. 11.

Exemplo 2

> Selic é a taxa básica de juros da economia brasileira. Ela é usada, entre outras coisas, para remunerar as aplicações feitas em títulos do Tesouro, **isto é**, da dívida pública federal. Tem sido considerada pela imensa maioria dos economistas que acompanham o mercado financeiro o principal instrumento de combate à inflação.

Fonte: BAVA, Silvio Caccia. "Selic". *Le Monde Diplomatique Brasil*, ed. 96, jul. 2015.

Exemplo 3

> "O que é feio para você pode não ser para outro" é daqueles ditados que o sistema da moda sempre refutou. Afinal, a cada seis meses, durante as temporadas de desfiles, um manual do que seria certo e errado para os estilistas norteia as listas de tendências. Desde o começo deste ano, porém, o embate entre feio e bonito datou. **Ou melhor**, encafonou.

Fonte: DINIZ, Pedro. "Cafona, eu?". *Folha de S.Paulo*. Ilustrada, 25 ago. 2015, C6.

Articuladores de organização textual

Como indicado na própria designação, esses operadores servem para organizar o texto em uma sucessão de fragmentos que se complementam e orientam a interpretação. Na organização espacial do texto, esses articuladores sinalizam abertura, intermediação e fechamento.

Em um estudo realizado sobre o assunto, Maingueneau (1996) apresenta na relação de marcadores com essa função:

> primeiro (amente), depois, em seguida, enfim,
> por um lado/por outro (lado), às vezes/outras vezes,
> em primeiro lugar/em segundo lugar, por último etc.

Exemplo 1

> É sempre a mesma coisa. **Primeiro** todo o mundo põe um filtro arco-íris no avatar. **Depois** vem uma onda de gente criticando quem trocou o avatar. **Depois** vem a onda criticando quem criticou. **Em seguida** começam a criticar quem criticou os que criticaram. Nesse momento já começaram as ofensas pessoais e já se esqueceu o porquê de ter trocado o avatar, ou trocado o nome para guarani kayowá, ou abraçado qualquer outra causa.

Fonte: DUVIVIER, Gregório. "Não quer ajudar, não atrapalha". *Folha de S.Paulo*. Ilustrada, 13 jul. 2015, C5.

Exemplo 2

> No Brasil, universidades como Unicamp, USP e UFMG estão entre as quatro maiores detentoras de patentes. Só perdem para a Petrobras.
> **De um lado**, essa presença expressa certa abstinência das empresas privadas em manter centros de pesquisa e desenvolvimento. Só 3% dos doutores em atividade no país trabalham em pesquisa em ambientes empresariais.
> **De outro**, associa-se ao crescimento das publicações científicas. Nos últimos 20 anos, o país subiu dez posições nesse ranking, alcançando o 14º lugar.

Fonte: CURI, Luiz Roberto Liza. "A rebelião dos tártaros". *Folha de S.Paulo*. Opinião, 15 jul. 2015, A13.

Exemplo 3

"A situação desesperadora da época na qual vivo me enche de esperanças." A frase é de Marx, enunciada há mais de 150 anos. Ela lembrava como situações aparentemente sem saída eram apenas a expressão de que **enfim** podíamos começar a realmente nos livrar dos entulhos de um tempo morto.

Fonte: SAFATLE, Vladimir. "Enfim, o desespero". *Folha de S.Paulo*. Opinião, 24 fev. 2015, A2.

No quadro dos organizadores textuais também se encontram **marcadores discursivos continuadores** que operam o amarramento de porções textuais. Alguns desses marcadores são:

aí, daí, então, aí então, agora

Esses elementos podem ser bastante frequentes em textos escritos, especialmente quando se deseja dar uma feição semelhante à da fala.

Exemplo 1

Água e democracia

A água não pode ser tratada como mercadoria, ela é essencial para a vida, ela é um direito humano, um bem público. Todos têm direito à água para beber, para cozinhar, para higiene pessoal. No entanto, afirmar esse direito é uma tarefa difícil e complexa. Para superar as causas da crise hídrica é preciso enfrentar grupos poderosos, com bancadas parlamentares para defender seus interesses no Congresso, com muito dinheiro para influir na política. Com o bloqueio, ou captura, dos canais de negociação propiciados pela democracia, o caminho das ruas é o leito natural da expressão do desespero social, da indignação, da revolta. **Aí** se abre o imponderável. E os governos, neste momento, só têm a repressão como resposta às mobilizações sociais.

Fonte: BAVA, Silvio Caccia. "Água e democracia". *Le Monde Diplomatique Brasil*, n. 91, fev. 2015, p. 3.

Exemplo 2

Por que o SO_2 virou um vilão do vinho

Você já deve ter visto escrito em rótulos de vinho: "Não contém sulfito". Sulfito, anidrido sulfuroso, SO_2, enfim, são todos enxofre. Sua fórmula é composta por dois átomos de oxigênio e um de enxofre, **daí** o SO_2. Por volta de 1600, nos ensina Hugh Johnson em seu livro A história do vinho, tiveram a ideia de jogar um pedaço de enxofre dentro de um tonel de vinho e este durou mais.

No engarrafamento, o SO_2 conserva o vinho, principalmente os que viajam. Na fermentação é diferente: ele age sobre as leveduras da uva, eliminando aromas e gostos indesejados, embora naturais.

Fonte: RUSSO, Didú. "Por que o SO_2 virou um vilão do vinho". *Le Monde Diplomatique Brasil*, 9 fev. 2015. Disponível em: <http://www.diplomatique.org.br/acervo.php?id=3096&tipo=acervo>. Acesso em: 5 mar. 2015.

Exemplo 3

> Tudo dá certo no final?
> **Então** me explique
> o fim de semana,
> que no final vira
> segunda-feira.

Fonte: @bomdiaporque. *Clássicos da twitteratura brasileira*. São Paulo: Livraria da Vila, 2010.

Exemplo 4

> José
>
> E **agora**, José?
> A festa acabou,
> a luz apagou,
> o povo sumiu,
> a noite esfriou,
> e **agora**, José?
> e **agora**, você?
> você que é sem nome,
> que zomba dos outros,
> você que faz versos,
> que ama, protesta?
> e **agora**, José?

Fonte: ANDRADE, Carlos Drummond. *Poesia até agora*. Rio de Janeiro: J. Olympio, 1948.

Articuladores metadiscursivos

Há articuladores que servem para introduzir comentários e isso pode acontecer ora sobre o modo como o enunciado foi formulado (como aquilo que se diz é dito), ora sobre a própria enunciação (o ato de dizer). Daí serem chamados de **metadiscursivos**.

De acordo com a função que assumem, esses articuladores podem ser:

- modalizadores;
- delimitadores de domínio;
- voltados para a formulação textual;
- evidenciadores da propriedade autorreflexiva da linguagem.

Articuladores modalizadores

Podemos recorrer a articuladores para avaliar o que foi dito como verdadeiro, obrigatório ou duvidoso. Esses elementos assumem, assim, a função de **modalizadores**. Contribuem para a expressão dessa avaliação os advérbios ou expressões adverbiais, principalmente os de modo, conforme denominação da gramática tradicional (Castilho, 2010; Castilho e Elias, 2012). Para *avaliar um enunciado como verdadeiro* ou então *assinalar o grau de certeza* com relação aos fatos enunciados, podemos usar advérbios como:

> realmente, evidentemente, naturalmente, efetivamente, obviamente, reconhecidamente, logicamente, seguramente, verdadeiramente, certamente, absolutamente, forçosamente, fatalmente, incontestavelmente, inegavelmente, indiscutivelmente, indubitavelmente

Exemplo 1

> **Evidentemente**, a divisão social do trabalho, associada aos direitos de propriedade e mediada pelo dinheiro, é uma maneira um tanto engenhosa de organizar a produção. Na medida em que cada indivíduo subordina sua existência à tarefa que lhe cabe nessa gigantesca organização social chamada sociedade capitalista, é de esperar que, "no conjunto da obra", esse arranjo pareça bastante funcional.

Fonte: MANZANO, Marcelo. "Eu e o Mundo". *Caros Amigos*. São Paulo, n. 54, set. 2001.

Exemplo 2

> Não é possível prever o futuro da internet?
>
> Não para mim. Quando comecei a usá-la, nos anos 1980, eu era obrigado a colocar disquetes, rodar programas. Hoje, basta apertar um botão. Eu não imaginava isso naquela época. Talvez, no futuro, o homem não precise escrever no computador, apenas falar e seu comando de voz será reconhecido. Ou seja, trocará o teclado pela voz. Mas **realmente** não sei.

Fonte: BRASIL, Ubiratan. "Eletrônicos duram 10 anos; livros, 5 séculos, diz Umberto Eco". *O Estado de S. Paulo*. Cultura, 10 mar. 2010.

Exemplo 3

> Podemos concluir que o livro tradicional pode conviver com a versão digital, ao menos durante um tempo?
> Sim, **exatamente**, esse é um dos principais argumentos do meu livro. Acredito que as pessoas ainda não entenderam quais são as mudanças provocadas por essa revolução. Comenta-se muito que vivemos na era da digitalização – é verdade, mas isso não significa obrigatoriamente a morte do livro tradicional. Ao contrário: ele se torna mais importante a cada ano. Basta conferir a quantidade de obras impressas que, a cada ano, ultrapassa a do anterior. Aproximadamente 1 milhão de livros a mais são impressos em todo o mundo em um ano, uma loucura.

Fonte: BRASIL, Ubiratan. "Viver de sonhos e de revoluções, entrevista com Robert Darnton". *O Estado de S. Paulo*. Sabático, 31 jul. 2010.

Caso queiramos *avaliar como obrigatório ou necessário o que foi dito*, podemos recorrer a advérbios como obrigatoriamente, necessariamente ou a expressões equivalentes.

Exemplo

> Sonhadora, guerreira, carinhosa, que dá bronca, compreensiva, exigente, brincalhona, companheira. Vários rostos, várias vidas, várias realidades diferentes. Mas, ainda que cada uma delas tenha seu jeitinho todo especial, a verdade é que a sabedoria popular não erra: no fundo, elas são todas iguais. O mesmo amor intenso e insistente, a mesma força para sofrer junto e também para se alegrar junto com a gente, a mesma capacidade de acolher. Seja como for, quando for e, principalmente, onde for, ela vai ser sempre o lugar onde o seu coração vai encontrar abrigo. Por isso, nós, da Abyara Brokers, que acreditamos que felicidade e realização de sonhos passam **necessariamente** pela construção de conexões entre as pessoas, desejamos que, nesta data tão especial, você esteja bem pertinho dela. Não importa o endereço.
> Feliz dia das Mães!

Fonte: *Folha de S.Paulo*. Poder, 11 maio 2014, A17.

Para *exprimir a nossa avaliação dos eventos, ações, situações* a que o enunciado faz menção, podemos usar alguns advérbios como:

> (in)felizmente, lamentavelmente, curiosamente, surpreendentemente, espantosamente, estranhamente, sinceramente, francamente, ingratamente

Ou, então, expressões como:

> para falar a verdade, com franqueza, para ser totalmente honesto etc.

Exemplo 1

Curiosamente, em 1921, Einstein não recebeu o Prêmio Nobel de Física por essa importante teoria – que, na época, ainda era questionada por muitos cientistas –, mas por sua explicação do efeito fotoelétrico, que consiste na emissão de elétrons por um material iluminado por radiação eletromagnética.

Fonte: DESPEYROUX, Denise; MIRALLES, Francesc. *Sem medo de pensar*. São Paulo: WMF Martins Fontes, 2011, p. 89.

Exemplo 2

Espantosamente agressiva, a Inquisição é difícil de resumir. Alimentou-se de conflitos internos, surgiu por múltiplas causas, provocou consequências terríveis, mas ainda nebulosas. Em meados do século XVIII, o último herege subiu ao queimador de Lisboa. Tempo histórico pequeno, dificulta a análise desprovida de emoção.

Fonte: MENEZES, Ângela Dutra de. *O português que nos pariu*. Rio de Janeiro: Record, 2009, p. 143.

Exemplo 3

Quantas línguas existem no mundo? Essa é uma boa pergunta, mas **lamentavelmente** não há para ela uma resposta precisa. Estima-se que haja entre seis e sete mil línguas. Mas esse é só um número aproximado por dois motivos. Primeiro porque existem muitas línguas ainda não catalogadas na África, na Ásia e na América do Sul. Em segundo lugar, não é fácil identificar uma língua, porque as línguas não são homogêneas, usadas por todos os seus falantes da mesma maneira. Pelo contrário, elas comportam muita variação.

Fonte. BORTONI-RICARDO, Stella Maris. *Manual de sociolinguística*. São Paulo: Contexto, 2014, p. 23.

Exemplo 4

Infelizmente, não se pode confiar no acaso para fazer uma boa pesquisa. Pressionado pelo prazo final, você precisará limitar suas leituras casuais e elaborar algumas boas perguntas que concentrem seus esforços. Mas perguntas focalizadas não ocorrem com facilidade, e coletar mais informações normalmente é mais fácil e sempre mais divertido do que refletir sobre o valor do que você já encontrou.

Fonte: BOOTH, Wayne C.; COLOMB, Gregory G.; WILLIAMS, Joseph M. *A arte da pesquisa*. São Paulo: Martins Fontes, 2005, p. 86.

Exemplo 5

E **para falar a verdade**, não são apenas os animais que o etólogo estuda. Há pesquisas de etologia sobre o bicho homem. Algumas buscam compreender como as crianças brigam e se reconciliam; outras, como as pessoas escolhem seus namorados ou namoradas e por aí vai...

Fonte: Quando crescer, vou ser... etólogo! In: VÁRIOS AUTORES. *O que você vai ser quando crescer?* São Paulo: Companhia das Letrinhas, 2007, p. 30.

Exemplo 6

> **Com franqueza**, estava arrependido de ter vindo. Agora que ficava preso, ardia por andar lá fora, e recapitulava o campo e o morro, pensava nos outros meninos vadios, o Chico Telha, o Américo, o Carlos das Escadinhas, a fina flor do bairro e do gênero humano.

Fonte: Assis, Machado de. *Conto de escola*. São Paulo: Cosac Naify, 2002, p. 7.

Exemplo 7

> E quais mudanças o senhor observa em nossa noção de narrativa?
>
> É uma boa questão. **Para ser totalmente honesto**, eu não sei. Mas suspeito que estamos mudando nossa forma de ler. Atualmente, os mais jovens criaram o hábito de ler pequenos blocos de texto e em grande velocidade, seja em Twitter, blogs, ou ainda na troca de mensagens recebidas em celulares e portáteis. Assim, a leitura de um livro tornou-se um ato pouco usual. Por conta disso, é possível acreditar que logo os livros serão adaptados a esse tipo de escrita, ou seja, uma prosa breve, segmentada. Isso vai influenciar decisivamente a forma de se apresentar personagens, descrever cenários, criar atmosferas, utilizar recursos narrativos. Tudo ficará achatado. É uma possibilidade. Ou ainda poderá existir um tipo de escritor que utilize a estratégia típica de um blog, por exemplo, para construir seu romance e assim capturar a atenção do leitor jovem. O fascinante é que a narrativa vai persistir, como vem acontecendo há séculos, período em que passou (e continuará passando) por transformações. Acredito que isso ocorrerá com facilidade no Brasil, por ser seu país muito aberto a novidades tecnológicas. E, como dispõem de grandes escritores, quem sabe se vocês, brasileiros, não acabarão ensinando o resto do mundo sobre novas formas narrativas?

Fonte: Brasil, Ubiratan. "Viver de sonhos e de revoluções, entrevista com Robert Darnton". *O Estado de S. Paulo*. Sabático, 31 jul. 2010.

Articuladores delimitadores de domínio

Delimitar o que estamos falando a determinado campo (científico, pessoal etc.) é uma estratégia muito eficiente na argumentação. Devemos, portanto, lançar mão de marcadores que explicitam o âmbito dentro do qual o conteúdo do enunciado deve ser verificado (= estou falando do ponto de vista x) para definir o ponto de vista ou domínio de conhecimento do qual depende a validade do que enunciamos.

Exemplo 1

> **Em termos demográficos**, projeções para o ano de 2025 apontam que o mundo terá 1,561 bilhão de chineses, 1,048 bilhão de anglófonos, 484 milhões de hispanófonos, 285 milhões de lusófonos e 506 milhões de francófonos (este último número exige, contudo, certa cautela, pois nem todos os habitantes de um Estado oficialmente francófono falam o francês, longe disso, da mesma forma que, por exemplo, na Nigéria, um país oficialmente anglófono, apenas uma pequena minoria é capaz de se expressar em inglês). Feitas essas ressalvas, que não modificam as ordens de grandeza, vale sublinhar que com a Itália e a Romênia, os "romanófonos" suscetíveis de se compreender entre si representarão mais de 1,3 bilhão de pessoas. Portanto, são três blocos de importância comparável (inglês, chinês, línguas romanas) e, no médio prazo, o árabe, todos movidos por uma vocação equivalente a encarnar uma hipercentralidade linguística em nível mundial. Quem apostar que esta última será arrebatada apenas pelo inglês não dá mostras de uma grande capacidade de antecipação.

Fonte: CASSEN, Bernard. "Sempre dá para se entender". *Le Monde Diplomatique Brasil*, 28 abr. 2011. Disponível em: <http://www.diplomatique.org.br/edicoes_especiais_artigo.php?id=5>. Acesso em: 5 mar. 2015.

Exemplo 2

> **Do ponto de vista jurídico**, as aberturas de inquérito contra políticos suspeitos de envolvimento na corrupção da Petrobras terão um longo caminho a percorrer. A largada simultânea dos 21 procedimentos agora desvelados será seguida por uma maratona dispersa, com cada investigação adotando ritmo próprio.

Fonte: MOTA, Vinicius. "A vez dos aventureiros." *Folha de S.Paulo*. Opinião, 10 de mar 2015, A2.

Exemplo 3

> **Em termos biológicos**, é espantoso que mais coisas não deem errado mais vezes. É tão maravilhoso que um sistema tão complexo funcione tão bem na maioria dos casos, e na maior parte do tempo, que seguimos alheios à multiplicidade de bombas por explodir em nossos corpos, acreditando na normalidade da vida. [...]
> A tal normalidade é um conceito enganoso. **Em português comum**, ser "normal" significa ser saudável, perfeito. **Matematicamente**, contudo, "normal" é apenas aquele que cai no centro da distribuição estatística de um parâmetro. E dada a complexidade do cérebro, dificilmente alguém matematicamente normal é também perfeitamente saudável. Duvida?

Fonte: HERCULANO-HOUZEL, Suzana. "De perto ninguém é normal". *Folha de S.Paulo*. Equilíbrio, 21 jul. 2015, B7.

Articuladores voltados para a formulação textual

Esses articuladores têm funções como:

- **indicar o estatuto de um segmento textual em relação aos anteriores como, por exemplo, ocorre quando usamos os marcadores**

> em síntese, em suma, resumindo, em acréscimo a, em oposição a, para terminar etc.

Exemplo 1

> Genoveva não se defendia de um erro ou de um perjúrio; não se defendia de nada; faltava-lhe o padrão moral das ações. O que dizia, **em resumo**, é que era melhor não ter mudado, dava-se bem com a afeição do Deolindo, a prova é que quis fugir com ele; mas, uma vez que o mascate venceu o marujo, a razão era do mascate, e cumpria declará-lo.

Fonte: Assis, Machado de. Noite de Almirante. *Antologia de contos*. Rio de Janeiro: Agir, 1965.

Exemplo 2

> **Peça ajuda aos desconhecidos**
>
> A onda mais recente para novas empresas de internet é apostar nos desconhecidos. Depois de quase uma década buscando formas de capturar laços sociais já existentes (vide a hegemonia do Facebook), a nova fronteira do momento é usar a rede para colocar em contato pessoas que não se conhecem, com fins diversos. **Em suma**, os "desconhecidos" se tornaram a bola da vez.

Fonte: Lemos, Ronaldo. "Peça ajuda aos desconhecidos". *Folha de S.Paulo*. Tec, 20 jan. 2015.

Exemplo 3

> Batizado em homenagem à estrela mais brilhante do céu, o Sirius substituirá o acelerador uvx, operado desde 1997 pelo lnls (Laboratório Nacional de Luz Síncrotron), divisão do cnpem (Centro Nacional de Pesquisa em Energia e Materiais), também responsável pela nova máquina. O uvx, apesar de ter servido bem aos cientistas por toda uma geração, é considerado ultrapassado. Seu substituto, asseguram os construtores, estará entre os mais sofisticados do planeta, comparável apenas a um instrumento atualmente em construção na Suécia. Trata-se de projeto com aplicação para a ciência e a tecnologia nacionais. **Em primeiro lugar**, porque já existem demandas não satisfeitas pelo atual equipamento tanto na academia como nas empresas. **Além disso**, com a capacidade do Sirius, o país deverá se tornar um competidor em nível mundial nesse tipo de técnica, com potencial para atrair colaborações internacionais nos mais diversos campos de pesquisa.
> **Por fim**, a construção do acelerador prevê uma articulação de empresas brasileiras no desenvolvimento e na produção das tecnologias necessárias para pôr a máquina de pé, com ganhos para o país.

Fonte: Editorial. "Ciência brilhante". *Folha de S.Paulo*, 17 fev. 2015.

Exemplo 4

Sempre achei que para as mulheres a autonomia financeira é sinônimo de liberdade. Com a TV Mulher nos anos 80 e a psicologia, vi que essa independência às vezes não resolve a submissão aprendida em casa e culturalmente. Hoje, voltei a acreditar que o primeiro passo é o estudo e a conquista de um bom trabalho. E, se possível, uma carreira. Melhor ainda se for em algo que se tenha prazer e realização.
Conclusão rápida: a ONU tem razão quando coloca como o grande desafio a questão econômica traduzida em conquista de oportunidades de bons empregos para as mulheres e aponta o que tem que ser feito para esta conquista.

Fonte: SUPLICY, Marta. "O homem primitivo". *Folha de S.Paulo*. Opinião, 31 jul. 2015, A2.

- **introduzir o tópico**

  Essa função é frequentemente marcada por articuladores do tipo:

  quanto a, em relação a, no que diz respeito a, a respeito de, no que tange a, no que concerne a, com referência a, relativamente a etc.

  ### Exemplo

  No que diz respeito à internet, Wu defende que ocorre algo diferente do que aconteceu com a mídia impressa, a televisão e o rádio. A natureza peculiar da internet – cuja "prioridade era o desenvolvimento humano mais do que o sistema em si" – denota que o que foi criado era "uma rede descentralizada", e que assim permaneceria. Contudo, comando e controle políticos na internet não são impossíveis – são apenas muito mais difíceis de executar do que em outras mídias.

Fonte: CHATFIELD, Tom. *Como viver na era digital*. Rio de janeiro: Objetiva, 2012, pp. 146-8.

- **interromper ou reintroduzir o tópico**

  ### Exemplo 1

  Quanto aos estudos sobre o humor sabe-se que, embora não houvesse pesquisa sobre o humor, ele é objeto de teorias desde Platão até nossos dias. Aristóteles já dizia que o riso é algo próprio do homem. Isto na segunda parte de sua Poética onde ele discorre sobre o humor, o riso, a comédia, a arte que nasce dos "simples", isto é, do povo. Infelizmente, parece que a segunda parte de sua "Arte Poética", a que tratava da comédia, se perdeu. **É interessante lembrar que** a leitura dessa obra é o motivo que Umberto Eco usou na composição do seu "O Nome da Rosa", onde toda a trama ocorre pela proibição de ler algo que falava do riso, algo que não era de Deus, mas do demônio. **Voltando ao assunto do humor**, registramos...

Fonte: TRAVAGLIA, L. C. *O que faz quem rir: o humor brasileiro na televisão*, 1989. (Apresentação de Trabalho / Conferência ou Palestra).

Exemplo 2

> Eu nunca vou me esquecer. Meu primeiro carro foi um opala vermelho com bancos pretos. Consegue imaginar a potência? Mas fazia um sucesso danado no jogo do Flamengo... foi comprado com muito esforço de venda. E sabe como é... o primeiro carro, a gente nunca esquece... **Mas voltando para a questão profissional**, não importa a lista de bens. O que importa é a sua lista de realizações. Suas conquistas. O tamanho de sua satisfação ao alcançar cada meta traçada.

Fonte: LUPPA, Luis Paulo. *Os 50 hábitos altamente eficazes do vendedor Pit Bull.* São Paulo: Landscape, 2006, p. 174.

Articuladores evidenciadores da propriedade autorreflexiva da linguagem

Com essa função, destacam-se marcadores discursivos como:

> digamos assim, podemos dizer assim, por assim dizer, vamos dizer assim, em outras palavras etc.

Exemplo 1

> Pois bem, Plutão ainda apresenta outros mistérios para desafiar a criatividade intelectual humana. Descobriu-se, de novo graças à New Horizons, que ali se erguem montanhas de 3.500 metros (500 metros a mais que o nosso pico da Neblina). Montanhas de gelo! Sim, gelo de água. E é bem possível que elas ainda estejam em formação, **quer dizer**, crescendo.

Fonte: LEITE, Marcelo. "A vingança de Plutão". *Folha de S.Paulo.* Ciência + Saúde, 26 jul. 2015, B17.

Exemplo 2

> A via crucis de uma doença pode representar aprendizado importante, um "MBA em autoconhecimento", **por assim dizer**. A adversidade pode servir como rito de iniciação para uma vida mais bem acabada, ensinar as pessoas a melhorarem o mapa de seus caminhos, tirar da frente o acessório e encontrar o fundamental.
> **Em outras palavras**, o câncer pode ser o mal necessário para te tornar mais vivo.

Fonte: SERVA, Leão. "Como se o câncer fosse necessário". *Folha de S.Paulo.* Cotidiano, 20 jul. 2015, B6.

RESUMINDO

Como estudamos, os articuladores têm importante papel no encadeamento e na coerência do texto. Apresentamos a seguir uma síntese das principais funções que assumem esses elementos.

Funções dos articuladores textuais

Articuladores de ordenação no tempo e/ou no espaço
antes, depois, em seguida, a seguir, defronte de, além, mais além, do lado direito, do lado esquerdo, a primeira vez que, a última vez que, muito tempo depois etc.

Articuladores de relações lógico-semânticas
- Condicionalidade (se, caso, desde que, contato que, a menos que, a não ser que)
- Causalidade (porque, como, pois, porquanto, já que, uma vez que, dado que, visto que)
- Mediação/finalidade (para que, a fim de que)
- Disjunção ou alternância (ou)
- Temporalidade
    - tempo exato, pontual (quando, mal, assim que, nem bem, logo que)
    - tempo anterior (antes que)
    - tempo posterior (depois que)
    - tempo simultâneo (enquanto)
    - tempo progressivo (à medida que, à proporção que)
- Conformidade (como, conforme, consoante, segundo)
- Modo (sem que)

Articuladores discursivo-argumentativos
- Conjunção/soma (e, também, não só... mas também, tanto... como, além de, ainda, nem)
- Disjunção argumentativa (ou)
- Contrajunção/oposição (porém, todavia, contudo, entretanto, no entanto, embora, apesar de)
- Explicação/justificativa (pois, que, porque)
- Comprovação (tanto que)
- Conclusão (logo, portanto, por isso, então, por conseguinte)
- Comparação (tão... que; mais... que; menos... que)
- Generalização/extensão (aliás)
- Especificação/exemplificação (como, por exemplo)
- Correção/redefinição (ou seja, isto é, ou melhor)

Articuladores de organização textual
primeiro (amente), depois, em seguida, enfim, por um lado/por outro (lado), às vezes/outras vezes, em primeiro lugar/em segundo lugar, por último etc.

Articuladores metadiscursivos
- Modalizadores
    - certeza (realmente, evidentemente, certamente, logicamente, absolutamente etc.)
    - obrigatoriedade/necessidade (obrigatoriamente, necessariamente etc.)
    - avaliação de eventos, ações, situações (felizmente, lamentavelmente etc.)
- Delimitadores de domínio (em termos de..., do ponto de vista... etc.)
- Formuladores textuais
    - indicação do papel de um segmento textual em relação aos anteriores (em síntese, em suma, resumindo, em acréscimo a, em oposição a, para terminar etc.)
    - introdução do tópico (quanto a, em relação a, no que diz respeito a, a respeito de, no que tange a, no que concerne a, com referência a, relativamente a etc.)
    - interrupção ou reintrodução do tópico (é bom lembrar que, voltando ao assunto etc.)
- Evidenciadores da propriedade autorreflexiva da linguagem (digamos assim, podemos dizer assim, por assim dizer, vamos dizer assim, em outras palavras etc.)

PROPOSTAS DE ATIVIDADE

Atividade 1

Destaque os articuladores nos textos e explique a orientação argumentativa que imprimem aos enunciados.

Texto 1

> Para avaliar o meu isolamento, basta saber que eu nem lia os jornais; salvo alguma notícia mais importante que levavam ao coronel, eu nada sabia do resto do mundo. Entendi, portanto, voltar para a Corte, na primeira ocasião, ainda que tivesse de brigar com o vigário.

Fonte: Assis, Machado de. O enfermeiro. *Volume de contos.* Rio de Janeiro: Garnier, 1884.

Texto 2

> A poesia não salva o mundo, mas salva um minuto. Isso é suficiente.

Fonte: Campilho, Matilde. *Folha de S.Paulo.* Ilustrada, 3 jul. 2015.

Texto 3

> Mesmo com 16 folhetins à disposição, o espectador nunca viu um momento tão pobre na teledramaturgia.

Fonte: Stycer, Mauricio. "No país das novelas". *Folha de S.Paulo.* Ilustrada, 26 jul. 2015, C5.

Texto 4

> Se é certo que, enquanto o ficcionista inventa e imagina, o historiador apenas imagina, mas o faz sob o controle de regras precisas.

Fonte: Franco, Luiza. "Pernambucano Evaldo Cabral de Mello toma posse na ABL". *Folha de S.Paulo,* Ilustrada, 27 mar. 2015.

Texto 5

> A segregação que antes se fazia a distância e sem afetação direta, conforme a assepsia impessoal que vigora na violência silenciosa dos condomínios, agora perdeu a vergonha e proclama abertamente seu mal-estar contra essa proximidade indesejável dos pobres.

Fonte: Dunker, Christian Ingo Lenz. "Um novo mal-estar. Ressentimento de classe". *Le Monde Diplomatique Brasil,* ed. 97, jul. 2015.

Texto 6

Estamos o tempo todo não só acessíveis virtualmente como compartilhando tudo o que vivemos. Isso faz com que tenhamos pouco tempo para digerir nossas experiências – para viver.

Fonte: D'ÁVILA, Sérgio. "A gente somos 'smupids'". *Folha de S.Paulo*. Opinião, 26 jul. 2015, A2.

Texto 7

Robôs assassinos

Cientistas estão preocupados com a possibilidade de uma corrida armamentista no campo da inteligência artificial (IA). Até pediram o banimento das "armas ofensivas autônomas" – nome técnico dos populares robôs assassinos.

Fonte: EDITORIAL. "Robôs assassinos" *Folha de S.Paulo*. Opinião, 10 ago. 2015, A2.

Texto 8

Se você é, para além de entender, capaz de sentir em si o sofrimento do outro, você é capaz de compaixão.

Fonte: DAUDT, Francisco. "Compaixão e consideração". *Folha de S.Paulo*. Cotidiano, 22 jul. 2015, B2.

Texto 9

Muita gente acha que o risco mora na Bolsa de Valores e que somente a compra de ações está sujeita a perdas. Infelizmente não é bem assim. O risco está presente em uma aparente segura aplicação de renda fixa, no investimento em imóveis ou no negócio próprio quando você decide empreender. Se você acha que risco não existe ou que não vai acontecer com você, pense melhor a respeito.

Fonte: DESSEN, Marcia. "Senhor risco, temido e desconhecido". *Folha de S.Paulo*. FolhaInvest, 3 ago. 2015, A16.

Texto 10

Mais uma mensagem minha para você voltou. E fico pensando se você ainda lê as mensagens que chegam. Ou se lê e não gosta, por isso se cala. Ou se lê e acha que me repito. Ou se lê e acha que me perdi e vem me procurar. Ou se enjoou de mim, como é de seu feitio. Para que escrevo, para que coloco meus dias, ainda jovens, em cadeira, caderno, tela? Por que tento tocar sem saber bem qual música sairá deste desafinado teclado? Por que junto palavras ao léu, senão para imaginá-lo lendo-me?
Mais uma mensagem minha para você se perdeu. Será que o perdi de vez? Ou será que esta você receberá?

Fonte: PINSKY, Luciana. *Mensagem*, 21 maio 2007. Disponível em: <http://noblat.oglobo.globo.com/cronicas/noticia/2007/06/mensagem-60916.html>. Acesso em: 27 nov. 2015.

Atividade 2

Com base nos itens a seguir, indique a função dos articuladores textuais destacados nos textos.

a) **modalizador**
b) **delimitador de domínio**
c) **organizador textual**

Texto 1

> Era uma vez um tempo em que os argentinos – principalmente, mas também outros latino-americanos – usavam a expressão "ruídos de sabre" para designar movimentos pré-golpistas nas Forças Armadas.
> Agora que os sabres, **felizmente**, foram embainhados, e Deus queira que nunca mais saiam da quietude, os ruídos que se ouvem também são de golpe.
> É o que está ocorrendo na Argentina como efeito colateral da marcha convocada pelos promotores para pedir o esclarecimento definitivo e cabal da morte de seu colega Alberto Nisman. [...]

Fonte: ROSSI, Clovis. "Amigo, inimigo e democracia". *Folha de S.Paulo*. Mundo, 19 fev. 2015, A13.

Texto 2

> **Depois de** ser ouro em tecnologia automotiva na etapa paulista da Olimpíada do Conhecimento do Senai, em 2013, Luis Machado Júnior, 20, repetiu o feito contra os maiores profissionais da área do mundo na WorldSkills (competição de profissões técnicas) e ainda foi o maior pontuador da competição.

Fonte: "Aluno do Senai é maior pontuador de competição global de ensino técnico". *Folha de S.Paulo*. Mercado, 18 ago. 2015, A18.

Texto 3

> A matemática do amor
>
> Autora de uma palestra que faz estrondoso sucesso na internet, agora transformada em livro, professora inglesa tenta conferir lógica a um sentimento que sempre esteve mais próximo da poesia do que da álgebra. É improvável que funcione, mas, **em se tratando de coração**, por que não tentar alguma explicação racional?

Fonte: LOIOLA, Rita. *Veja*, ed. 2.426, 20 maio 2015, p. 89.

Texto 4

De ambos os lados da torre do HSBC, dois leões de bronze simbolizam os dois famosos fundadores da empresa, os banqueiros A. G. Stephen e G. H. Stitt. **À direita**, um leão com a bocarra fechada, "Stitt", fisionomia séria e olhar selvagem. Quanto ao leão da esquerda, "Stephen", sua bocarra está aberta e ele parece rugir de prazer. Esse leão sorridente se transformou ao longo dos anos num famoso ponto de encontro dos filipinos imigrantes de Hong Kong. "Eu gosto de ser fotografada perto desse leão sorridente, pois ele é o símbolo do nosso trabalho", diz Gorgogna, que se surpreende por "ainda continuar sendo empregada doméstica, com um pequeno salário", 22 anos após sua chegada a Hong Kong. O leão, metáfora dos empregadores e de sua prosperidade, comeu bem e ruge na direção do alto do prédio do HSBC. **Embaixo**, milhares de mãos saboreiam seu descanso dominical. "Para os chineses, esse leão simboliza o dinheiro", diz Gorgogna, na frente do felino de ar simpático. "Sem nós, ele não estaria tão satisfeito."

Fonte: BRYGO, Julien. "Pau para toda obra" made in Filipinas." *Le Monde Diplomatique Brasil*, ed. 10, jul. 2012 (ed. especial).

Texto 5

A professora doutora americana de origem indiana Manju Puri, da Universidade de Duke, nos EUA, afirma que otimismo excessivo atrapalha as decisões econômicas.
Ela conduziu um estudo para verificar qual o papel da predisposição a encarar o futuro nas escolhas de vida, desde opções de trabalho, casamento, até investimentos.
Para avaliar o grau de otimismo das pessoas, ela apresentou dados de expectativa de vida e, **em seguida**, perguntou quanto elas achavam que iam viver. Quanto mais a resposta excedesse a média, mais otimista a pessoa seria considerada.

Fonte: GUTIERREZ, Felipe. "Empresários são otimistas até na crise; confiança excessiva pode levar a erros". *Folha de S.Paulo*. Mercado, 19 jul. 2015.

Segundo a *The Economist*, a Índia se içou ao primeiro lugar mundial no mercado da imprensa, **à frente da** China. Uma das chaves desse sucesso: os progressos na alfabetização, que passou de 12% em 1974 para 74% da população hoje. Além disso, o acesso à internet permanece balbuciante (menos de 10% dos indianos) e um diário custa em média apenas 3 rupias: R$ 0,11, menos que um *tchai* na rua. Devemos ver **aí** um sinal da prodigiosa pluralidade e da vivacidade democrática tão alardeadas do gigante do sul da Ásia?

Fonte: FERNANDEZ, Benjamin. "Uma imprensa popular que ignora os pobres". *Le Monde Diplomatique Brasil*, 5 maio 2014. Disponível em: <http://www.diplomatique.org.br/artigo.php?id=1651>. Acesso em: 5 mar. 2015.

Atividade 3

Explique o uso de **ou seja** no texto:

> "Um Reencontro" é um filme bem simples de 80 minutos, que trafega em águas navegadas por diretores como o chinês Wong Kar-wai e o sumido francês Jean-Jacques Beineix, **ou seja**, pela estilização das imagens e pela redução da história a um mínimo necessário. Isso não é um ponto negativo, uma vez que em cinema importa muito menos a história do que a maneira como ela é contada.

Fonte: ALPENDRE, Sérgio. "Cenas bobas sabotam charme do francês 'Um Reencontro'". *Folha de S.Paulo*. Acontece, 23 jul. 2015.

Atividade 4

Identifique os articuladores e explique a função que assumem no texto:

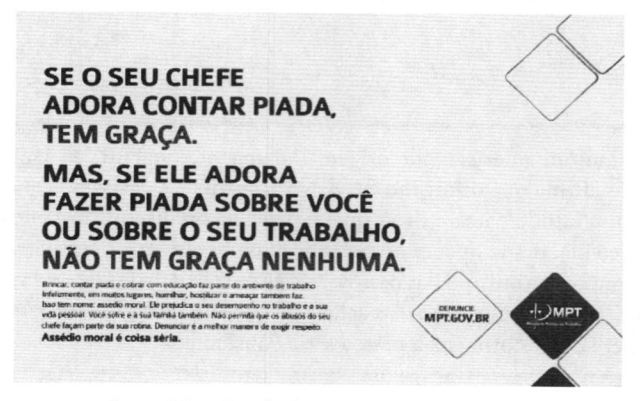

> SE O SEU CHEFE ADORA CONTAR PIADA, TEM GRAÇA.
>
> MAS, SE ELE ADORA FAZER PIADA SOBRE VOCÊ OU SOBRE O SEU TRABALHO, NÃO TEM GRAÇA NENHUMA.
>
> Brincar, contar piada e cobrar com educação faz parte do ambiente de trabalho. Infelizmente, em muitos lugares, humilhar, hostilizar e ameaçar também faz. Isso tem nome: assédio moral. Ele prejudica o seu desempenho no trabalho e a sua vida pessoal. Você sofre e a sua família também. Não permita que os abusos do seu chefe façam parte de sua rotina. Denunciar é a melhor maneira de exigir respeito.
>
> Assédio moral é coisa séria.
>
> DENUNCIE MPT.GOV.BR   MPT

Fonte: *Metro Jornal*, ed. 2.097, ano 9, 6 ago. 2015.

Atividade 5

Leia o texto:

> Usar o celular **enquanto** caminha afeta o equilíbrio do corpo e desvia a atenção. Você sabia que todos os dias acontecem vários acidentes por causa disso?
> A Vivo acredita que sua segurança é mais importante do que qualquer mensagem ou e-mail. **Por isso**, ao checar o celular, dê uma paradinha. 30 segundos não vão atrasar em nada sua caminhada.

Fonte: Campanha da Vivo "Usar bem pega bem". *Veja*, ed. 2.420, 8 abr. 2015.

Os articuladores **enquanto** e **por isso** usados no texto estabelecem, respectivamente, as seguintes relações de sentido:

( ) oposição – explicação
( ) tempo – causalidade
( ) condição – comprovação
( ) tempo – conclusão
( ) adição – explicação

ATIVIDADE 6

Leia o anúncio:

Fonte: *Folha de S.Paulo*. Mundo, 1º mar. 2014, A16.

1. Observe o uso do **mas** no enunciado e indique para que conclusão aponta.

    "Na turma do funil, todo mundo bebe, mas
    ninguém pega no volante depois. Assim
    você terá muitos carnavais pela frente."

2. Considere no enunciado o uso do operador argumentativo **se** expressando condição.

    "se beber não dirija"

    a) Agora, compare com "não dirija se beber".
    b) Explique o efeito de sentido provocado pela anteposição ou posposição da oração iniciada por **se**.

6
Estratégias para iniciar uma argumentação

Quando precisamos ou queremos escrever algo, vem logo a pergunta: por onde começar? É uma questão que não apenas solicita de quem escreve uma postura ativa e um comportamento estratégico, como também nos revela que escrever é trabalho. Sim, trabalho de definir um tema, selecionar e organizar ideias, rever, reescrever.

Então, se é assim, como discutimos no capítulo "Texto e argumentação", o texto não está pronto na nossa cabeça carecendo simplesmente de uma transposição para o papel ou a tela do computador. E também, se é assim, o argumento de que escrever é uma questão de dom e, por isso, serve apenas a alguns poucos privilegiados cai facilmente por terra. Vamos, portanto, de antemão, deixar acertado o seguinte: todos nós podemos escrever textos que atendam aos nossos objetivos, com adequação à situação prevista. E podemos fazê-lo muito bem!!!

Já tratamos nos capítulos anteriores do que é argumentar e de que estratégias textuais podemos nos valer para defender um ponto de vista, uma posição sobre um tema ou assunto. Conhecimento de língua, de mundo e de textos são o material dessa construção, pois sem conhecimento não se vai muito longe, suspeitamos até de que não se vá a lugar algum. Pois, como escrever sobre um assunto que não se conhece? Por isso, na atividade de escrita (mas não só!!!) é indispensável a leitura, visto ser essa atividade uma fonte para a construção, reconstrução e constante atualização do nosso conhecimento.

Mas e quanto a organizar a escrita, como fazê-lo? Como iniciar, como desenvolver e como concluir uma argumentação? Essas são as questões em destaque neste capítulo e nos dois subsequentes, respectivamente. Começando do começo: o que fazer para dar início a uma argumentação?

PLANEJAR É PRECISO

Como iniciar uma argumentação? Antes de qualquer coisa, é preciso planejar, ter um projeto de dizer. Para essa fase inicial, faz parte do planejamento ter clareza do objetivo da escrita, dos sujeitos envolvidos e dos conhecimentos em jogo. Nesse sentido, uma boa estratégia é ter respostas para as seguintes perguntas:

1. Eu vou escrever sobre o quê? Qual o tema ou assunto?
2. O que eu pretendo? Qual é o objetivo da minha escrita?
3. A quem dirijo a escrita? Quem é o meu leitor?
4. Em que situação nos encontramos meu leitor e eu? Qual é a situação que envolve a mim (escritor) e a meu leitor?
5. O que eu sei que o meu leitor já sabe e, portanto, não preciso explicitar?
6. O que eu sei que o meu leitor não sabe e, por isso, preciso explicitar?
7. Que gênero textual produzir pensando na situação comunicativa?

Apenas para uma pequena demonstração de como essas questões são importantes no planejamento textual, vamos ler o texto:

> Escolhi esse conto porque fui chamada a fazer uma escolha. No que concerne os textos de Clarice isso me foi doloroso e quase impossível. Gosto de absolutamente tudo que ela escreveu. Tenho fascínio, admiração e até horror. Porque ela me espanta, toda vez.

Fonte:: MONTERO, Teresa. (org.). *Clarice na cabeceira*: crônicas. Rio de Janeiro: Rocco, 2010, pp. 119-20.

O texto que acabamos de ler foi extraído do livro *Clarice na cabeceira*, uma reunião de 20 crônicas de Clarice Lispector "escolhidas por leitores que revelam uma especial sintonia com o mundo da escritora", segundo nos diz a organizadora na introdução da obra. Quem produziu o texto do nosso exemplo foi a atriz Mariana Lima e ela o fez com o objetivo de apresentar e justificar a crônica que escolheu.

No projeto da obra, é isso o esperado. Assim, não causa espanto a apresentação da crônica quase no final do livro. Bem, isso é verdade, mas... se é assim, então, por que a atriz começa explicitando algo que o leitor já sabe? Porque o que ela quer, de verdade, é chamar a atenção para o fato do quão difícil foi a escolha; que só o fez porque foi chamada a fazê-lo, a situação exigiu, não teve saída, como bem está marcado no trecho que lemos.

Sabemos que a escrita é uma atividade que requer daquele que escreve, durante todo o processo, atenção aos sujeitos envolvidos na interação, aos objetivos em jogo, aos conhecimentos compartilhados, enfim, ao **contexto**. Por isso, é importante ter um projeto de dizer, planejar a escrita.

Os aspectos comentados são de fundamental importância para a escolha de um **modelo textual (gênero textual)** adequado à situação, para a realização de leituras e seleção de ideias, para a organização do texto. Como um arquiteto que faz bem o desenho de uma casa levando em conta o terreno, a área, os moradores e suas expectativas, o escritor deve pensar muito bem no desenho ou arquitetura do seu texto. Para começar, todo texto tem um início, um meio e um fim. Mas que configuração ou forma pode assumir cada uma dessas grandes partes? Tantas quantas forem os escritores, é a nossa resposta!

Se assim o é, nada melhor do que observar e analisar o que existe. Não para fazermos igual, mas para termos "modelos". Assim como construímos modelos de como usar mídias sociais digitais, de como nos comportar em festas, entrevistas de emprego, consultas médicas, sala de aula, restaurantes, viagem de avião etc., porque essas experiências ficam armazenadas na memória e são ativadas sempre que precisamos, também armazenamos em nossa memória modelos de textos que podem e devem ser ativados, quando preciso.

Fugindo, portanto, da conotação de receita, vamos neste capítulo focalizar a pergunta: **como começar uma argumentação?** Como a introdução é a parte do texto que imediatamente deve despertar o interesse e a atenção do leitor, podemos nos valer de algumas estratégias, como as enumeradas a seguir.

Definindo o ponto de vista

Um tema pode ser visto sob diferentes ângulos. Se, por exemplo, o assunto é a escassez de água, podemos desenvolvê-lo sob a perspectiva da responsabilidade das autoridades governamentais, da população ou até de São Pedro. Também o tema pode ser tratado do ponto de vista dos impactos na economia, na mudança dos hábitos da população etc. Como os pontos de vista podem ser tantos que fica difícil administrá-los, o melhor mesmo é definir logo nas primeiras linhas qual vamos assumir no desenvolvimento do texto. Trata-se de uma boa estratégia para começar uma argumentação.

Portanto, não é à toa que, quando nos contam algo, queremos saber as versões dos envolvidos na história. E não é só nos tribunais, não. Na vida real ou na ficção, isso acontece e afeta a nossa compreensão. Um exemplo: no filme **Um santo vizinho** foi o ponto de vista de um garoto que transformou um rabugento e ex-veterano de guerra, com um modo de vida pouco convencional, em um santo vizinho.

Nas mais corriqueiras situações do dia a dia, buscamos as versões dos acontecimentos, o ponto de vista que as constrói. Aliás, sobre isso, nos disse o Pai da Linguística Moderna, o suíço Ferdinand de Saussure, que é o ponto de vista que cria o objeto de estudo. Como vemos, o ponto de vista faz toda a diferença na ciência, na história, na argumentação.

É a definição de uma perspectiva que orienta o início da argumentação no exemplo a seguir: há quem viaja e escreve sobre os lugares que visitou, conheceu; há quem *não* viaja, mas isso não o impede de escrever sobre lugares a que nunca foi. O ponto de vista resolve!

EXEMPLO 1

> Tem gente que viaja para outros lugares
> e depois escreve para contar.
> Lugares bonitos.
> Ou nem tão bonitos, mas interessantes.
> Diferentes.
>
> Eu também queria escrever um livro de viagens.
> Acontece que viajo muito pouco.
> Na verdade, quase nunca.
> Gosto mesmo de ficar no meu canto.
> O jeito é escrever de viagens para lugares que eu nunca fui.

Fonte: NESTROVSKI, Arthur; SANDOVAL, Andrés. *Viagens para lugares que eu nunca fui*. São Paulo: Companhia das Letrinhas, 2008.

A mudança de ponto de vista pode revelar, por exemplo, a perspicácia de quem entrevista e de quem é entrevistado. É isso que se destaca no texto que vamos ler agora:

EXEMPLO 2

> **Fotógrafos especializados em turismo dão dicas de fotografia de viagem**
>
> "Você é um fotógrafo que viaja ou um viajante que fotografa?"
> Esse é um questionamento que o profissional Haroldo Castro ouve com frequência e responde com desenvoltura: "Acho que sou os dois."
> Se esse tipo de resposta não é a sua praia, e você se encaixa no segundo grupo, dos amadores, gente como Castro ensina truques para você ter orgulho de mostrar seus álbuns de viagem.

Fonte: YURI, Débora. "Fotógrafos especializados em turismo dão dicas de fotografia de viagem". *Folha de S.Paulo*. Turismo, 12 fev. 2015, F1.

Apresentando fatos

O fato é um elemento que pertence à esfera da realidade, é um dado preciso que pode ser configurado, por exemplo, na forma de um acontecimento, de dados numéricos, de uma narrativa etc. Podemos chegar ao conhecimento de fatos por meio de leituras, relatos alheios ou do que é veiculado em TV, rádio ou nas mídias sociais.

O fato assume grande valor no início de uma argumentação, uma vez que possibilita ancorar a reflexão em algo cuja existência pode ser constatada, valendo, portanto, como prova. Vamos aos exemplos:

Exemplo 1

Perdidos na tradução

Em diversos contextos teriam pouca importância equívocos como trocar "azeite" por "óleo", dizer "feriado" em vez de "dia não útil" ou escrever "outros brinquedos" onde se deveria ler "triciclos e patinetes" – todos oriundos de uma desastrada tradução da língua inglesa para a portuguesa.
Assumem outra proporção, todavia, quando figuram num acordo comercial em que se definem descontos nas tarifas de importação de mais de mil produtos.
Como mostrou o jornal "Valor Econômico", os três exemplos citados, ao lado de outros 202 erros de tradução, integram a versão brasileira de um tratado alfandegário assinado em 2008 pelo Mercosul e pela União Aduaneira da África Austral (África do Sul, Botsuana, Lesoto, Namíbia e Suazilândia).

Fonte: EDITORIAL. "Perdidos na tradução". *Folha de S.Paulo*. Opinião, ago. 2015, A2.

Exemplo 2

Robôs industriais não são ameaça, dizem especialistas

A morte de um técnico por um robô industrial em uma fábrica da Volkswagen na Alemanha deflagrou uma tempestade nas redes sociais nesta semana e causou temores sobre a segurança na era da robótica que se inicia.
Mas especialistas em inteligência artificial e automação dizem que o incidente deveria ser entendido como acidente industrial extremamente raro, em lugar de como alerta sobre futuras ameaças. O acidente, no qual o robô esmagou um homem contra uma placa metálica, ocorreu durante a instalação da máquina e envolvia um robô de alta velocidade e de primeira geração projetado para operar dentro de uma gaiola, bem separado dos trabalhadores humanos.

Fonte: FINANCIAL TIMES. Tradução de Paulo Migliacci. *Folha de S.Paulo*. Mercado, 4 jul. 2015, A22.

Exemplo 3

Batalha em trânsito

A revisão do número de mortes em ruas e estradas brasileiras ao longo de 2013 mostra que o trânsito do país está mais violento do que se supunha. De acordo com os novos dados do Sistema Único de Saúde, houve 42,3 mil vítimas de acidentes fatais naquele ano, quase 2.000 a mais do que sugeria a estatística preliminar.
Apesar do contingente assustador, manteve-se a redução de óbitos em relação a 2012. Se não de 10%, como registrado previamente, ela foi de 6% – interrompendo, de todo modo, uma sequência de três anos de aumentos sucessivos.

Fonte: EDITORIAL. "Batalha em trânsito". *Folha de S.Paulo*. Opinião, 15 jul. 2015, A2.

Exemplo 4

Resta o espanto

A Justiça da Alemanha realizou nesta semana o que pode ter sido o último julgamento de um colaborador do regime nazista. O contador Oskar Gröning, hoje com 94 anos, foi condenado à prisão por cumplicidade na morte de judeus nos campos de extermínio de Auschwitz, nos quais mais de um milhão de pessoas perderam a vida.

Setenta anos após as tropas soviéticas terem derrubado o maior símbolo do Holocausto, um capítulo da história humana escrito com sangue e horror começa a se encerrar, ao menos diante dos tribunais.

Permanecerão abertas, contudo, as seções nas quais se esboçam respostas para uma questão das mais inquietantes: como foi possível que a civilização ocidental, que se erigia em modelo para as demais populações, abrigasse tamanha atrocidade?

Fonte: EDITORIAL. "Resta o espanto". *Folha de S.Paulo*. Opinião, 18 jul. 2015, A2.

Na introdução dos textos, recorreu-se à apresentação de fatos como estratégia para iniciar a argumentação. Vejamos:

No exemplo 1:

> Erros de tradução integram a versão brasileira de um tratado alfandegário assinado em 2008 pelo Mercosul e pela União Aduaneira da África Austral (África do Sul, Botsuana, Lesoto, Namíbia e Suazilândia).

No exemplo 2:

> Um robô esmagou um homem contra uma placa metálica em uma fábrica da Volkswagen na Alemanha.

No exemplo 3:

> A revisão do número de mortes em ruas e estradas brasileiras ao longo de 2013 mostra que o trânsito do país está muito violento.

No exemplo 4:

> A Justiça da Alemanha realizou o julgamento de um colaborador do regime nazista.

Fazendo uma declaração inicial

Nesse tipo de estratégia, é feita uma afirmação ou negação logo de saída que será justificada ou fundamentada em seguida.

Exemplo 1

> **Justiça sub judice**
>
> Desde a Antiguidade, filósofos e juristas debatem temas espinhosos como o conceito de justiça, a função da pena e a possibilidade de haver leis injustas. Nunca chegaram a uma conclusão definitiva.
> Algumas ideias, no entanto, se aproximam de razoável consenso, como o princípio de que o Judiciário deve promover a paz social. Para tanto, os cidadãos precisam encontrar bons motivos para considerar que o sistema, a despeito de erros ocasionais, "faz justiça" – seja lá o que isso possa significar.

Fonte: EDITORIAL. "Justiça sub judice". *Folha de S.Paulo*. Opinião, 22 ago. 2015, A2.

Exemplo 2

> **Outros jeitos de se comunicar**
>
> Hoje em dia, organizamos nosso pensamento para que ele possa ser comunicado por meio de alguns meios modernos de comunicação: telefone – fixo ou celular –, interfone, e-mail, WhatsApp, Skype, Facebook e outros tantos.
> São sistemas que usamos não só para ampliar as áreas de atuação de nossa mente: alguns deles possuem memória, outros somente estabelecem contato instantâneo entre duas ou mais fontes.

Fonte: MAUTNER, Anna Verônica. "Outros jeitos de se comunicar". *Folha de S.Paulo*. Tendências/Debates. Opinião, 28 jun. 2015, A3.

Contando uma história

Quem é que não gosta de ouvir uma história? Contar uma história é uma estratégia que agrada a crianças, adolescentes e adultos. É só ter uma boa história e saber contá-la. Se isso acontece no início de uma argumentação, é garantia de envolvimento do leitor. É por isso que muitos escritores fazem uso dessa estratégia no começo de seus textos. Exemplos? Eis alguns.

Exemplo 1

> Alguns anos atrás, um homem ganhou na loteria nacional espanhola com um bilhete que terminava com o número 48. Orgulhoso por seu "feito", ele revelou a teoria que o levou à fortuna. Sonhei com o número 7 por 7 noites consecutivas, disse, e 7 vezes 7 é 48. Quem tiver melhor domínio da tabuada talvez ache graça do erro, mas todos nós criamos um olhar próprio sobre o mundo e o empregamos para filtrar e processar nossas percepções, extraindo significados do oceano de dados que nos inunda diariamente. E cometemos erros que, ainda que menos óbvios, são tão significativos quanto esse.

Fonte: MLODINOW, Leonard. *O andar do bêbado*: como o acaso determina nossas vidas. Rio de Janeiro: Zahar, 2009, p. 7.

Exemplo 2

Há algumas semanas, havia um pedágio na entrada da cidade de Santa Leopoldina (800 habitantes), na região serrana do Espírito Santo. Jovens pediam dinheiro aos motoristas para ajudar a pagar a viagem das trigêmeas Fábia, Fabiele e Fabíola Loterio ao Rio. Filhas de pequenos agricultores da zona rural próxima a Vitória, elas iriam a uma cerimônia no Theatro Municipal para receber as medalhas de ouro e prata que conquistaram na 10ª Olimpíada de Matemática das Escolas Públicas. Fábia e Fabiele empataram no primeiro lugar e Fabíola ficou em segundo entre os concorrentes capixabas. [...]

Fonte: GASPARI, Elio. "As meninas de Santa Leopoldina". *Folha de S.Paulo*. Poder, 26 jul. 2015, A10.

Exemplo 3

Primitivos ao norte

Angustiado com o subdesenvolvimento de seu país, um economista de vinte e poucos anos aventurou-se pelas terras inóspitas do norte. Deparou-se com uma população paupérrima, primitiva, quase pré-histórica, entregue a rituais de xamanismo. Máscaras, tambores, mantos misteriosos cobertos de amuletos: uma longa noite tribal se estendia ante os olhos daquele rapaz. Ele não estava na Amazônia nem na Polinésia, mas sim entre os Komi, povo que habitava os confins setentrionais da Rússia e da Finlândia. O ano era 1889, e o economista logo iria desistir de sua profissão para se tornar pintor. Tratava-se de Wassily Kandinsky (1866-1944), pioneiro e teórico da arte abstrata. Parte importante de sua obra fica em exposição em São Paulo, até 28 de setembro, no Centro Cultural Banco do Brasil.

Fonte: COELHO, Marcelo. "Primitivos ao norte". *Folha de S.Paulo*. Ilustrada, 15 jul. 2015, C8.

A narrativa, que é constituída no início de cada um dos textos que serviram de exemplo, destina-se à defesa de uma tese apresentada em seguida:

No exemplo 1:

> Todos nós criamos um olhar próprio sobre o mundo e o empregamos para filtrar e processar nossas percepções, extraindo significados do oceano de dados que nos inunda diariamente.

No exemplo 2:

> Numa época em que tudo parece dar errado, apareceram as meninas de 15 anos de Santa Leopoldina. Elas são um exemplo do vigor do andar de baixo de Pindorama e da eficácia de políticas públicas na área de educação.

No exemplo 3:

> Wassily Kandinsky (1866-1944), que tem parte importante de sua obra em exposição em São Paulo, teve uma trajetória de vida que o transformou no pioneiro e teórico da arte abstrata.

Estabelecendo relação entre textos (intertextualidade)

Vimos no capítulo "Intertextualidade e argumentação" que um texto sempre remete a outro(s) porque o que lemos ou ouvimos compõe o nosso repertório, a nossa bagagem textual. Quanto mais conhecimento de texto temos, mais isso se reflete (explicitamente ou não) nas nossas produções. E causa uma boa impressão, é claro!!! É uma estratégia de grande efeito no começo da argumentação, como nos mostram os exemplos.

EXEMPLO 1

> Uma das músicas mais lindas do Dorival Caymmi começa assim:
> Coqueiro de Itapuã
> Coqueiro
> Areia de Itapuã
> Areia
> Morena de Itapuã
> Morena
> Saudade de Itapuã
> Me deixa
> A letra quase não tem verbo, porque o verbo é para quando acontece alguma coisa.

Fonte: NESTROVSKI, Arthur; SANDOVAL, Andrés. *Viagens para lugares que eu nunca fui*. São Paulo: Companhia das Letrinhas, 2008.

EXEMPLO 2

> A história recente do Egito pode ser vista como **uma variação sombria da máxima expressa no romance "O Leopardo", de Giuseppe Tomasi di Lampedusa: "Se queremos que tudo permaneça como está, é preciso que tudo mude"**.
> Nos últimos anos, tudo mudou no país árabe. Em alguns aspectos, entretanto, em vez de as coisas permanecerem como estavam, ficaram ainda piores.

Fonte: EDITORIAL. "Retrocesso no Egito". *Folha de S.Paulo*. Opinião, 18 ago. 2015, A2.

Lançando pergunta(s)

Mais importante do que saber responder é saber perguntar, dizem. Concordamos com a afirmação e dizemos mais: isso fica evidenciado quando o assunto é argumentar. E se o espaço destinado à pergunta é no início do texto, o peso é ainda maior para essa estratégia, pois é ela quem vai orientar as respostas que hão de vir no desenrolar do texto.

Exemplo 1

> Que crédito você daria a um meteorologista que errasse a maioria de seus prognósticos? Não muito, imagino. Por que então ainda damos ouvidos a economistas? Já ficou estatisticamente comprovado que eles são péssimos preditores de indicadores econômicos (Tetlock, 2006). Para que eles servem?

Fonte: SCHWARTSMAN, Hélio. "Lúgubre ciência." *Folha de S.Paulo*. Opinião, 30 ago. 2015.

Exemplo 2

> **Eleonora Mendes Caldeira**
>
> Se você está folheando ou comprou este livro é porque busca respostas para perguntas que eu própria sempre me faço: afinal, o que é ser elegante? É possível aprender a ser elegante? E se for, como adquirir uma elegância espontânea?

Fonte: CALDEIRA, Eleonora Mendes. *Cultura e elegância*. São Paulo: Contexto, 2005.

No início de uma argumentação, a pergunta pode ser antecedida por uma declaração. É isso que encontramos nos exemplos:

Exemplo 3

> Nacionalidade: brasileiro, italiano, marfinense, japonês, libanês...
>
> Heterogeneidade cultural, diversidade étnica, pluralidade ideológica – São Paulo abriga inúmeros diferentes tipos de pessoas, grupos e estilos. **E qual é, afinal, o produto de tantas diferenças?**

Fonte: ELIAS, João Marcelo. Atividade escolar, 2º ano. São Paulo: Colégio Móbile, 2014.

Exemplo 4

> Pobre do professor que ainda tem a ilusão de informar os alunos. Num momento histórico em que jornais, revistas, rádio, TV e internet são acessíveis a qualquer pessoa, o monopólio informativo da escola deixou de existir. Cada criança ou jovem pode buscar sozinho as notícias que deseja, quando e onde deseja. **Isso quer dizer que não há mais lugar para os mestres, que as escolas não têm mais função social, como querem alguns?**

Fonte: PINSKY, Jaime. Por uma História das mulheres. *Por que gostamos de história*. São Paulo: Contexto, 2013, p. 25.

Também a pergunta pode ser antecedida por sequências narrativas, como observamos no primeiro parágrafo da introdução do livro *Como Shakespeare se tornou Shakespeare*, que transcrevemos a seguir:

Exemplo 5

> Jovem de uma pequena cidade provinciana – homem sem fortuna, sem amigos poderosos e sem formação universitária – muda-se para Londres no fim da década de 1580 e, logo, torna-se o maior dramaturgo não somente de sua época, mas de todos os tempos. Suas obras atraem eruditos e iletrados, refinadas plateias urbanas e provincianos que vão ao teatro pela primeira vez. Faz o público rir e chorar; transforma política em poesia; arrojado, mistura palhaçada vulgar com sutilezas filosóficas. Capta com a mesma sensibilidade a vida de reis e mendigos; num momento, parece ter estudado direito; noutro, teologia; em outro ainda, história antiga, enquanto, sem esforço, imita o sotaque de caipiras e se diverte com superstições. **Como se explica uma realização dessa magnitude? Como foi que Shakespeare se tornou Shakespeare?**

Fonte: GREENBLATT, Stephen. *Como Shakespeare se tornou Shakespeare*. São Paulo: Companhia das Letras, 2011, p. 9.

Exemplo 6

> **Nós, os escravos**
>
> Faço compras no supermercado. Encho o tanque do automóvel. Compro um livro, um filme, um CD. Vou almoçar, pago a conta, saio. E então reparo que não encontrei um único ser humano em todo o processo. Só máquinas. Eu, o meu cartão de crédito – e uma máquina. **Então penso: será que Paul Lafargue (1842-1911) tinha razão?**

Fonte: COUTINHO, João Pereira. "Nós, os escravos". *Folha de S.Paulo*. Ilustrada, 14 jul. 2015, C6.

Além disso, a pergunta pode ser antecedida por uma ou mais citações, como notamos no texto:

Exemplo 7

> **Envelhecer é uma arte?**
>
> Nas palavras de Cícero, envelhecer é coisa boa. Dois mil anos depois, com fartura de números, o tema reaparece nas pesquisas iniciadas por R. Easterlin. Detecta-se uma "curva da fossa": entre 40 e 50 anos, bate um pessimismo, uma insegurança difusa. **Mas daí para a frente voltamos a ficar de bem com a vida, cada vez mais felizes – óbvio, só até o corpo fracassar. Será?**

Fonte: MOURA CASTRO, Claudio de. "Envelhecer é uma arte?". *Veja*. São Paulo: Abril, ed. 2.480, ano 48, n. 2, 14 jan. 2015.

Estabelecendo comparação

Ninguém vive sem argumentar e muito facilmente, nessa atividade, fazemos comparação. Comparar pressupõe estabelecer semelhanças e diferenças e chegar a uma conclusão. Dependendo da intenção, podemos fazer uma comparação porque queremos salientar as semelhanças, os pontos comuns, as intersecções (na matemática da vida e não apenas na dos bancos escolares). É o foco nas semelhanças que constitui o início da argumentação no texto:

EXEMPLO 1

> Veneza e Recife: cidades ligadas pelas águas e pelo cinema
>
> Engana-se quem acredita que Recife, a Veneza brasileira, e a Veneza verdadeira guardam em comum apenas as coincidências urbanísticas e geográficas, já que são cidades formadas por um conjunto de ilhas, cercadas de águas e ligadas por belas pontes. A sétima arte também une as duas. Em Veneza, acontece um dos mais prestigiados festivais de cinema do mundo, o badalado Festival Internacional de Veneza. A história do evento começa ainda nos anos 1930, durante a 18ª edição da Bienal de Veneza, um evento que tinha como objetivo fomentar todos os tipos de arte: música, pintura e a nascente arte do cinema. Em Pernambuco, a produção cinematográfica local teve seu primeiro grande impulso mais cedo, ainda nos anos 1920, com o chamado Ciclo de Recife.

Fonte: "Veneza e Recife: cidades ligadas pelas águas e pelo cinema". *Radar Executivo*. Recife, dez. 2014/jan. 2015.

Também podemos deslocar o foco da argumentação para as dessemelhanças, as diferenças, os pontos dissonantes. É o que ocorre no início da argumentação do texto:

EXEMPLO 2

> A cultura é a única coisa que diferencia o ser humano dos outros animais. Enquanto esses já nascem instrumentalizados para suportar o clima e o meio ambiente (ursos, focas), construir casas (joão-de-barro, abelhas), defender-se dos inimigos por armas ou mimetismo (tubarão, linguado), o ser humano vem ao mundo incapaz de sobreviver sem a proteção dos pais e sem a aprendizagem social, que, em bom português, pode ser chamada de cultura.

Fonte: PINSKY, Jaime. Bens culturais para todos? *O Brasil tem futuro?*. São Paulo: Contexto, 2006, p. 79.

Exemplo 3

> **Quem tem medo de robôs?**
>
> Na visão anglo-saxônica, robôs são vistos como inimigos potenciais, prontos para se revoltarem contra os donos a qualquer momento. Daí as leis da robótica de Isaac Asimov, pregando obediência total e proibição de fazer mal a humanos.
> Já entre nós brasileiros as narrativas são diferentes. Os robôs são vistos como figuras simpáticas e, por que não dizer, cheias de malemolência. Um exemplo é o conto de 1961 da imortal Diná de Queirós, chamado "O Carioca". Nele, o carioca do título é um robô que passeia pelo Rio de Janeiro e faz tórrida companhia a uma jovem viúva em suas tardes solitárias na cidade. [...]

Fonte: LEMOS, Ronaldo. "Quem tem medo de robôs?". *Folha de S.Paulo.* Tec, 13 jul. 2015, A21.

Apresentando uma definição

Certamente você já se deparou com um texto que começa com a definição de uma palavra, uma expressão ou um termo técnico. No processo argumentativo, a definição ocorre porque talvez o leitor desconheça o termo em questão e, na dúvida, é melhor esclarecer, considerando ser o termo de importância capital no texto.

Exemplo 1

> **Crianças, crueldade e Justiça**
>
> **Bullying é o comportamento agressivo, intencional e repetido contra alguém por conta de alguma característica ou situação peculiar. É um desequilíbrio de poder que afeta sobretudo crianças e adolescentes em escolas e em outros ambientes de convivência, mas que também inferniza a vida de adultos.**
> Por alguma razão psicológica, pessoas sentem prazer em humilhar, provocar sofrimento. Reunidas, multiplicam agressões verbais ou físicas contra quem se destaca pela diferença: obesidade, altura, pele, nariz, timidez, roupa. Filiação, raça, falta de habilidade para o esporte, aplicação nos estudos ou dificuldade de aprendizado também dão origem a maus-tratos, isolamento e depressão.
> A internet amplia seus efeitos.

Fonte: CARVALHO FILHO, Luis Francisco. "Crianças, crueldade e justiça". *Folha de S.Paulo.* Cotidiano, 1º ago. 2015, B2.

Se perguntarem a você "o Brasil já picou?", você entenderia? E se disserem que o verbo *picar* assumiu a acepção do verbo *to peak*, adianta alguma coisa (exemplo 2, a seguir)? Você sabe o que é "frinfronar" (exemplo 3, a seguir)?

Continue a reparar nos exemplos como definir é uma importante estratégia na condução dos argumentos.

Exemplo 2

O Brasil já picou?

Em inglês, diz o Webster, o verbo "to peak" significa adquirir forma aguçada, aguda, afiada. Vem do substantivo "peak" – o pico de uma montanha, o pináculo, o mais alto grau de excelência. Enfim, "to peak" seria atingir o máximo possível. Para as revistas inglesas de música pop, é a melhor colocação que uma canção atingiu nas paradas. Exemplo: a canção tal "peaked" em 2º lugar.
Em português, não há um equivalente tão conciso. Precisamos de todas as palavras acima para dizer o mesmo. Mas meu amigo e mestre Ivan Lessa não se perturbava: usava o verbo "picar" naquela acepção. Certo dia, arriscou: "Não sei quando, mas acho que o Brasil já picou". Queria dizer que, em algum momento – anos 50 ou 60, quem sabe –, o Brasil tinha chegado ao máximo que sua história permitiria. Se não aproveitamos, pior para nós. A partir dali, era descer a ladeira.

Fonte: CASTRO, Ruy. "O Brasil já picou?". *Folha de S.Paulo*. Opinião, 21 fev. 2015.

Exemplo 3

Aprendi uma nova palavra e fui logo vestindo a carapuça: "frinfronar", conhece? É uma espécie de "procrastinar" versão tapuia. O som de "procrastinar" já denuncia uma certa urgência prussiana, como se preguiça fosse delito grave.
Frinfronar é nosso. Está mais para "deixar para depois". Quem fica no frin, fron, frin, fron, enrola. Finge que faz sem resolver a parada.

Fonte: GANCIA, Barbara. "Abobrinhas". *Folha de S.Paulo*. Cotidiano, 21 fev. 2014.

Nos textos que nos serviram de exemplo, a definição ocorre porque talvez o leitor desconheça a palavra como já dissemos. Mas o contrário também pode acontecer e, nesse caso, a "obviedade" funciona como uma cláusula de um contrato que não gera contestação, porque de comum acordo. É o caso do exemplo que você vai ler a seguir, em que a definição no início da argumentação ocorre não para ressaltar o que não se sabe e é preciso saber, mas para enfatizar o que já é sabido e que é sobre esse assunto batido e velho conhecido que se vai falar, que se quer falar.

> **Tecnologia & Etiqueta**
>
> Tecnologia você já sabe o que é. E etiqueta é, definitivamente, uma palavra fora de moda. Velha até! Descreve aquele conjunto de regrinhas a serem seguidas por todos nós, para evitar que a convivência fique tão insuportável quanto parece que vai ser a cada dia. Mesmo fora de moda, é sobre essa etiqueta que queremos comentar, até para manter a convivência tolerável em alguns entornos criados pela tecnologia, principalmente as redes sociais.

Fonte: GANDOUR, Fabio. "Tecnologia & Etiqueta". *Revista da Cultura*. São Paulo: Livraria Cultura, ed. 91, fev. 2015, p. 60.

Inventando uma categorização

Inventar uma categoria é uma estratégia próxima ao modo de definir um termo, porque, se inventamos algo, é preciso dizer o que significa, se quisermos ser compreendidos.

No começo de uma argumentação, a categoria nova chama a atenção do leitor pelo ineditismo, além de constituir um elemento-chave no movimento argumentativo. É isso que notamos nos textos que nos servem de exemplo.

EXEMPLO 1

> **Os geoengenheiros estão chegando**
>
> A Academia de Ciências dos EUA acaba de publicar dois amplos relatórios sobre o que existe de mais próximo da alquimia nos nossos tempos: **a geoengenharia**. Trata-se da ideia de que com a tecnologia atual é possível fazer intervenções diretas sobre o clima da terra, corrigindo o que for preciso.

Fonte: LEMOS, Ronaldo. "Os geoengenheiros estão chegando". *Folha de S.Paulo*. Tec, 27 jul. 2015, A17.

Exemplo 2

Rostos de aluguel

*Conforme se exagera na publicidade política, há o candidato falso, o eleitor falso, o partido falso e, agora, até o **"falso eleitor falso"**.*

Gestos aprendidos, convicções postiças, promessas produzidas conforme o receituário das pesquisas de opinião: nada disso é estranho a qualquer campanha eleitoral. Também são mestres, os marqueteiros, na composição do cenário televisivo, seja o da simpática ruazinha popular, seja o do moderno gabinete de trabalho.

Apresentadores especialmente contratados conferem, muitas vezes, a credibilidade e o tom honesto que faltam aos candidatos. Nas calçadas, nos postos de saúde, nos parques públicos, supostos representantes da população, escolhidos a dedo, externam críticas ou elogios ao governo de turno, com miraculosa espontaneidade.

Tudo isso era conhecido. O que não se sabia e reportagem publicada ontem (25) por esta Folha apresentou vários exemplos do fenômeno é que existem modos ainda mais baratos, e mais falsos, de promover a fotogenia eleitoral.

A campanha precisa de uma jovem mãe afrodescendente? De uma quarentona animada de classe média? De um idoso em boas condições de saúde? Não é mais necessário contratar modelos especializados para um cartaz de candidato.

Uma empresa americana, a Shutterstock, disponibiliza cerca de 40 milhões de fotos para todos os gostos, todas as candidaturas, todos os problemas e todas as soluções que interesse contemplar.

Fonte: EDITORIAIS. "Rostos de aluguel". *Folha de S.Paulo*, 26 set. 2014.

Exemplo 3

Brasil, um país sem lei?

Dizem que no Brasil há leis que "pegam" e leis que "não pegam". Recentemente descobri que há também uma outra categoria, a das **"não leis que pegam"**. Por exemplo, a "não lei" da tortura: "todo indivíduo detido, a critério dos policiais, poderá ser submetido à tortura para reconhecer o crime, informar nome e endereço dos cúmplices, ou simplesmente dividir os ganhos do crime com os torturadores, sejam eles em dinheiro ou em espécie". Alguém duvida da existência desta "não lei"? [...]

Fonte: PINSKY, Jaime. Brasil, um país sem lei? *O Brasil tem futuro?* São Paulo: Contexto, 2006, p. 109.

Enumerando casos como exemplificação

No conjunto de estratégias usadas para começar uma argumentação, a exemplificação é usada com a finalidade de fazer o leitor rememorar fatos ou acontecimentos que giram em torno do tema em discussão. Além disso, com essa estratégia também se pretende mostrar a relevância do assunto discutido e, consequentemente, ganhar a atenção do leitor.

Exemplo

> Torcedores racistas imitam sons de macacos quando certos jogadores negros tocam na bola. Na semana passada, a vítima foi o atacante Tinga, do Cruzeiro, pela torcida do peruano Real Garcilaso. Em 2013, foi o marfinense Touré, do inglês Manchester City, pela do russo CSKA. Ainda em 2013, foi o italiano de pais ganenses Balotelli, do Milan, ante a do Inter – antes disso, na Croácia, os torcedores locais já lhe tinham jogado bananas. Em 2012, o brasileiro Juan, então no Roma, ante a do também italiano Lazio.
>
> A intolerância vem de longe. Em 2005, outro marfinense, Zoro, do italiano Messina, foi tão insultado pelos torcedores do mesmo Inter que, chorando, tentou abandonar o jogo – e só foi convencido a ficar pelo nosso Adriano. O problema é que atitudes isoladas são inúteis. Há pouco, Balotelli ameaçou sair de campo se voltar a ser insultado – apenas para ouvir de Michel Platini, presidente da UEFA, que, se fizer isto, levará cartão amarelo. Que vergonha.

Fonte: CASTRO, Ruy. "Fim da infâmia". *Folha de S.Paulo*. Opinião, 21 fev. 2014.

Observando a mudança na linha do tempo

Outra estratégia usada no começo de uma argumentação é apresentar como o conceito sobre algo foi sendo remodelado ao longo do tempo. No exemplo a seguir, vamos observar como o conceito de cultura foi reconstruído historicamente e como isso serve para ancorar a posição do autor sobre o tema. Merecem destaque no texto expressões que sinalizam para a passagem do tempo como "ao longo da história", "durante muitos séculos", "em épocas mais recentes", "em todas as épocas históricas e até a nossa" e "em nosso tempo".

Exemplo 1

> **Ao longo da história**, a noção de cultura teve distintos significados e matizes. **Durante muitos séculos** foi um conceito inseparável da religião e do conhecimento teológico; na Grécia, esteve marcada pela Filosofia e, em Roma, pelo Direito, enquanto no Renascimento foi conformada sobretudo pela literatura e pelas artes. **Em épocas mais recentes**, como no Iluminismo, foram a ciência e os grandes descobrimentos científicos que deram o principal viés à ideia de cultura. Mas, apesar destas variantes e até a nossa época, cultura, segundo um amplo consenso social, sempre significou uma soma de fatores e de disciplinas que a constituíam e eram por sua vez implicadas por ela; a reivindicação de um patrimônio de ideias, valores e obras de arte; de alguns conhecimentos históricos, religiosos, filosóficos e científicos em constante evolução; e o incentivo à exploração de novas formas artísticas e literárias, e da investigação em todos os campos do saber.

> A cultura estabeleceu sempre uma hierarquia social, distinguindo entre aqueles que a cultivavam, enriqueciam com contribuições diversas e faziam progredir, e aqueles que não se ocupavam dela, a desprezavam ou a ignoravam, ou estavam excluídos dela por razões sociais e econômicas. **Em todas as épocas históricas e até a nossa**, em qualquer sociedade concreta havia pessoas cultas e incultas e, entre esses dois extremos, pessoas mais ou menos cultas ou mais ou menos incultas. Ao mesmo tempo, essa classificação estava bastante clara para todo o mundo porque valia para todos um mesmo sistema de valores, de critérios culturais e de maneiras de pensar, de julgar e de comportar-se. **Em nosso tempo** tudo isso mudou. A noção de cultura estendeu-se tanto que, embora ninguém se atreva a reconhecê-la de maneira explícita, se desvaneceu. Transformou-se num fantasma inapreensível, multitudinário e metafórico. Porque já ninguém é culto se todos creem sê-lo, ou então se o conteúdo daquilo a que chamamos cultura foi de tal maneira deformado que todos podem justificadamente crer que o são.

Fonte: LLOSA, Mario Vargas. Breve discurso sobre a cultura. In: MACHADO, Cassiano Elek (org.). *Pensar a cultura*. Porto Alegre: Arquipélago, 2013, pp. 12-3.

EXEMPLO 2

Terceira Revolução Industrial

A Primeira Revolução Industrial aconteceu no Reino Unido no final do século 18 com a mecanização da indústria têxtil. Nas décadas seguintes, em vez de construir coisas apenas com as mãos, espalhou-se pelo mundo o uso de máquinas.
A Segunda Revolução Industrial começou nos Estados Unidos no início do século 20 com a linha de produção em série, na chamada Era da Produção em Massa.
Vivemos agora uma nova revolução na indústria, amparada pela cultura e tecnologias digitais, que tem como um de seus importantes catalisadores as impressoras 3D. E, acredite, você ainda vai ter uma. Com preços cada vez mais acessíveis, uma máquina dessas é capaz de imprimir objetos tridimensionais. A técnica mais comum é a que deposita e cola, layer a layer, grãos minúsculos de algum material, como plástico, cerâmica, vidro ou metal.

Fonte: REQUENA, Guto. "Terceira Revolução Industrial". *Folha de S.Paulo*. Imóveis, 28 ago. 2013.

Observamos no exemplo 2 a marcação temporal – com ênfase na perspectiva futura – como uma estratégia para a defesa da tese de que *vivemos hoje a Terceira Revolução Industrial causada pela cultura e tecnologia digital, e ela vai redefinir o modo de produção e distribuição de produtos em escala global.*

No entanto, não se pode tratar da terceira revolução sem, antes, situar o leitor em relação às duas que aconteceram antes, razão pela qual ganham espaço no texto:

- a Primeira Revolução Industrial no final do século 18 caracterizada pela mecanização da indústria têxtil;

• a Segunda Revolução Industrial no início do século 20 marcada pela linha de produção em série: a era da produção em massa.

Assim, o texto se organiza e organiza a sua argumentação de modo a apresentar ao leitor, no tocante à Revolução Industrial, respostas às perguntas: o que aconteceu ontem? O que vem acontecendo hoje? E quais as perspectivas futuras considerando o cenário atual?

Esquematicamente, podemos representar assim a organização do texto e da argumentação:

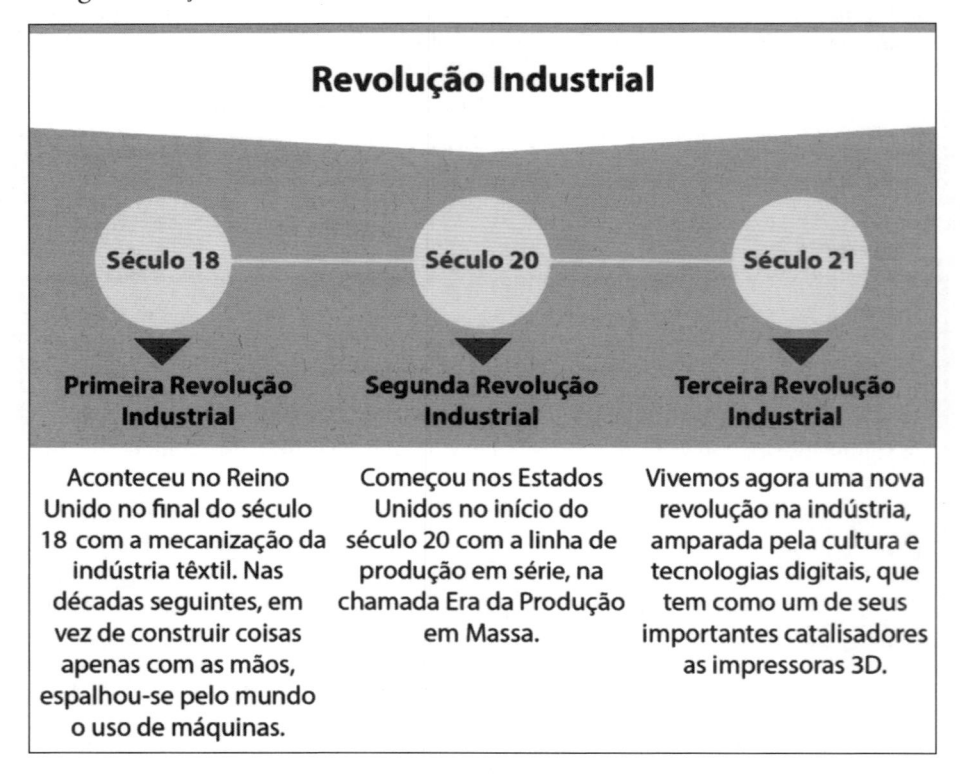

Revolução Industrial

Século 18 — **Século 20** — **Século 21**

Primeira Revolução Industrial | **Segunda Revolução Industrial** | **Terceira Revolução Industrial**

Primeira Revolução Industrial	Segunda Revolução Industrial	Terceira Revolução Industrial
Aconteceu no Reino Unido no final do século 18 com a mecanização da indústria têxtil. Nas décadas seguintes, em vez de construir coisas apenas com as mãos, espalhou-se pelo mundo o uso de máquinas.	Começou nos Estados Unidos no início do século 20 com a linha de produção em série, na chamada Era da Produção em Massa.	Vivemos agora uma nova revolução na indústria, amparada pela cultura e tecnologias digitais, que tem como um de seus importantes catalisadores as impressoras 3D.

RESUMINDO

A pergunta *Como começar uma argumentação?* orientou a nossa discussão neste capítulo. Com esse objetivo, apresentamos algumas estratégias para auxiliar a atividade de escrita. Reiteramos que não foi a nossa intenção fazer um inventário de estratégias usadas no início de uma argumentação, muito menos compor um receituário.

Quisemos e queremos, isso sim, mostrar que, em se tratando de texto, o espaço maior é reservado para o sujeito que produz, que cria, que pensa, que é essencialmente um estrategista. Como sabemos, esse processo todo não nasce do nada. Vem das observações, registros, anotações, histórias, experiências, vivências, leituras, muitas leituras. Essa bagagem toda compõe a nossa memória, os nossos modelos, e eles nos falam de interação, de sociedade e de cultura. Parte da memória, os modelos (em constante atualização) compõem e dão sentido ao que fazemos, orientam o que precisa ser feito.

PROPOSTAS DE ATIVIDADE

Atividade 1

1. O que você acha da ideia de estudar no exterior e se hospedar em casa de família? Na coluna a seguir, você vai conhecer prós e contras em relação a essa proposta. Vamos à leitura:

É PRA MIM?

PRÓS
- É um jeito econômico de viajar, sobretudo pra quem vai sozinho.
- Você conhece a cidade a fundo, bem mais do que como turista.
- Ao entrar na rotina dos "locais", você vê o lugar com outros olhos.
- Na homestay, você observa os costumes: o que conversam, o que veem na TV, o que comem e consomem, a que horas jantam...
- Você volta com uma bagagem maior ao aliar um curso às férias.
- Nas escolas, nascem amizades entre estudantes do mundo todo, sem distinção de faixa etária.
- Estudantes têm descontos do transporte público às atrações.

CONTRAS
- Ficar preso a uma cidade, embora dê pra viajar nos findis.
- Anfitriões pouco simpáticos, nada interativos ou indiferentes são uma adversidade possível.
- As regras da casa são sagradas, como os horários das refeições, a duração do banho, a proibição de levar visitas etc.
- As casas ficam a até uma hora da escola, acarretando mais tempo e dinheiro com transporte.
- Você terá de ir à escola sempre, sob pena de ser suspenso, perder o visto ou não receber o certificado.

Fonte: GOUVEIA, Júlia. "O curso sai de graça". *Viagem e Turismo*, out. 2015, p. 107.

Com base nessa leitura, o seu desafio será produzir diferentes introduções para um artigo de opinião sobre o tema, valendo-se das seguintes estratégias:

- elaboração de pergunta(s);
- declaração inicial;
- apresentação de fatos;
- construção de uma pequena narrativa.

ATIVIDADE 2

O modo como construímos o ponto de vista faz toda a diferença na hora de argumentar. Explique essa diferença no texto:

> [...] Graciliano Ramos foi preso no arrastão que se seguiu à chamada Intentona Comunista de 1935. O período de dez meses entre a Casa de Detenção do Rio de Janeiro e a Colônia Correcional da Ilha Grande está relatado no monumental *Memórias do Cárcere*. Solto em janeiro de 1937, em grande parte por causa de campanha em que se destacaram o colega romancista José Lins do Rego e o editor José Olympio, meses depois ei-lo em visita ao Ministério da Educação, cujo titular era o mineiro Gustavo Capanema.
> Em carta à mulher, Heloísa, Graciliano escreveu: "Vi lá, num corredor, o nariz e o beiço caído de S. Exa. o sr. Gustavo Capanema. O Zé Lins acha excelente a nossa desorganização, que faz que um sujeito esteja na Colônia hoje e fale com o ministro amanhã; eu acho ruim a mencionada desorganização, que pode mandar para a Colônia o sujeito que falou com o ministro".

Fonte: POMPEU DE TOLEDO, Roberto. "Brasilianas". *Veja*. São Paulo: Abril, ed. 2.363, ano 47, n. 10, 5 mar. 2014.

ATIVIDADE 3

A intertextualidade no início de uma argumentação prende a atenção do leitor e o impressiona, como dissemos. Veja como, na introdução, a remissão à obra *Capitães da areia*, de Jorge Amado, está conectada à conclusão, no texto:

> Capitães da areia: até quando?
>
> Com publicação datada de 1937, a obra *Capitães da areia*, de Jorge Amado, repercutiu de forma polêmica, a ponto de ser censurada pelo Estado Novo varguista, sob acusação de propaganda comunista. Embora o comunismo fosse citado de forma lateral ao longo do texto, o enredo consiste numa crítica social relacionada a um problema latente de sua época: transgressões perpetradas por crianças de rua.
> [...]
> Passados quase oitenta anos, as causas profundas elencadas pelo autor para descrever tal realidade não nos soam remotas. Pelo contrário, dispomos de uma tenebrosa familiaridade com elas. Embora essa não seja a mensagem principal do livro, é inegável que a exclusão social se converte em violência, e esta se torna potencialmente capaz de atingir não só o excluído, mas os outros indivíduos que cruzam seu caminho, visto que a reação do oprimido pode vir na forma de opressão.

Fonte: GALVÃO, Leandro. "*Capitães da areia*: até quando?". *Le Monde Diplomatique Brasil*, ano 8, n. 91, fev. 2015, p. 16.

1. Busque outro exemplo de uma argumentação que contenha em sua introdução remissão a texto(s).

2. Explique no texto que selecionou como a intertextualidade se relaciona com a tese defendida no texto.

ATIVIDADE 4

1. Palavras e novas categorias são inventadas e sentidos construídos para explicar coisas e fatos do mundo onde vivemos ou do mundo que imaginamos, idealizamos. Isso se constitui numa valiosa estratégia argumentativa, como indicaram os exemplos contendo novas categorizações: "geoengenharia" (p. 174), "falso eleitor falso", "não leis que pegam" (p. 175).

   Amplie essa lista procurando em jornais, revistas ou blogs textos cuja introdução apresente uma nova categorização (para fatos, ideias etc.) e seu significado.

2. Explique como essas novas categorizações se relacionam com a tese defendida no texto.

7
Estratégias para desenvolver uma argumentação

Sabemos que argumentar significa apresentar dados, explicações, razões etc. que fundamentem uma afirmação, uma tomada de posição, um ponto de vista, uma tese. Então, não basta afirmar, por exemplo, que somos contra o voto obrigatório ou que somos favoráveis às cotas raciais. É preciso explicar ou justificar porque assumimos esta ou aquela posição; é preciso apresentar argumentos que a sustentem. E como fazer isso?

Elaborando um plano de desenvolvimento do texto, um esboço; realizando um trabalho que pressupõe seleção de ideias e organização, porque, como afirma Meyer (2008: 63): "argumentar é, em primeiro lugar, encontrar uma ordem."

Podemos desenvolver uma argumentação de muitas maneiras. O nosso objetivo neste capítulo é apresentar algumas estratégias a que podemos recorrer no desenvolvimento de uma argumentação.

184 Ingedore Villaça Koch • Vanda Maria Elias

FAZENDO PERGUNTA
E APRESENTANDO RESPOSTA

Exemplo

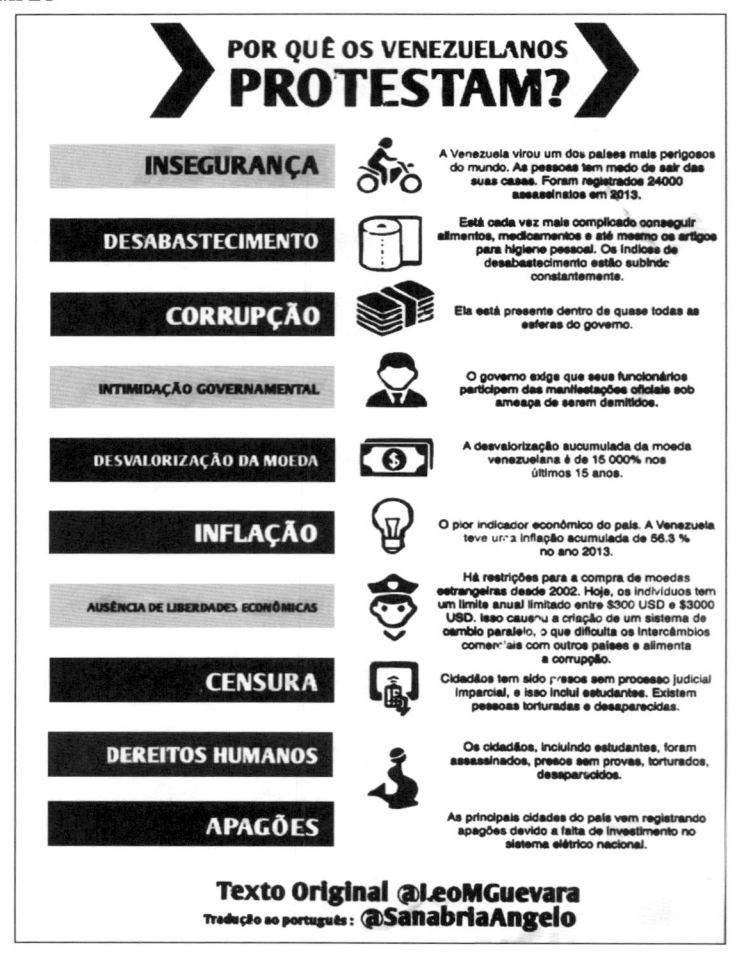

POR QUÊ OS VENEZUELANOS PROTESTAM?

INSEGURANÇA — A Venezuela virou um dos países mais perigosos do mundo. As pessoas tem medo de sair das suas casas. Foram registrados 24000 assassinatos em 2013.

DESABASTECIMENTO — Está cada vez mais complicado conseguir alimentos, medicamentos e até mesmo os artigos para higiene pessoal. Os índices de desabastecimento estão subindo constantemente.

CORRUPÇÃO — Ela está presente dentro de quase todas as esferas do governo.

INTIMIDAÇÃO GOVERNAMENTAL — O governo exige que seus funcionários participem das manifestações oficiais sob ameaça de serem demitidos.

DESVALORIZAÇÃO DA MOEDA — A desvalorização acumulada da moeda venezuelana é de 15 000% nos últimos 15 anos.

INFLAÇÃO — O pior indicador econômico do país. A Venezuela teve uma inflação acumulada de 56.3 % no ano 2013.

AUSÊNCIA DE LIBERDADES ECONÔMICAS — Há restrições para a compra de moedas estrangeiras desde 2002. Hoje, os indivíduos tem um limite anual limitado entre $300 USD e $3000 USD. Isso causou a criação de um sistema de câmbio paralelo, o que dificulta os intercâmbios comerciais com outros países e alimenta a corrupção.

CENSURA — Cidadãos tem sido presos sem processo judicial imparcial, e isso inclui estudantes. Existem pessoas torturadas e desaparecidas.

DIREITOS HUMANOS — Os cidadãos, incluindo estudantes, foram assassinados, presos sem provas, torturados, desaparecidos.

APAGÕES — As principais cidades do país vem registrando apagões devido a falta de investimento no sistema elétrico nacional.

Texto Original @LeoMGuevara
Tradução ao português: @SanabriaAngelo

O que o texto nos diz sobre o desenvolvimento da argumentação? Quem elaborou o panfleto fez um planejamento ou desenvolveu um projeto de dizer na forma de pergunta e resposta para explicar, justificar porque ocorrem os protestos na Venezuela. Assim, à pergunta "Por que os venezuelanos protestam?" foram apresentadas 10 razões, na forma de tópico (tema ou assunto) (ver capítulo "Progressão textual e argumentação").

Apresentadas à esquerda em destaque e representando um primeiro grande movimento no desenvolvimento da argumentação, as razões apresentadas na forma de tópico foram as seguintes:

Insegurança
Desabastecimento
Corrupção
Intimidação governamental
Desvalorização da moeda
Inflação
Ausência de liberdades econômicas
Censura
Direitos humanos
Apagões

Mas, como sabemos, do ponto de vista do desenvolvimento do texto e da argumentação pretendida, apenas indicar uma lista de razões na forma de tópicos não é suficiente. Ainda é preciso avançar, agora em um segundo movimento que, por sua vez, pressupõe a explicação dos tópicos elencados.

Em outras palavras, a resposta à pergunta "Por que os venezuelanos protestam?" foi pensada em dois momentos: no primeiro, foram simplesmente listadas as razões na forma de tópico; no segundo, foram desenvolvidos esses tópicos a fim de esclarecer, justificar, explicar porque foram selecionados. Como isso acontece no texto? Vejamos:

A insegurança é um motivo de protesto porque

> A Venezuela virou um dos países mais perigosos do mundo. As pessoas têm medo de sair das suas casas. Foram registrados 24.000 assassinatos em 2013.

O desabastecimento é um motivo de protesto porque

> Está cada vez mais complicado conseguir alimentos, medicamentos e até mesmo os artigos para higiene pessoal. Os índices de desabastecimento estão subindo constantemente.

A corrupção é um motivo de protesto porque

> Ela está presente dentro de quase todas as esferas do governo.

A intimidação governamental é um motivo de protesto porque

> O governo exige que seus funcionários participem
> das manifestações oficiais sob ameaça de serem demitidos.

A desvalorização da moeda é um motivo de protesto porque

> A desvalorização acumulada da moeda venezuelana
> é de 15.000% nos últimos 15 anos.

A inflação é um motivo de protesto porque

> O pior indicador econômico do país. A Venezuela teve uma inflação
> acumulada de 56,3% no ano de 2013.

A ausência de liberdades econômicas é um motivo de protesto porque

> Há restrições para a compra de moedas estrangeiras desde 2002. Hoje, os
> indivíduos têm um limite anual limitado entre $300 USD e $3000 USD.
> Isso causou a criação de um sistema de câmbio paralelo, o que dificulta os
> intercâmbios comerciais com outros países e alimenta a corrupção.

A censura é um motivo de protesto porque

> Cidadãos têm sido presos sem processo judicial imparcial,
> e isso inclui estudantes. Existem pessoas torturadas e desaparecidas.

O desrespeito aos direitos humanos é um motivo de protesto porque

> Os cidadãos, incluindo estudantes, foram assassinados,
> presos sem provas, torturados, desaparecidos.

Apagões são um motivo de protesto porque

> As principais cidades do país vêm registrando apagões devido à falta de
> investimento no sistema elétrico nacional.

Esquematicamente, podemos representar a organização do texto e da argumentação da seguinte forma:

Por que os venezuelanos protestam?

Insegurança	A Venezuela virou um dos países mais perigosos do mundo. As pessoas têm medo de sair das suas casas. Foram registrados 24.000 assassinatos em 2013.
Desabastecimento	Está cada vez mais complicado conseguir alimentos, medicamentos e até mesmo os artigos para higiene pessoal. Os índices de desabastecimento estão subindo constantemente.
Corrupção	Ele está presente dentro de quase todas as esferas do governo.
Intimidação governamental	O governo exige que seus funcionários participem das manifestações oficiais sob ameaça de serem demitidos.
Desvalorização da moeda	A desvalorização acumulada da moeda venezuelana é de 15000% nos últimos 15 anos.
Inflação	O pior indicador econômico do país. A Venezuela teve uma inflação acumulada de 56,3% no ano 2013.
Ausência de liberdades econômicas	Há restrições para a compra de moedas estrangeiras desde 2002. Hoje, os indivíduos têm um limite anual limitado entre $300 USD e $3000 USD. Isso causou a criação de um sistema de câmbio paralelo, o que dificulta os intercâmbios comerciais com outros países e alimenta a corrupção.
Censura	Cidadãos têm sido presos sem processo judicial imparcial, e isso inclui estudantes. Existem pessoas torturadas e desaparecidas.
Direitos humanos	Os cidadãos, incluindo estudantes, foram assassinados, presos sem provas, torturados, desaparecidos.
Apagões	As principais cidades do país vêm registrando apagões devido à falta de investimento no sistema elétrico nacional.

LEVANTANDO O PROBLEMA – APONTANDO SOLUÇÃO

Uma variação do modelo apresentado anteriormente é aquele que se organiza em torno de problema – solução. E já sabemos que não basta levantar problemas, é preciso apontar soluções. Eis o desafio. Vamos ao exemplo:

Exemplo 1

> [...]
> Enquanto isso, em terras anglo-saxônicas o debate sobre o impacto da onda vindoura de robôs para questões como o trabalho e a desigualdade fica cada vez mais forte. Vale ler a última edição da revista "Foreign Affairs", que faz um ótimo balanço da discussão. Nela, Daniela Rus, professora de Inteligência Artificial do MIT, afirma que assim como os 80 consolidaram a ideia de cada um ter seu "computador pessoal", a próxima década vai ser do "robô pessoal". Os professores Erik Brynjolfsson e Andrew McAfee, também do MIT, alertam sobre a possibilidade de que os robôs possam fazer com que o trabalho humano fique tão obsoleto quanto o dos cavalos. Eles lembram que em 1900 havia 21 milhões de equinos nos EUA. Em 1960, 3 milhões. Claro que a questão é mais complexa – e isso é debatido no artigo –, mas o alerta é forte.
> Qual a solução proposta para o problema? Maior presença do Estado na economia. Erik e Andrew propõem que o Estado torne-se acionista em frotas robóticas do futuro. Os dividendos obtidos a partir delas seriam distribuídos para a sociedade como um todo. Uma espécie de "Bolsa Família" robótica, para mitigar desemprego e desigualdade. Solução parecida propõe Martin Wolf, economista-chefe do jornal "Financial Times". Em face da disseminação dos robôs ele diz: "Pode ser necessário redistribuir renda e riqueza em larga escala. Essa redistribuição pode acontecer na forma da criação de uma renda mínima para cada adulto, junto com suporte educacional e treinamento contínuo". E complementa: "Direitos de propriedade são uma criação social. A ideia de que apenas uma pequena minoria deva se beneficiar de forma esmagadora das novas tecnologias deve ser reconsiderada".

Fonte: LEMOS, Ronaldo. *Folha de S.Paulo.* Tec, 13 jul. 2015, A21.

Observamos no texto que a argumentação se desenvolve sob a forma de problema e solução.

O problema é

> o impacto da onda vindoura de robôs para questões como o trabalho e a desigualdade fica cada vez mais forte.

E a solução para o problema apontada pelos especialistas:

Maior presença do Estado na economia. Erik e Andrew propõem que o Estado torne-se acionista em frotas robóticas do futuro. Os dividendos obtidos a partir delas seriam distribuídos para a sociedade como um todo. Uma espécie de "Bolsa Família" robótica, para mitigar desemprego e desigualdade.

e

A redistribuição de renda e riqueza em larga escala que pode acontecer na forma da criação de uma renda mínima para cada adulto, junto com suporte educacional e treinamento contínuo.

Esquematicamente, temos a seguinte representação do desenvolvimento do texto do ponto de vista da argumentação:

Problema	Solução
O impacto da onda vindoura de robôs para questões como o trabalho e a desigualdade fica cada vez mais forte.	1. O Estado tornar-se acionista em frotas robóticas do futuro. Os dividendos obtidos a partir delas seriam distribuídos para a sociedade como um todo. Uma espécie de "Bolsa Família" robótica, para mitigar desemprego e desigualdade. 2. A redistribuição de renda e riqueza em larga escala que pode acontecer na forma da criação de uma renda mínima para cada adulto, junto com suporte educacional e treinamento contínuo.

Na construção dos argumentos e de sua validade, são empregadas:

- citações indiretas

   Erik e Andrew propõem que o Estado torne-se acionista em frotas robóticas do futuro. Os dividendos obtidos a partir delas seriam distribuídos para a sociedade como um todo. Uma espécie de "Bolsa Família" robótica, para mitigar desemprego e desigualdade.

- citações diretas

   Em face da disseminação dos robôs ele (Martin Wolf, economista-chefe do jornal "Financial Times") diz: "Pode ser necessário redistribuir renda e riqueza em larga escala. Essa redistribuição pode acontecer na forma da criação de uma renda mínima para cada adulto, junto com suporte educacional e treinamento contínuo". E complementa: "Direitos de propriedade são uma criação social. A ideia de que apenas uma pequena minoria deva se beneficiar de forma esmagadora das novas tecnologias deve ser reconsiderada".

Trata-se de dois expedientes que atuam na constituição do argumento de autoridade, uma estratégia argumentativa de grande peso que emerge no plano da relação tecida entre textos, como vimos no capítulo "Intertextualidade e argumentação".

EXEMPLO 2

> Nada cai do céu
>
> ***Com ou sem chuva à vista, a população precisa entender que a água pode – e vai – acabar se não forem tomadas medidas preventivas***
> O racionamento a que pode ser submetida boa parte da população paulistana – e de outras cidades e Estados brasileiros – poderia ser evitado? A questão é muito mais complexa do que possa parecer e jamais deveria ser levada ao campo do flá-flu político. Afinal, todos que vivemos nessas áreas já somos e seremos ainda mais afetados.
> O calor bate recordes no mundo. Dados recentes da Nasa e da Administração Oceânica e Atmosférica dos Estados Unidos (NOAA, sigla para o nome em inglês do órgão) apontam 2014 como o ano mais quente da história. A temperatura média no solo e nos oceanos aumentou 0,69 graus, superando recordes anteriores. Parece pouco, mas não é.
> A cada 20 ou 30 anos, em média, o oceano Pacífico, a maior massa de água do planeta, sofre variações de temperatura, ficando mais quente ou mais frio do que o normal. Essas oscilações de longo período interferem nos ventos, na chuva e na temperatura em muitas regiões do globo. No Brasil, diversos Estados já sentem os impactos dessa alteração climática.
> O verão passado foi um dos mais secos e quentes da história, não apenas na região da capital paulista e seu entorno mas também em grande parte do Sudeste, especialmente em Minas Gerais e no vale do Piracicaba, de onde vem a maior parte da água que abastece a região metropolitana de São Paulo, por meio do sistema Cantareira. Áreas dessa região chegaram a registrar anomalias de até 5 graus nas temperaturas máximas em janeiro de 2014.
> Com pouca água e maior consumo, devido ao calor, os rios e represas que abastecem o sistema caíram aos menores níveis já registrados. Em São Paulo, por exemplo, desde 2012 o Cantareira vem sofrendo com chuva abaixo do normal. Nem mesmo as chuvas de fevereiro, que elevaram o nível dos reservatórios, são ainda suficientes para mudar o quadro de seca.
> E as previsões não são as melhores. Segundo estudo da Climatempo, somente no verão de 2017 é que se poderá esperar por uma chuva normal ou acima da média, que vá colaborar para uma consistente recuperação do sistema.
> Reverter a situação é um desafio. Trata-se de algo muito mais educativo do que meteorológico ou de obras faraônicas – que, se agora são necessárias, deveriam ter sido planejadas há pelo menos dez anos.
> Desde o final de 2013, meteorologistas têm alertado sobre esse cenário crítico. Já se sabe que o quadro não é favorável, e há poucas chances de mudança em curto prazo. Porém, em um planeta onde 1,4 bilhão de quilômetros cúbicos é ocupado por água, o ser humano ainda parece acreditar que ela nunca irá acabar.

Com ou sem chuva à vista, a população precisa entender que a água pode – e vai – acabar se não forem tomadas medidas preventivas. A conscientização sobre o consumo deve ser permanente.

Optar pelo reúso pode ser uma das soluções. Aliás, a ideia de cobrar uma sobretaxa para aqueles que consumirem mais água do que o normal nesse período está entre as boas medidas já tomadas – tão boa quanto os descontos anunciados desde o ano passado para quem economiza água.

Em São Paulo, a despoluição dos rios Tietê e Pinheiros também é um caminho. Mas esse parece ser um cenário utópico, sobretudo se lembrarmos que a ideia é citada há décadas pelo poder público.

O que nossas autoridades precisam entender é que não dá para passar uma vida acreditando na ajuda divina. É preciso arregaçar as mangas e se preparar. Há ainda muito a fazer e a investir. Porque nada cai do céu – nem mesmo a água tem caído ultimamente.

Fonte: MAGNO, Carlos. (meteorologista) "Nada cai do céu". *Folha de S.Paulo*. Opinião, 25 fev. 2015.

O exemplo 2 se organiza em torno de dois grandes blocos:

- problema – descrição do problema

    O calor bate recordes no mundo. Dados recentes da Nasa e da Administração Oceânica e Atmosférica dos Estados Unidos (NOAA, sigla para o nome em inglês do órgão) apontam 2014 como o ano mais quente da história. A temperatura média no solo e nos oceanos aumentou 0,69 graus, superando recordes anteriores. Parece pouco, mas não é.

    A cada 20 ou 30 anos, em média, o oceano Pacífico, a maior massa de água do planeta, sofre variações de temperatura, ficando mais quente ou mais frio do que o normal. Essas oscilações de longo período interferem nos ventos, na chuva e na temperatura em muitas regiões do globo. No Brasil, diversos Estados já sentem os impactos dessa alteração climática.

    O verão passado foi um dos mais secos e quentes da história, não apenas na região da capital paulista e seu entorno mas também em grande parte do Sudeste, especialmente em Minas Gerais e no vale do Piracicaba, de onde vem a maior parte da água que abastece a região metropolitana de São Paulo, por meio do sistema Cantareira. Áreas dessa região chegaram a registrar anomalias de até 5 graus nas temperaturas máximas em janeiro de 2014.

    Com pouca água e maior consumo, devido ao calor, os rios e represas que abastecem o sistema caíram aos menores níveis já registrados. Em São Paulo, por exemplo, desde 2012 o Cantareira vem sofrendo com chuva abaixo do normal. Nem mesmo as chuvas de fevereiro, que elevaram o nível dos reservatórios, são ainda suficientes para mudar o quadro de seca.

    E as previsões não são as melhores. Segundo estudo da Climatempo, somente no verão de 2017 é que se poderá esperar por uma chuva normal ou acima da média, que vá colaborar para uma consistente recuperação do sistema.

- solução do problema

    Reverter a situação é um desafio. Trata-se de algo muito mais educativo do que meteorológico ou de obras faraônicas – que, se agora são necessárias, deveriam ter sido planejadas há pelo menos dez anos. [...]

    Com ou sem chuva à vista, a população precisa entender que a água pode – e vai – acabar se não forem tomadas medidas preventivas. A conscientização sobre o consumo deve ser permanente.

    Optar pelo reúso pode ser uma das soluções. Aliás, a ideia de cobrar uma sobretaxa para aqueles que consumirem mais água do que o normal nesse período está entre as boas medidas já tomadas – tão boa quanto os descontos anunciados desde o ano passado para quem economiza água.

    Em São Paulo, a despoluição dos rios Tietê e Pinheiros também é um caminho. Mas esse parece ser um cenário utópico, sobretudo se lembrarmos que a ideia é citada há décadas pelo poder público.

Como analisamos, após a colocação do fato que conduz a argumentação centrada em exemplos para demonstrar a gravidade do problema e conclamar governantes e população para dar conta do que lhes cabe, são apresentadas algumas medidas, chamando a atenção na linha final a justificativa para o título que foi dado ao texto "Nada cai do céu", que reitera a responsabilidade das autoridades para o gerenciamento da crise.

> Optar pelo reúso pode ser uma das soluções. Aliás, a ideia de cobrar uma sobretaxa para aqueles que consumirem mais água do que o normal nesse período está entre as boas medidas já tomadas – tão boa quanto os descontos anunciados desde o ano passado para quem economiza água.
>
> Em São Paulo, a despoluição dos rios Tietê e Pinheiros também é um caminho. Mas esse parece ser um cenário utópico, sobretudo se lembrarmos que a ideia é citada há décadas pelo poder público.
>
> O que nossas autoridades precisam entender é que não dá para passar uma vida acreditando na ajuda divina. É preciso arregaçar as mangas e se preparar. Há ainda muito a fazer e a investir. Porque nada cai do céu – nem mesmo a água tem caído ultimamente.

INDICANDO ARGUMENTOS FAVORÁVEIS X ARGUMENTOS CONTRÁRIOS

O terceiro modelo que apresentamos tem como foco a argumentação centrada em um tópico ou assunto controverso, razão pela qual se pressupõe o levantamento de argumentos favoráveis e contrários para uma tomada de posição, a defesa de um ponto de vista, uma avaliação.

EXEMPLO

O cigarro eletrônico

O cigarro eletrônico pode ser uma forma menos maligna de lidar com a dependência de nicotina
Inalar a fumaça liberada na combustão do cigarro é o mais mortal dos comportamentos de risco, no Brasil.
Não é de hoje que os fabricantes procuram uma forma de administrar nicotina, sem causar os malefícios da queima do fumo nem tirar o prazer que o dependente sente ao fumar. E, acima de tudo, sem abrir mão do lucro obtido com a droga que provoca a mais escravizadora das dependências químicas conhecidas pela medicina.
Com essa finalidade, foram lançados no comércio os cigarros eletrônicos, uma coleção heterogênea de dispositivos movidos a bateria que vaporizam nicotina, para ser fumada num tubo que imita o cigarro.
Em menos de dez anos, as vendas na Europa atingiram 650 milhões de dólares, e 1,7 bilhão nos Estados Unidos. O sucesso tem sido tão grande que alguns especialistas ousam predizer que o cigarro convencional estaria com os dias contados.
Na literatura médica, entretanto, as opiniões são divergentes.

1. Os detratores
A demonstração de que fumantes passivos correm mais risco de morrer por ataque cardíaco, derrame cerebral, câncer e doenças respiratórias deu origem à legislação que proibiu o fumo em lugares fechados, providência que beneficiou fumantes e abstêmios. Especialistas temem que esse esforço da sociedade seja perdido, quando os cigarros eletrônicos forem anunciados em larga escala pelos meios de comunicação.
Comerciais exibidos recentemente nas TVs americanas justificam a preocupação: "Finalmente, os fumantes têm uma alternativa real" ou "Somos todos adultos aqui. É tempo de tomarmos nossa liberdade de volta". Mensagens como essas não seduzirão as crianças, como aconteceu com as campanhas de cigarros anos atrás?
Os Centers for Disease Control, nos Estados Unidos, revelaram que embora o consumo de cigarros comuns entre adolescentes americanos tenha caído, entre 2011 e 2012, o de eletrônicos duplicou.
Não existe padronização na quantidade de nicotina vaporizada pelas diferentes marcas de eletrônicos; nem controle de qualidade. Os testes mostram que alguns conseguem liberar o dobro ou o triplo de nicotina, em cada tragada.
Ainda não há comprovação científica de que o cigarro eletrônico substitua os convencionais. O uso concomitante pode levar ao consumo de doses exageradas de nicotina, eventualmente próximas de limites perigosos.

2. Os defensores
Consideram que o cigarro eletrônico se enquadra nas chamadas estratégias de redução de riscos, semelhantes às de distribuição de seringas para usuários de drogas injetáveis, adotadas como medida de prevenção à Aids.

> Há quem acredite que ao lado de outras formas de administrar nicotina sem utilizar combustão (chicletes, pastilhas e adesivos), os dispositivos eletrônicos têm potencial para se tornar um dos maiores avanços na história da saúde pública.
> Para eles, o vapor de nicotina inalado através do cigarro eletrônico mimetiza as experiências prévias do fumante, sem deixar de estigmatizar o cigarro comum.
> Lembram que no mundo ocorrem 6 milhões de óbitos por ano, por causa do fumo, e que as previsões para o século 21 não poderiam ser mais sombrias: um bilhão de mortes, predominantemente entre os mais pobres e menos instruídos.
> Defendem que a estratégia de reduzir, mesmo sem eliminar, o risco de morte associado ao cigarro, é um imperativo moral.
> Difícil não reconhecer que os dois lados apresentam argumentos consistentes. Minha opinião é de que os cigarros eletrônicos devem obedecer leis que os obriguem a passar por controle de qualidade, que proíbam fumá-los em bares, restaurantes, escritórios e outros espaços públicos fechados, e que vedem a publicidade pelos meios de comunicação de massa. Seria fundamental, ainda, proibir que os fabricantes adicionassem mentol, essências de morango, baunilha ou chocolate para torná-los mais palatáveis às crianças, prática criminosa que a Anvisa não consegue impedir que a indústria do fumo continue utilizando no cigarro comum.
> Na falta de melhor alternativa, o cigarro eletrônico pode ser uma forma menos maligna de lidar com a dependência de nicotina. Mas, é preciso criar com urgência uma legislação para lidar com ele.

Fonte: VARELLA, Dráuzio. "O cigarro eletrônico". *Folha de S.Paulo*. Ilustrada, 8 fev. 2014. (Site Drauzio Varella).

Sabendo que na literatura médica existem opiniões divergentes sobre o assunto, o autor do texto traz a opinião dos detratores e dos defensores do cigarro eletrônico em blocos bem marcados.

Do ponto de vista dos **detratores**, os argumentos indicados são:

1. A demonstração de que fumantes passivos correm mais risco de morrer por ataque cardíaco, derrame cerebral, câncer e doenças respiratórias deu origem à legislação que proibiu o fumo em lugares fechados, providência que beneficiou fumantes e abstêmios. Especialistas temem que esse esforço da sociedade seja perdido, quando os cigarros eletrônicos forem anunciados em larga escala pelos meios de comunicação.
2. Comerciais exibidos recentemente nas TVs americanas justificam a preocupação: "Finalmente, os fumantes têm uma alternativa real" ou "Somos todos adultos aqui. É tempo de tomarmos nossa liberdade de volta". Mensagens como essas não seduzirão as crianças, como aconteceu com as campanhas de cigarros anos atrás? Os Centers for Disease Control, nos Estados Unidos, revelaram que embora o consumo de cigarros comuns entre adolescentes americanos tenha caído, entre 2011 e 2012, o de eletrônicos duplicou.

3. Não existe padronização na quantidade de nicotina vaporizada pelas diferentes marcas de eletrônicos; nem controle de qualidade. Os testes mostram que alguns conseguem liberar o dobro ou o triplo de nicotina, em cada tragada.
4. Ainda não há comprovação científica de que o cigarro eletrônico substitua os convencionais. O uso concomitante pode levar ao consumo de doses exageradas de nicotina, eventualmente próximas de limites perigosos.

Por sua vez, os **defensores** do cigarro eletrônico indicam como argumentos:

1. Consideram que o cigarro eletrônico se enquadra nas chamadas estratégias de redução de riscos, semelhantes às de distribuição de seringas para usuários de drogas injetáveis, adotadas como medida de prevenção à Aids.
2. Há quem acredite que ao lado de outras formas de administrar nicotina sem utilizar combustão (chicletes, pastilhas e adesivos), os dispositivos eletrônicos têm potencial para se tornar um dos maiores avanços na história da saúde pública.

    Para eles, o vapor de nicotina inalado através do cigarro eletrônico mimetiza as experiências prévias do fumante, sem deixar de estigmatizar o cigarro comum.
3. Lembram que no mundo ocorrem 6 milhões de óbitos por ano, por causa do fumo, e que as previsões para o século 21 não poderiam ser mais sombrias: um bilhão de mortes, predominantemente entre os mais pobres e menos instruídos.

Defendem que a estratégia de reduzir, mesmo sem eliminar, o risco de morte associado ao cigarro, é um imperativo moral.

Após trazer para o seu texto opiniões favoráveis e desfavoráveis ao assunto, e afirmar "Difícil não reconhecer que os dois lados apresentam argumentos consistentes", o autor apresenta a sua opinião:

> Minha opinião é de que os cigarros eletrônicos devem obedecer leis que os obriguem a passar por controle de qualidade, que proíbam fumá-los em bares, restaurantes, escritórios e outros espaços públicos fechados, e que vedem a publicidade pelos meios de comunicação de massa.
>
> Seria fundamental, ainda, proibir que os fabricantes adicionassem mentol, essências de morango, baunilha ou chocolate para torná-los mais palatáveis às crianças, prática criminosa que a Anvisa não consegue impedir que a indústria do fumo continue utilizando no cigarro comum.
>
> Na falta de melhor alternativa, o cigarro eletrônico pode ser uma forma menos maligna de lidar com a dependência de nicotina. Mas, é preciso criar com urgência uma legislação para lidar com ele.

Esquematicamente, podemos representar assim a organização do texto e da argumentação:

Cigarro Eletrônico

Argumentos favoráveis	X	Argumentos contrários
1. Consideram que o cigarro eletrônico se enquadra nas chamadas estratégias de redução de riscos, semelhantes às de distribuição de seringas para usuários de drogas injetáveis, adotadas como medida de prevenção à Aids.		**1.** A demonstração de que fumantes passivos correm mais risco de morrer por ataque cardíaco, derrame cerebral, câncer e doenças respiratórias deu origem à legislação que proibiu o fumo em lugares fechados, providência que beneficiou fumantes e abstêmios. Especialistas temem que esse esforço da sociedade seja perdido, quando os cigarros eletrônicos forem anunciados em larga escala pelos meios de comunicação.
2. Há quem acredite que ao lado de outras formas de administrar nicotina sem utilizar combustão (chicletes, pastilhas e adesivos), os dispositivos eletrônicos têm potencial para se tornar um dos maiores avanços na história da saúde pública. Para eles, o vapor de nicotina inalado através do cigarro eletrônico mimetiza as experiências prévias do fumante, sem deixar de estigmatizar o cigarro comum.		**2.** Comerciais exibidos recentemente nas TVs americanas justificam a preocupação: "Finalmente, os fumantes têm uma alternativa real" ou "Somos todos adultos aqui. É tempo de tomarmos nossa liberdade de volta". Mensagens como essas não seduzirão as crianças, como aconteceu com as campanhas de cigarros anos atrás? Os Centers for Disease Control, nos Estados Unidos, revelaram que embora o consumo de cigarros comuns entre adolescentes americanos tenha caído, entre 2011 e 2012, o de eletrônicos duplicou.
3. Lembram que no mundo ocorrem 6 milhões de óbitos por ano, por causa do fumo, e que as previsões para o século 21 não poderiam ser mais sombrias: um bilhão de mortes, predominantemente entre os mais pobres e menos instruídos. Defendem que a estratégia de reduzir, mesmo sem eliminar, o risco de morte associado ao cigarro, é um imperativo moral.		**3.** Não existe padronização na quantidade de nicotina vaporizada pelas diferentes marcas de eletrônicos; nem controle de qualidade. Os testes mostram que alguns conseguem liberar o dobro ou o triplo de nicotina, em cada tragada.
		4. Ainda não há comprovação científica de que o cigarro eletrônico substitua os convencionais. O uso concomitante pode levar ao consumo de doses exageradas de nicotina, eventualmente próximas de limites perigosos.

TECENDO COMPARAÇÃO

Também podemos desenvolver a argumentação recorrendo à **comparação** para identificar pontos próximos ou distantes entre dois elementos e, com base nisso, manifestar a nossa posição sobre um assunto.

No texto que vamos ler em seguida, as ideias de Platão e Sartre sobre o amor são confrontadas no desenvolvimento da argumentação para a defesa da tese: **o homem tem ânsia de amar e o faz de diferentes maneiras, mas é incapaz de definir o que é o amor**. Vamos ao texto:

E*xemplo*

> Amor, substantivo abstrato
>
> Ama-se muito – a muitos. Se tão presente na sociedade, o amor se faz contraditoriamente incapturável. Ou, se capturado, faz-se indefinível. O homem tem ânsia de amar e o faz de diferentes maneiras. É, entretanto, incapaz de definir um conceito para esse sentimento. De onde vem o amor? Segundo Platão, da necessidade de se sentir completo – de encontrar a "alma gêmea", a "metade da laranja"; alguém predeterminado. Sob tal ponto de vista, amar não refletiria identidade – pouco importariam gostos, desejos e escolhas. Sartre, pensador existencialista, vai de encontro à ideia do amor platônico. Para ele, a existência humana precede sua essência e, assim, cada um é agente de sua própria identidade – não há predeterminações. E, se o homem constrói a si mesmo, o amor se torna muito menos palpável; presente, mas contraditoriamente incapturável ou indefinível, já que está condicionado à mutante identidade pessoal. Inconscientemente, o homem tende a aderir ao amor platônico, porque, assim, parece abdicar da responsabilidade de escolher e de arcar com as consequências de suas escolhas. Porém, ao fazê-lo, está sim escolhendo e terá de arcar com as consequências disso. Não há "alma gêmea". Buscá-la é "ir até o fundo do abismo da ausência de amor", de acordo com o que diz Houellebecq em "Manter-se vivo"; buscá-la é se negar a chance de escolher com base no que faz sentido para si. Na adolescência, passa-se a ter mais autonomia – as consequências dos atos são mais nítidas e as escolhas, mais constantes. A criança deixa de ser espelho dos pais para se tornar reflexo de suas escolhas. Assim, o amor na adolescência vai definir uma busca pela "metade da laranja", pela idealização, ou uma busca pela identidade pessoal. A primeira é um caminho sem volta – aparentemente mais fácil, mais palpável. A segunda é indefinível e incapturável – mas é muito mais sincera.

Fonte: E*lias*, João Marcelo da Silva. "Amor, substantivo abstrato". Escola Móbile, 2º ano ensino médio, nov. 2014.

Esquematicamente, podemos representar a organização do texto e da argumentação da seguinte forma:

Tese

O homem tem ânsia de amar e o faz de diferentes maneiras, mas é incapaz de definir o que é o amor.

Para Platão (argumento de autoridade 1)

O amor vem da necessidade de se sentir completo – de encontrar a "alma gêmea", a "metade da laranja"; alguém predeterminado. Sob tal ponto de vista, amar não refletiria identidade – pouco importariam gostos, desejos e escolhas.

X

Para Sartre (argumento de autoridade 2)

A existência humana precede sua essência e, assim, cada um é agente de sua própria identidade – não há predeterminações. E, se o homem constrói a si mesmo, o amor se torna muito menos palpável; presente, mas contraditoriamente incapturável ou indefinível, já que está condicionado à mutante identidade pessoal.

RECORRENDO À EXEMPLIFICAÇÃO

A enumeração de exemplos pode servir para provar uma posição ou opinião pessoal. Trata-se de uma estratégia argumentativa de caráter didático que muito pode contribuir **para a defesa de uma tese**.

Exemplo

> Amores paulistanos
>
> "Apaixonar-se vendo o mar tem outro sabor." Isso me escreveu – ainda na era das cartas – uma amiga carioca, que me matou de inveja ao detalhar-me o encontro dela, adolescente, com um moço também adolescente em pleno Arpoador.
> "Será que São Paulo não serve para o amor?", pensava eu em pleno 875 C Santa Cruz, ônibus que me levava de casa ao clube.
> Minha inveja desabou quando um querido amigo contou-me da sua paixão iniciada em um ponto de ônibus. Todo dia à uma da tarde ele saía da escola para o trabalho. E a moça estava lá. Ele ia para Pinheiros e ela para Vila Mariana. Até os respectivos ônibus passarem, eles engatavam uma conversa rápida. Mas um dia desistiram de Pinheiros e da Vila Mariana e foram tomar um sorvete. E assim começou o primeiro amor da vida dele.

▷ E para seguirmos nos meios de transporte, conto de outro amigo que ficou tão impressionado com uma moça que viu no metrô Sumaré, que teve certeza de que encontrara a mulher da vida dele. Branquinha quase pálida, de cabelos negros e olhos perdidos pela janela. Quando ele ainda estava tomando coragem para puxar conversa, ela saltou na Consolação e ele seguiu desolado ao Paraíso. Uma vez por semana ele refaz a linha exatamente na mesma hora para tentar encontrá-la. Quem sabe?
E ainda temos os amores de resgate. Já vivendo em Salvador, testemunhei uma história clichê: ela apaixonou-se por um folião que conheceu em pleno ensaio do Olodum. Ela morava lá. Ele aqui. Amor a distância não dá certo e ela queria mesmo uma boa desculpa para voltar a morar em São Paulo, já que estava morrendo de saudades do frio no inverno. Está aqui até hoje.
Há vários clássicos de faculdade, mas nenhum supera o meu amigo reincidente. Ele se apaixonou em uma sala de aula comprida e estreita no primeiro ano da graduação de uma unidade da USP. Namorou. Casou. Separou. Muitos anos depois, na mesmíssima sala, agora pós-graduando, apaixonou-se de novo. Namorou. Casou. Permanece.
E como paulistano depois dos 30 anos começa a ficar vaidoso, meu outro amigo foi fazer ginástica para perder a barriga. Se ele foi bem-sucedido no intuito eu não sei, mas logo sua treinadora ganhou uma barriguinha, que virou barrigão e que virou um bebezão.
Com tantas inspirações ao meu redor, não foi à toa que ao pensar em um cenário para Jussara e Francisco – os personagens do meu romance *Sujeito oculto e demais graças do amor*, me veio o centro, a escadaria da Sé, onde São Paulo é tão cruamente São Paulo. Foi lá que, de certa forma, tudo começou para eles.
São Paulo é, sim, um ótimo ambiente para cultivar o amor. Apaixonar-se no Arpoador é fácil, difícil é cair de amores em plena avenida Paulista. E como diz aquela amiga que voltou para cá: "O amor que resiste em São Paulo supera tudo."
E nem eu escapei do clichê: depois de algumas histórias que começaram em carros – e olhe que gosto mesmo é de bicicleta – foi em um restaurante japonês que vi a minha sorte mudar.

Fonte: PINSKY, Luciana. "Amores paulistanos". *Revista da Folha*, 14 jun. 2009. Disponível em: <http://www1.folha.uol.com.br/revista/rf1406200906.htm>. Acesso em: 27 nov. 2015.

Esquematicamente, podemos representar assim a organização do texto e da argumentação:

Tese:
São Paulo é, sim, um ótimo ambiente para cultivar o amor.

Exemplo 1: amores que começam em ponto de ônibus
... um querido amigo contou-me da sua paixão iniciada em um ponto de ônibus. Todo dia à uma da tarde ele saía da escola para o trabalho. E a moça estava lá. Ele ia para Pinheiros e ela para Vila Mariana. Até os respectivos ônibus passarem, eles engatavam uma conversa rápida. Mas um dia desistiram de Pinheiros e da Vila Mariana e foram tomar um sorvete. E assim começou o primeiro amor da vida dele.

Exemplo 2: amores que começam em metrô
... outro amigo que ficou tão impressionado com uma moça que viu no metrô Sumaré, que teve certeza que encontrara a mulher da vida dele. Branquinha quase pálida, de cabelos negros e olhos perdidos pela janela. Quando ele ainda estava tomando coragem para puxar conversa, ela saltou na Consolação e ele seguiu desolado ao Paraíso. Uma vez por semana ele refaz a linha exatamente na mesma hora para tentar encontrá-la. Quem sabe?

Exemplo 3: amores de resgate
Já vivendo em Salvador, testemunhei uma história clichê: ela apaixonou-se por um folião que conheceu em pleno ensaio do Olodum. Ela morava lá. Ele aqui. Amor a distância não dá certo e ela queria mesmo uma boa desculpa para voltar a morar em São Paulo, já que estava morrendo de saudades do frio no inverno. Está aqui até hoje.

Exemplo 4: amores que começam na faculdade
... o meu amigo reincidente. Ele se apaixonou em uma sala de aula comprida e estreita no primeiro ano da graduação de uma unidade da USP. Namorou. Casou. Separou. Muitos anos depois, na mesmíssima sala, agora pós-graduando, apaixonou-se de novo. Namorou. Casou. Permanece.

Exemplo 5: amores que começam na academia
E como paulistano depois dos 30 anos começa a ficar vaidoso, meu outro amigo foi fazer ginástica para perder a barriga. Se ele foi bem-sucedido no intuito eu não sei, mas logo sua treinadora ganhou uma barriguinha, que virou barrigão e que virou um bebezão.

Exemplo 6: amores que começam em restaurantes
E nem eu escapei do clichê: depois de algumas histórias que começaram em carros – e olhe que gosto mesmo é de bicicleta – foi em um restaurante japonês que vi a minha sorte mudar.

RESUMINDO

O objetivo deste capítulo, como destacamos, foi apresentar algumas estratégias para o desenvolvimento da argumentação.

É, pois, sempre pensando no leitor e no que pretendemos que organizamos o texto recorrendo a estratégias como:

- perguntar – responder;
- situar o problema - apontar solução;
- apresentar argumentos favoráveis e contrários para a tomada de posição sobre um assunto polêmico;
- apontar semelhanças e diferenças na constituição de um quadro comparativo analítico-crítico;
- exemplificar.

PROPOSTAS DE ATIVIDADE

Atividade 1

Que razões há para amar São Paulo? Leia o texto e conheça uma das dez razões apontadas pelo autor:

> 10 razões para amar São Paulo
> [...]
> Cada vida é uma vida, cada louco com sua mania. Eu amo São Paulo. Dez motivos para morar aqui? Lá vai:
> 1. É a única metrópole brasileira, a maior, mais dinâmica, multirracial, étnica e cosmopolita de nossas cidades. Nas palavras do jornalista norte-americano Seth Kugel, publicadas em seu blog, no "New York Times": "É uma cidade culturalmente sofisticada, energicamente pulsante, espetacularmente sociável, com surpresas sem fim e grande potencial borbulhando sob sua superfície mal-arrumada".
> [...]

Fonte: TEIXEIRA, Marco Antônio C. "10 razões para amar São Paulo". *Folha de S.Paulo*, Especial, 25 jan. 2013.

1. E se dirigíssemos a pergunta a você, o que responderia? **Que razões você indicaria para amar a sua cidade?** Configure a sua resposta na forma de um artigo para um jornal ou revista; um post para o seu blog; um anúncio para incentivar o turismo ou um convite para um amigo conhecer a cidade.

2. Antes, porém, planeje o seu texto. Com esse objetivo, tire proveito do esquema elaborado na questão 1 desta atividade. Para isso, siga as seguintes orientações:
   a) indique na forma de tópico *suas* razões;
   b) apresente a explicação para cada um dos motivos listados. Se, para cada um desses motivos, você compuser um parágrafo, verá que um a um, por sua vez e a seu tempo, ganhará a atenção do leitor, e suas chances de convencê-lo pela argumentação assim constituída aumentam.

Atividade 2

Leia a seguir o depoimento de um alemão sobre a sua experiência de andar de bicicleta na cidade de São Paulo:

Na Alemanha, ciclistas não são tratados como extraterrestres

Neste momento me parece claro: é loucura andar de bicicleta em São Paulo. Estou na avenida Brasil, os carros estão me empurrando para o meio-fio, um ônibus quase me toca. É perigoso.

Em Berlim, onde moro, quase sempre vou aos lugares de bicicleta e, na maioria das vezes, chego mais rápido do que se fosse de transporte público, de táxi ou de carro. Tentei fazer o mesmo aqui. [...]

As ciclovias têm uma desvantagem: com elas, o resto das ruas parece proibido para o ciclista. No território dos automóveis, intrusos são tratados sem misericórdia.

Na Alemanha nem tudo é perfeito, mas há uma diferença importante: lá, os ciclistas não são extraterrestres, mas usuários normais das ruas. Eles têm de ser respeitados. Pode ser que aqui os ciclistas também tenham direitos em alguma lei – só que na rua você não vê nada disso.

Ao chegar à avenida Paulista, por fim, sinto que é impossível pedalar ali. Então, vou pela ciclovia no canteiro central [...].

No coração da metrópole, apesar de ser preciso tomar cuidado com os carros que vêm das transversais, é lindo ir de bicicleta com mais segurança ao longo da avenida, admirando os arranha-céus.

Para que seja assim em toda a cidade, são necessárias não somente melhorias na infraestrutura, como mudanças na cultura da população.

Fonte: Erb, Sebastian. *Folha de S.Paulo*. Cotidiano, 28 jun. 2015.

1. Como você representaria graficamente o quadro comparativo constitutivo do desenvolvimento do texto e de sua argumentação?

2. Produza uma argumentação com base no modelo comparativo. Pense em filmes ou shows a que assistiu, ou em experiências que teve (como a que motivou o relato da questão anterior) ou, ainda, em livros que leu, de que gostou muito e por isso devem ser não só curtidos como também compartilhados.

Veja como, no texto que você vai ler em seguida, o historiador Jaime Pinsky compara dois livros e compartilha conosco as duas leituras. Depois disso, planeje o seu texto na forma de um depoimento para publicar no seu blog ou em um jornal da escola e desenvolva o seu texto argumentativo com base na estratégia de comparação.

Buscando o sentido das coisas

Para um amante incorrigível de livros, viciado mesmo, terminar uma leitura de uma obra de qualidade provoca sensações contraditórias de satisfação e ansiedade. Afinal, acabado o livro, como sobreviver sem aquele companheiro capaz de transformar horas de espera em alegres momentos? Será que conseguiremos outro tão bom quanto este? Emplacar dois livros bons, em sequência, é um feito que pode ser comemorado e deve ser compartilhado. Farei isso.

O primeiro deles é a biografia de um dos grandes pintores do século XX, Marc Chagall, escrito por Jackie Wullschlager, responsável pela crítica de arte do jornal *Financial Times*, de Londres (Chagall, Editora Globo, 735 páginas). Dito isso, poderia parecer que se trata apenas de uma biografia artística, mas é muito mais. A parte histórica, imbricada com a vida do pintor, começa a oferecer um cuidadoso e afetivo panorama da Rússia pré-revolucionária, a partir da cidade de Vitebsk, onde nasceu Chagall. Vitebsk era um *shtetl*, uma cidade da Europa Oriental com forte presença judaica. De um lado, o universo ortodoxo dentro do qual os judeus viviam funcionava como força centrípeta, atuava no sentido da preservação de valores e práticas sociais do grupo; por outro lado, o ambiente de fim de festa característico dos últimos anos do czarismo (Chagall nasceu em 1887) agia como força centrífuga, propiciava uma sensação de mudança a ponto de provocar conflitos com a geração dos mais velhos, mais conservadores. Essa oscilação, essa sensação de pertencer a um grupo restrito, de um lado, mas ao mundo todo, de outro (tão bem percebida por Isaac Deuscher em seu magnífico ensaio *O judeu não judeu*) irá acompanhar Chagall em toda sua vida e toda sua pintura. Mesmo morando em São Petersburgo, em Berlim, em Paris, nos Estados Unidos e depois no sul da França, Chagall tinha raízes tão profundamente plantadas em Vitebsk que a cidade de sua infância continuou presente em seus quadros, painéis e vitrais pelo resto da vida.

▷ A autora respeita e se envolve com o biografado – o que era de se imaginar –, mas não o faz como biógrafos menores que perdem a real dimensão do seu objeto de pesquisa, exagerando sua importância. Denuncia a perda de qualidade em determinados períodos, acomodação em outros, autoplágio em terceiros. Não perdoa sequer pequenas falhas, tanto de Chagall como de seus familiares, criando um painel de profunda riqueza psicológica. E, embora não centralize sua análise na política, mostra, por meio de histórias de vida, o massacre cultural e físico perpetrado por Stalin contra artistas e intelectuais a quem o provinciano líder gregoriano invejava e temia, por não alcançar compreendê-los. O "realismo socialista", forma óbvia e grosseira de fazer arte, teve a duvidosa honra de impedir o desenvolvimento artístico de toda uma geração dentro da União Soviética. Com prisões, torturas e *gulags*, o stalinismo embotava a criatividade e condenou à diáspora muitos dos melhores e mais sensíveis artistas russos, incluindo Chagall.

O outro livro é um produto editorial bem diferente, embora com surpreendentes semelhanças no conteúdo. Enquanto o primeiro tem uma produção esmerada, plena de ilustrações, o segundo é uma edição formalmente modesta, publicado pela Expressão Popular, e tem como título apenas a letra K. O autor, Bernardo Kucinski, jornalista e professor da USP, participou do governo Lula e teve uma irmã "desaparecida" no regime militar.

O personagem principal, que dá título ao livro, é o pai de Bernardo. O enredo é sua luta em compreender o que poderia ter acontecido com Ana Rosa, filha de K e irmã de Bernardo. O autor imprime ao personagem um ar de incompreensão com relação ao mundo que o cerca. K é uma figura kafkiana (e isso é intencional na trama) procurando, antes, saber o que aconteceu, depois por que aquilo aconteceu. Sem sucesso. Importante escritor da língua iídiche (a mesma com a qual Chagall tinha sido educado na sua Vitebsk), K se refugia no seu mundo de ficção e não enxerga o que acontece no Brasil real, nem com sua filha. O seu espanto se confunde com o espanto dos leitores, o seu choque é o nosso choque com as torturas, a violência e o assassinatos perpetrados por um Estado que nunca recebeu do povo (em nome do qual supostamente exerce o poder) o direito de matar.

Dois livros tão diferentes e tão parecidos.

Fonte: PINSKY, Jaime. *Por que gostamos de história*. São Paulo: Contexto, 2013, p. 71.

ATIVIDADE 3

O texto a seguir apresenta quatro grandes males no mundo atual. Quer saber quais são? À leitura, então!!

> **Grandes males**
>
> Há cada vez mais vozes – o giro mundial do ex-vice presidente americano Al Gore é só um exemplo – a nos advertir de que precisamos agir imediatamente se queremos salvar nosso precioso planeta. Os perigos que ameaçam a Terra em virtude da ação humana são inumeráveis, mas destacaremos alguns dos mais importantes:
> **Aquecimento global.** A emissão de fumaça, o uso de combustíveis fósseis (como o carvão, o petróleo e o gás natural) e o desmatamento (o desaparecimento de florestas devido à derrubada de árvores realizada pelo homem) têm elevado a temperatura da Terra. Esse fenômeno está provocando o derretimento de grandes massas de gelo nos polos, o que levará à elevação do nível do mar, ocasionando grandes catástrofes, sem falar da desertificação de boa parte do planeta.
> **Contaminação.** Os resíduos que produzimos em quantidade cada vez maior não apenas lotam centenas de milhares de depósitos de lixo até o limite de suas capacidades, como também estão transformando nossos mares em um grande lixão. Por sua vez, o ar que respiramos nas cidades causa cada vez mais problemas de saúde.
> **Superpopulação.** O número de habitantes na Terra e suas necessidades não podem crescer ilimitadamente em um mundo limitado. A pressão que a população mundial exerce sobre os recursos naturais poderá tornar-se insustentável se não se tomarem medidas para conter o crescimento demográfico.
> **Perda de biodiversidade.** A cada dia que passa, dezenas de espécies animais são perdidas para sempre. Para garantir o equilíbrio deste planeta, os seres dependem de todos, é preciso conservar a riqueza da Terra e, portanto, proteger as espécies ameaçadas.

Fonte: DESPEYROUX, Denise; MIRALLES, Francesc. *Sem medo de pensar*: breve passeio pela história das ideias. São Paulo: Martins Fontes, 2011.

Preocupante, não? Então, que soluções você apresentaria para cada um desses problemas? Antes, procure se informar a respeito por meio de leituras e conversas com professores ou estudiosos do assunto. Depois, dê continuidade ao texto apresentando soluções para os problemas e articulando bem na escrita essas duas partes.

8
Estratégias para concluir uma argumentação

Quando começamos um texto, nos perguntamos: e agora, por onde começar? Para finalizar um texto, é a mesma coisa: como fazê-lo?

Pensemos na seguinte história:

> [...] dois homens discutem numa biblioteca. Um deles quer a janela aberta e o outro a quer fechada. E ficam ambos a espicaçar-se acerca de quanto abri-la: uma fresta, metade ou três-quartos. Nenhuma solução satisfaz aos dois. Entra a bibliotecária. Ela pergunta a um dos homens por que ele quer que a janela fique aberta: "Para que entre algum ar fresco". Ela pergunta ao outro por que a quer fechada. "Para evitar a corrente de ar." Depois de pensar por um minuto, a moça abre inteiramente a janela de um aposento ao lado, deixando entrar ar fresco sem correnteza.

Fonte: FISHER, Roger; URY, Willian; PATTON, Bruce. *Como chegar ao sim*. Rio de Janeiro: Imago, 1994, p. 58.

É uma história que nos faz pensar na argumentação: o problema, a posição de um, a posição de outro, o conflito, a negociação, a solução. Qual o desafio? Levar em conta a posição dos outros, conciliar interesses, apresentar uma saída. Negociar, ou melhor, argumentar faz parte de nossa vida, ainda que nem paremos para pensar nisso! E como vimos na historinha, um momento importante do processo argumentativo é o desfecho, a conclusão.

Há algumas estratégias a que podemos recorrer para produzir essa etapa final do texto. Vamos apresentar algumas delas.

ELABORANDO UMA SÍNTESE

Exemplo 1

> Fortaleza expugnada
>
> Clichê. Meu dicionário Houaiss eletrônico define o termo como "frase frequentemente rebuscada que se banaliza por ser muito repetida; lugar-comum, chavão". A maioria das gramáticas escolares nos manda fugir de clichês como o diabo foge da cruz. Mas será que é isso mesmo?
> Receio que a questão seja mais complexa, e os clichês, muito mais interessantes do que sugerem dicionários e gramáticas. A melhor evidência disso vem dos programas de computador que tentam traduzir línguas naturais. Eles sempre foram muito ruins e continuam deixando a desejar, mas é forçoso reconhecer que melhoraram bastante nos últimos anos, depois que sucessivos fracassos levaram os programadores a mudar sua estratégia.
> [...]
> **E o fato de esses programas estatísticos funcionarem razoavelmente bem revela que o ser humano é muito mais previsível do que gostamos de supor. Até mesmo aquilo que dizemos, e que deveria ser o ponto inexpugnável da criatividade individual, é uma área densamente habitada por clichês e repetições.**

Fonte: SCHWARTSMAN, Helio. "Fortaleza expugnada". *Folha de S.Paulo*. Opinião, 22 fev. 2015, A2.

No artigo de opinião, o autor começa a argumentação apresentando um questionamento sobre a forma como dicionários e gramáticas veem os clichês. Para fundamentar a sua suspeita de que a compreensão dos clichês vai além do que explicam esses materiais, faz alusão às ideias de Claude Shannon e aos programas de computador (o texto na íntegra pode ser lido na internet), para, finalmente, estabelecendo o gancho com a introdução, concluir:

> E o fato de esses programas estatísticos funcionarem razoavelmente bem revela que o ser humano é muito mais previsível do que gostamos de supor. Até mesmo aquilo que dizemos, e que deveria ser o ponto inexpugnável da criatividade individual, é uma área densamente habitada por clichês e repetições.

Na conclusão, observamos operadores argumentativos que assinalam a orientação argumentativa do enunciado que introduzem. É o caso dos operadores **e**, que soma argumentos a favor de uma mesma conclusão, e **até mesmo**, que indica o argumento mais forte de uma escala.

Exemplo 2

> **O acordo, enfim**
>
> Ao final de 20 meses de negociações, Irã, Estados Unidos, Rússia, China, Reino Unido, França e Alemanha anunciaram nesta terça-feira (14) um acordo para limitar o programa nuclear persa. O acontecimento histórico pode enfim desarmar um impasse internacional que se arrasta há duas décadas.
> [...]
> **Embora ainda precise passar pelo teste da realidade, o acordo – assinado por todos os países do Conselho de Segurança da ONU e pela Alemanha – cria possibilidades de controle do programa nuclear iraniano e representa óbvio avanço em uma região já conflagrada.**
> **Seus signatários deram um passo importante para superar um impasse que já durou tempo demais.**

Fonte: EDITORIAL. "O acordo, enfim". *Folha de S.Paulo*. Opinião, 15 jul. 2015, A2.

Observamos que há conexão entre a síntese elaborada e a introdução do texto que situa o leitor sobre o tema *o acordo para limitar o programa nuclear iraniano* e a posição do autor sobre o assunto.

Destaca-se no começo da conclusão o uso do operador argumentativo **embora**, pois anuncia de antemão que o argumento que introduz *o acordo ainda precisa passar pelo teste da realidade* vai ser anulado, não será suficiente para modificar a conclusão "o acordo [...] cria possibilidades de controle do programa nuclear iraniano e representa óbvio avanço em uma região já conflagrada".

Exemplo 3

> **Tiranos, tremei**
>
> A África, continente em que democracia e respeito aos direitos humanos são bens escassos, está dando um grande exemplo ao mundo ao julgar Hissène Habré.
> Trata-se do ditador do Chade no período 1982/1990, acusado, com abundantes depoimentos e provas, da morte de cerca de 40 mil pessoas e de torturas em 200 mil.
> Já seria todo um acontecimento o simples fato de um ditador ser levado a julgamento, quando a norma é vê-los livres, leves e soltos por aí, no máximo em exílio dourado.
> Mas o caso Habré ganha importância mundial por se tratar do primeiro julgamento de uma personalidade de um país em outra nação – no caso, o Senegal.
> [...]
> **É de esperar que o julgamento de Habré seja igualmente "exemplar", mas no bom sentido, para todos os ditadores – inclusive os da América Latina, em geral impunes.**

Fonte: ROSSI, Clóvis. "Tiranos, tremei". *Folha de S.Paulo*. Mundo, 23 jul. 2015, A10.

Na conclusão, notamos que a síntese retoma o acontecimento descrito na introdução, acrescentando o que disso é esperado em termos de perspectivas futuras: *que o julgamento de um ditador na África sirva de exemplo a todos os ditadores.*

Nessa etapa final, têm papel marcante na argumentação os operadores **mas** e **inclusive**. Este indica o argumento mais forte de uma escala a favor da conclusão: *todos os ditadores devem ser julgados.*

Quanto ao **mas**, nesse contexto de uso, exprime implicitamente um movimento psicológico entre opiniões e desejos orientados em sentidos contrários: trata-se de uma medida que, por suas qualidades, deve servir de modelo e ser aplicada para a punição de todos os ditadores e não se constituir em um caso único e isolado, para inglês ver.

FINALIZANDO COM SOLUÇÃO PARA UM PROBLEMA

O texto a seguir se desenvolve em torno do tema racismo, mais especificamente no futebol. Começa citando casos e casos que tiveram repercussão na imprensa dentro e fora do Brasil para mostrar que o problema não reside em um fator isolado aqui e ali, mas é sério e merecedor de atenção. No desfecho, apresenta uma clara e objetiva maneira de resolver a questão.

Exemplo 1

> Fim da infâmia
>
> Não há esporte mais democrático do que o futebol. Todos os clubes possuem jogadores de diferentes idades, nacionalidades, origens sociais, níveis culturais – e etnias. Donde não tem sentido insultar um adversário negro. O clube de quem faz isto também deve ter jogadores negros. E, entre seus torcedores, idem, haverá negros.
> [...]
> **Uma forma de acabar com tal infâmia seria o alto-falante anunciar, logo às primeiras macaquices, que, se aquilo continuar, o jogo será encerrado com a vitória do time do jogador humilhado. Mesmo que esteja 10 x 0 para o dos que humilham.**

Fonte: Castro, Ruy. "Fim da infâmia". *Folha de S.Paulo.* Opinião, 21 fev. 2014.

Nos textos que compõem os exemplos 2 e 3, a conclusão também é composta na forma de solução (soluções) para o problema descrito na introdução. Vejamos:

Exemplo 2

O Atlas da saúde mental da OMS

Quase uma em cada dez pessoas, em todos os países, apresenta transtornos da saúde mental, segundo a Organização Mundial da Saúde. Entretanto, somente 1% dos profissionais da saúde atua na atenção a este delicado tema.
[...] a OMS **elaborou um plano de ação aos seus países-membros, para ser desenvolvido nos próximos cinco anos.**
Entre as propostas, uma delas seria aumentar em 20% a cobertura dos serviços especializados em desordens mentais severas, incentivar a promoção e prevenção da saúde mental e reduzir em 10% a taxa de suicídio, atualmente na média de 11,4 para cada 100 mil pessoas.

Fonte: ABRAMCZYK, Julio. "O Atlas da saúde mental da OMS". *Folha de S.Paulo*. Saúde + Ciência, 18 jul. 2015.

Exemplo 3

A vencedora é a barata

Você deve ter se dado conta de uma invasão de baratas. Elas estão em todas as esquinas, parecem querer conquistar todos os espaços da cidade; algumas até parecem correr em sua direção enquanto você caminha calmamente na calçada. [...]
Nos últimos dias ela parece ter se tornado ainda mais faceira, mais confiante. E começou a sair de casa ao final do dia, se aventurar para tentar conquistar o mundo.
Há na cidade uma infestação de uma espécie conhecida pelo apelido "barata de esgoto", mas que tem nome e sobrenome: Periplaneta americana. [...]
[...]
Se quiséssemos eliminá-las, precisaríamos de atitudes bem diferentes: limpeza e higienização domiciliar, instalação de veda ralos, caixas de gordura bem vedadas, evitar acúmulo de matérias na garagem, no porão, no telhado e no quintal. Até as caixas de papelão podem ter ootecas, as tais bolas que elas carregam na barriga, cheias de ovos.
[...]
Um alerta a mais: as baratas ficam em esgotos e bueiros e levam consigo para fora desses esconderijos montes de micróbios. "A Periplaneta americana é um importante vetor mecânico de doenças, carregando aderidos ao seu corpo muitos patógenos."
É por isso fundamental cuidar para que elas não tenham facilidades para se multiplicar. A bola está com vocês: limpar a casa, não jogar lixo na rua e ficar sempre atento. Boa sorte. Se não, como diria Machado de Assis: "Ao vencedor, as baratas".

Fonte: SERVA, Leão. "A vencedora é a barata". *Folha de S.Paulo*. Cotidiano, 27 out. 2014, C2.

FINALIZANDO COM REMISSÃO A TEXTOS

Um expediente que revela erudição e elegância é fazer citação a textos ou a seus autores, sob a forma de citação direta ou indireta. Trata-se de uma estratégia que também é usada na conclusão e que causa boa impressão no leitor, no mínimo.

Exemplo 1

> **Traumas herdados**
>
> O determinismo genético, a crença de que todas as características do organismo são ditadas pelo código do DNA, sofreu um golpe. Estudo com filhos de sobreviventes do Holocausto mostrou que marcas de vivências traumáticas passaram à geração seguinte sem interferência de sequências genéticas.
> [...]
> **Não estamos diante de uma mudança de paradigma científico, como diria Thomas Kuhn, mas da descoberta de mais complexidade num fenômeno que a imagem popular da genética acredita ser simples e unidirecional – genes fazem proteínas que determinam todas as características do organismo.**
> **É um pouco mais complicado do que isso.**

Fonte: EDITORIAL. "Traumas herdados". *Folha de S.Paulo*. Opinião, 29 ago. 2015, A2.

Exemplo 2

> **O triunfo dos porcos**
>
> 1. Todos os domingos, presto homenagem ao mundo lusófono. Como? Fazendo um churrasco aqui na Inglaterra, embora os meus vizinhos talvez não apreciem o gesto. Por causa do cheiro?
> Não. Por causa das carnes. Os meus vizinhos são a Oxford University Press, que pelo visto tem problemas com "porcos", "salsichas" e outros produtos associados.
> Em recomendação editorial aos seus autores, e sobretudo aos escritores de histórias infantis, a vetusta Oxford University Press aconselha que tais palavras sejam evitadas para não ofenderem muçulmanos e, vá lá, judeus. Segundo a empresa, os livros são vendidos em mais de 200 países. É preciso ter "sensibilidade" para respeitar a "sensibilidade" de culturas diferentes. Eu, por mim, concordo e prometo moderar as minhas gulas suínas. Só não entendo por que motivo a editora se limita ao inocente porco. Em nome de uma agenda verdadeiramente multiculturalista, o pessoal da Oxford University Press deveria apagar dos seus livros tudo aquilo que ofende alguém, algures, em qualquer religião ou sociedade.
> [...]
> **Razão tinha George Orwell, quando dizia que a tirania dos homens começa com a tirania das palavras. Sim, Orwell, aquele escritor que imaginou o mundo em que vivemos: um mundo dominado por porcos, por mais que isso custe à Oxford University Press.**

Fonte: COUTINHO, João Pereira. "O triunfo dos porcos". *Folha de S.Paulo*, 3 fev. 2015.

Exemplo 3

> **O "Silêncio dos Inocentes" não é clássico por acaso**
>
> O que torna um filme um clássico? No projeto bem-sucedido Clássicos Cinemark, a programação combina títulos com unânime valor histórico aos que exalam perfume nostálgico. Mas não basta apenas vir do passado para se tornar um clássico. É preciso não ter ficado datado, como demonstra "O Silêncio dos Inocentes". [...]
> **Esse estreito intervalo entre o "normal" e o "patológico", "O Silêncio dos Inocentes" liberta nossos monstros, nos faz oscilar entre a Chapeuzinho Vermelho e o Lobo Mau. Não por acaso se tornou um clássico.**

Fonte CARLOS, Starling Cássio. "O 'Silêncio dos Inocentes' não é clássico por acaso". *Folha de S.Paulo*. Acontece, 4 jul. 2015.

Exemplo 4

> **Por que você vai sair com esse cara?**
>
> Um dia um amigo me perguntou "escuta, mas por que você vai sair com esse cara?" e eu respondi "ué? precisa ter razão pra isso?" e ele retrucou "precisar não precisa... Mas se você parar pra pensar, sempre tem uma razão".
> E comecei a pensar nisso.
> "Sempre tem uma razão."
> Acho que tem mesmo. Deve ser por isso que aceitamos alguns convites de cara, outros depois de alguma insistência, outros nem que a vaca tussa. Talvez por isso, às vezes, a novela que a gente nem assiste seja uma bela desculpa pra não sair e outras vezes seja tão fácil sair às 23hs, sabendo que no dia seguinte nos levantamos às 6hs.
> Mas sabemos que a explicação para sair ou não sair com uma pessoa não é muito simples nem muito racional. Sair, simplesmente sair. Sem perspectivas, sem contratos, sem promessas. Por que às vezes sim? Por que às vezes não?
> [...]
> **No fim das contas, acho que não tem muita explicação, nem muito sentido. E acho que não tem que ter mesmo.**
> **Mas o fato é que todo mundo sempre tem algo incrível aos olhos de quem vê, simples assim. Não tem desculpa: a gente sempre é interessante para alguém, por mais porcaria que a gente possa se achar.**
> **Como Eduardo e Mônica, encantados pela tinta no cabelo ou pelo futebol de botão com seu avô.**
> **"E quem um dia irá dizer que existe razão nas coisas feitas pelo coração?**
> **E quem irá dizer que não existe razão?"**

Fonte: MANUS, Ruth. "Por que você vai sair com esse cara?". *O Estado de S. Paulo*, 16 jul. 2014. Disponível em: <http://blogs.estadao.com.br/ruth-manus/por-que-voce-vai-sair-com-esse-cara/>. Acesso em: 17 jul. 2014.

FAZENDO UMA PERGUNTA RETÓRICA

No texto que vamos ler agora, para que serve a pergunta final?

Exemplo

> Tomo um café sentado a uma mesa de bar. O calor é forte, mas o sol já descansa e a noite vai nascendo. Um radinho, postado no balcão, sintoniza uma animada discussão sobre a importância de uma alimentação balanceada e da prática esportiva para que se tenha boa qualidade de vida.
> Ora, caro leitor, concordo com os radialistas – em partes. Sou sedentário, talvez esteja um pouco acima do peso. Como bom jornalista, raramente deixo a redação em busca de uma salada – contento-me com o rápido "x-tudo" da lanchonete. E estou muito bem, obrigado. Admito, porém, que ao me olhar no espelho, já desejei ter uns quilinhos a menos. Ser exemplo de pessoa saudável, modelo de academia.
> Peço, então, outro café. Enquanto bebo, distraio-me com um casal de jovens correndo pela calçada. Magros e fortes, são o retrato da saúde. Mas acredite, não os invejo.
> **O que é qualidade de vida? Chego à conclusão de que, para mim, é o jornal, a família, os amigos. O café no fim da tarde, por que não? Tudo muito simples, mas também especial, já que é sincero, verdadeiro.**
> Sei que não sou – estou longe de ser – o cara mais saudável do mundo. Mas sou, certamente, um homem feliz. Há melhor qualidade de vida?

Fonte: ELIAS, João Marcelo. Atividade escolar, 2º ano. São Paulo: Colégio Móbile, 2014.

Notamos que no texto há sequências narrativas e descritivas na argumentação desenvolvida pelo autor sobre o que é qualidade de vida. A pergunta é explicitada e respondida na conclusão que se encerra com outra pergunta que não exige resposta alguma, pois apenas serve à confirmação da resposta já dada. É um final que, por encerrar uma pergunta ainda que sem a necessidade de resposta, reforça a posição defendida e motiva o envolvimento do leitor.

Chama a atenção na conclusão o uso:

i) do operador argumentativo **mas** para expressar argumentos que apontam para conclusões opostas: <u>ser mais saudável</u> aponta para a conclusão <u>ser feliz</u>; <u>não ser mais saudável</u> aponta para a conclusão <u>não ser feliz</u>. O **mas** "frustra" essa expectativa: é possível ser feliz sem ser mais saudável.

ii) do articulador textual **certamente** que assinala o grau de certeza com relação ao que foi enunciado.

RESUMINDO

Neste capítulo, apresentamos algumas estratégias para orientar o fechamento de uma argumentação.

Vimos que, dependendo do projeto de dizer e, nesse sentido, de como a introdução e o desenvolvimento do texto foram desenvolvidos, a conclusão pode se apresentar na forma de síntese, solução para um problema, remissão a textos ou de uma pergunta retórica.

É claro que existem muitas outras estratégias. Deixamos a sugestão para você ampliar esse estudo.

PROPOSTAS DE ATIVIDADE

Atividade 1

Quem é o maior no futebol? Pelé ou Maradona? Quer um exemplo de como foi desenvolvida e concluída a argumentação em torno desse assunto? Leia o texto:

Brasil ou Argentina? Pelé ou Maradona?

Dizem os mais velhos que nos anos quarenta se não tivesse acontecido a 2ª Guerra Mundial, a Argentina teria sido campeã mundial em 1942 e 1946...
Teria, teria... Se é uma palavra inútil. Em 1950 se não houvesse o Maracanazo com Ghiggia e companhia... Mas vamos ao que interessa: em 1958, tínhamos o Pelé com 17 anos já encantando o mundo. Surgia ali o eterno rei do futebol. Depois ele seria campeão em 62 e 70.
É, mas em 62, quem se destacou foi o Garrincha, o Pelé jogou somente 2 jogos. O Maradona poderia ter jogado em 78, com 18 anos, já era um craque. O Menotti não o convocou, não sei por quê.
Você tem coragem de se gabar desta copa? Seus milicos compraram o time do Peru, para passarem para a final, e depois quase perderam da Holanda.
Quase, mas não perdemos. A nossa seleção tem garra, joga como se fosse uma luta, enquanto a de vocês...
A nossa joga por música, como a de 1982 que perdeu mas continua inesquecível. Ganhamos de vocês com Maradona e tudo. Mas voltando ao Pelé. Campeão mundial três vezes, mais de mil gols na carreira, reconhecido no mundo inteiro, o Maradona nem chegou perto.
É verdade, o Pelé fez mais gols, mas jogavam em posições diferentes. O Maradona era meio-campista regente de uma orquestra afinada, e como era decisivo. Em 86 ganhou a copa sozinho, o Pelé nunca fez isso.
Eu me lembro bem... a Argentina contra a Inglaterra, "La mano de Dios".
E o outro que foi golaço, você esqueceu? Lembra em 90, vocês jogando melhor, e num passe genial do Maradona para o Caniggia...
Em 94, nós fomos campeões de novo e o Maradona... Pego no doping. Em 2002 seríamos de novo campeões. Temos cinco conquistas e vocês? Só duazinhas e um delas daquele jeito.
E em 2014, o que você me fala do 7x1?
Lá vem você de novo com esta história. Nós estávamos sem o Neymar, e o Felipão resolveu inventar. E vocês também não ganharam com Messi e tudo.
Você vai querer comparar Messi com Neymar?
Não, mas posso comparar com Cristiano Ronaldo...
Ele não é brasileiro.
Mas fala português, pois, pois.

Fonte: ELIAS, Luiz Fernando.

Com base na leitura do texto e considerando os dados descritivos no quadro:

DUELO – PELÉ X MARADONA	
Quem foi o maior? Dependendo do ponto de vista, pode ter sido qualquer um dos dois. Confira o duelo.	
EDSON ARANTES DO NASCIMENTO Nasceu em 23/10/1940, em Três Corações (MG). **Altura:** 1,74 metro **Peso:** 70 kg (em 1970) **Títulos na carreira:** 59	DIEGO ARMANDO MARADONA Nasceu em 30/10/1960, em Lanús (Argentina) **Altura:** 1,66 metro **Peso:** 70 kg (em 1986) **Títulos na carreira:** 11
Maiores conquistas: • Tricampeão mundial com a seleção (1958, 1962 e 1970) • Bicampeão mundial com o Santos (1962 e 1963) • Bicampeão sul-americano com o Santos (1962 e 1963) 1.282 gols em 1.375 jogos (média de 0,93 gol por jogo)	**Maiores conquistas:** • Campeão mundial com a seleção argentina (1986) • Bicampeão italiano com o Napoli (1987 e 1990) • Campeão da Copa da UEFA com o Napoli (1988) 365 gols em 695 jogos (média de 0,52 gol por jogo)
Copas do Mundo 4 participações (1958, 1962, 1966 e 1970), 3 títulos (1958, 1962 e 1970), 14 jogos e 12 gols	**Copas do Mundo** 4 participações (1982, 1986, 1990 e 1994), 1 título (1986), 21 jogos e 8 gols
No que Pelé foi melhor • Nos números, não tem conversa: ninguém fez tantos gols nem ganhou tantas Copas. Isto é Pelé. • Foi perfeito em todos os fundamentos: chutes com os dois pés, dribles, lançamentos, cabeceio. • Teria sido bom em qualquer posição – os ex-companheiros, inclusive, dizem que ele valia por dois no gramado, dominando tudo entre o meio de campo e a pequena área. Um deus.	**No que Maradona foi melhor** • Conduziu a conquistas inéditas times medianos, como o Argentinos Juniors e Napoli. • Mesmo usando praticamente só a perna esquerda, foi mais habilidoso que Pelé (até segundo ex-companheiros de seleção do brasileiro, como Tostão). • Carregava times nas costas. Ganhou uma Copa sozinho (coisa que Pelé nunca fez). E mesmo fora de forma levou uma Argentina medíocre à final da Copa de 1990. *Un diós*.

Fonte: GUILHERME, Paulo. "Duelo de gigantes – Pelé x Maradona". *Superinteressante*. São Paulo, abr./ago. 2014, p. 23.

1. Como você produziria uma conclusão indicando o Pelé como vitorioso?
2. Como seria essa conclusão apontando o Maradona como o vencedor?
3. E para indicar o empate, como seria essa conclusão?

ATIVIDADE 2

Se perguntassem a sua opinião sobre **a internação compulsória de viciados de crack**, o que responderia? Leia os dois textos a seguir e saiba a opinião de dois especialistas sobre o assunto.

Deve ser permitida a internação compulsória de viciados em crack?

NÃO
Dependência não se resolve por decreto
DARTIU XAVIER DA SILVEIRA

Na sua maior parte, os usuários de drogas ilícitas estabelecem padrões de consumo que os caracterizam como usuários ocasionais ou recreacionais, a exemplo do que se observa com o álcool e com outras drogas legalizadas. Apenas uma minoria se torna dependente.

Para quem se torna dependente, seja a droga lícita ou ilícita, as consequências são desastrosas e o sofrimento é intenso. Mas a empatia que temos com o sofrimento do dependente e de seus familiares e a nossa preocupação com o fato de existirem pessoas envolvidas com drogas não nos autorizam a considerar todo usuário um dependente.

Isso não se deve exclusivamente ao uso de uma substância; depende de quem é esse usuário, da sua vida emocional e do contexto no qual ele utiliza a substância. O amplo consumo de álcool no Ocidente ilustra bem essa constatação: nem todo consumo é problemático.

Por razões eminentemente ideológicas, vemos modelos repressivos do tipo "diga não às drogas" e "guerra às drogas" ainda serem implantados, apesar de suas evidências de eficácia sinalizarem o contrário. Claramente, a guerra às drogas foi perdida há muito tempo. Apesar dos fracassos sucessivos, os guerreiros envolvidos nessa guerra tentaram inicialmente minar as estratégias de redução de danos, mesmo nas situações em que somente estas funcionavam.

Cegos em sua postura totalitária e onisciente, os defensores das guerras às drogas passam a atacar de forma insana o inimigo errado: punir os dependentes, responsabilizar os usuários pelo tráfico, demonizar as drogas e ridicularizar o consumo de substâncias, exceto aquelas que eles mesmos usam, em geral álcool, cafeína e medicamentos,

SIM
Prescrever internação voluntária é ingênuo
LUIS FLAVIO SAPORI

A disseminação do comércio e do consumo do crack na sociedade brasileira é um fenômeno não mais passível de contestação, atingindo tanto a população urbana quanto a rural. A despeito de relativa prevalência entre os consumidores de baixa renda, o crack já é demandado por segmentos da classe média, envolvendo homens e mulheres, jovens e adultos.

Estamos diante de uma importante mudança no mercado das drogas ilícitas no Brasil, que se encontra revigorado pela introdução de nova mercadoria, que atrai consumidores ávidos e compulsivos.

É uma droga muito atrativa não apenas pelo baixo preço, comparativamente à cocaína em pó, como também pelo prazer que proporciona a seus usuários.

A despeito do fato de o crack ainda não ser a droga mais consumida no Brasil, é imperativo reconhecer que os malefícios sociais gerados por ela são muito superiores aos das demais drogas ilícitas comercializadas no território nacional.

Seus impactos estão presentes tanto na segurança pública quanto na saúde pública. Há, por exemplo, uma relação muito estreita entre comércio do crack e crescimento da incidência de homicídios.

Isso porque o comércio do crack tende a intensificar os conflitos entre os atores econômicos envolvidos, em especial entre vendedores e consumidores. O grau de endividamento no comércio do crack é superior ao verificado no comércio da cocaína em pó e da maconha.

Num contexto social em que a violência é pouco controlada pelos traficantes, a proliferação de homicídios torna-se inevitável.

tratadas com injustificada benevolência (cafezinho, cervejinha, uisquinho, remedinho...).
A situação atual no panorama das drogas está entre o circo dos horrores e o teatro do absurdo... A luta antimanicomial trouxe à luz as condições desumanas aplicadas aos doentes mentais. Em vez da hospitalização em unidades de internação em hospital geral, prevalecia um sistema carcerário em que os maus tratos a pacientes eram a regra. Curiosamente, esse modelo obsoleto tende agora a ser preconizado para dependentes químicos. Não existe respaldo científico sinalizando que o tratamento para dependentes deva ser feito preferencialmente em regime de internação. Paradoxalmente, internações mal conduzidas ou erroneamente indicadas tendem a gerar consequências negativas.
Quando se trata de internação compulsória, as taxas de recaída chegam a 95%! De um modo geral, os melhores resultados são aqueles obtidos por meio de tratamentos ambulatoriais. Se a internação compulsória não é a melhor maneira de tratar um dependente, o que dizer de sua utilização no caso de usuários, não de dependentes?
No caso das pessoas que usam crack na rua, é muito simplista considerar que aquela situação de miséria e degradação seja mera decorrência do uso de droga. Não seria mais realista consideramos que o uso de drogas é consequência direta da situação adversa a que tais pessoas estão submetidas?
A dependência de drogas não se resolve por decreto. As medidas totalitárias promovem um alívio passageiro, como um "barato" que entorpece a realidade. Porém, passado o seu efeito imediato, etéreo e fugidio, surge a realidade, com sua intensidade avassaladora....
Assim, qual seria a lógica para fundamentar a retirada dos usuários das ruas, impondo-lhes internação compulsória?
Não seria, por acaso, o incômodo que essas pessoas causam? Seria porque insistem em não se comportar bem, segundo nossas expectativas? Ou porque nos denunciam, revelando nossas insuficiências, incompetências e incoerências? Medidas "higienistas" dessa natureza não tiveram boa repercussão em passado não tão distante...

No que diz respeito à saúde pública, as consequências do consumo do crack não são menos graves.
É uma droga que gera proporcionalmente um contingente de usuários compulsivos e, por que não dizer, vítimas de dependência química em intensidade bastante superior às da maconha e da cocaína em pó. A proliferação das cracolândias nas cidades brasileira não é a única manifestação desse fenômeno.
Inúmeras famílias têm convivido diariamente com usuários que destroem suas carreiras profissionais, seus laços de sociabilidade e atormentam as relações internas.
E é nesse aspecto que devemos rever a legislação brasileira, que restringe severamente a internação compulsória de dependentes químicos. A legislação está dificultando a busca de soluções mais adequadas para o problema.
Não há mais como negar que a compulsividade gerada pelo crack é bem superior à das demais drogas lícitas e ilícitas consumidas no Brasil. Prescrever que o usuário do crack que se encontra em estágio avançado de dependência da droga somente poderá ser internado para tratamento mediante sua manifestação voluntária é atitude completamente ingênua.
É chegada a hora de deixarmos as ideologias de lado e encararmos a realidade de frente.
Faz-se necessário que o Congresso Nacional viabilize as mudanças legais necessárias para que o poder público, em parceria com a sociedade civil, possa expandir a metodologia de tratamento dos usuários do crack, fortalecendo o atendimento ambulatorial e oferecendo a internação, mesmo que compulsória, por determinado tempo para os casos mais graves.

Fontes: XAVIER DA SILVEIRA, Dartiu. "Dependência não se resolve por decreto". *Folha de S.Paulo*. Opinião, 25 jun. 2011; FLAVIO SAPORI, Luis. (Doutor em Sociologia e professor da PUC-Minas). "Prescrever internação voluntária é ingênuo". *Folha de S.Paulo*. Opinião, 25 jun. 2011.

1. Indique os argumentos favoráveis e os contrários à internação compulsória, de acordo com a leitura dos textos.

2. Considerando os argumentos apresentados, produza uma conclusão assumindo uma posição favorável ou contrária ao assunto. Como exemplo, sugerimos que retome a conclusão do texto "O cigarro eletrônico", de Drauzio Varella, no capítulo "Estratégias para desenvolver uma argumentação". (pp. 193-4)

Atividade 3

Você sabe que existe uma campanha para que os pediatras receitem livros para crianças de zero a seis anos? Pois é, a matéria foi publicada na *Folha de S.Paulo* em 18 de outubro de 2015, caderno Cotidiano.

Caso não tenha lido, veja dois argumentos de especialistas a favor da campanha:

Argumento 1

> Estamos atrasados na inclusão do livro na pediatria. Ler para o bebê reflete diretamente em seu bom desenvolvimento, na cognição e na afetividade. Quem lê para o bebê cria com ele um vínculo afetivo para a vida toda e contribui para que ele seja um adulto melhor.
> (Eduardo Vaz, presidente da Sociedade Brasileira de Pediatria – SBP)

Argumento 2

> ... não importa repetir a mesma história para as crianças. "O bebê não escuta a mesma história sempre. Ele descobre uma quantidade enorme de significados diferentes. Além disso, decora tudo. Está exercendo a memória. É uma operação extraordinária."
> (Evélio Cabrejo, linguista da Universidade Sorbonne, França)

1. Busque na internet mais opiniões de especialistas ou autoridades a respeito dessa campanha. Analise todos os argumentos, lembrando de incluir, aos que selecionou, os dois que se encontram no enunciado anterior.

2. Faça uma lista dos argumentos e identifique o que é peculiar a cada argumento e o que constitui pontos de intersecção, ou seja, pontos de contato ou pontos comuns.

3. Com base nos resultados obtidos, que conclusão é possível elaborar? Apresente a sua conclusão na forma de um anúncio a favor da campanha.

9
Texto, argumentação e coerência

Constantemente, argumentamos e produzimos sentidos. Como fazemos isso? Ao longo dos capítulos que compõem esta obra, dedicamo-nos ao estudo de tópicos que se voltaram a essa questão. É nosso objetivo neste último capítulo reiterar a importância que esses tópicos assumem no texto escrito e na sua argumentação.

Na concepção de texto que assumimos neste livro, vimos que o que se apresenta para o leitor na materialidade linguística é apenas a ponta do iceberg, porque muitos conhecimentos que constituem o texto e são pressupostos na sua leitura/compreensão estão submersos.

Então, como é assim, construímos sentido partindo do que o texto apresenta em sua materialidade, evidentemente, mas não paramos por aí. O texto tem seus segredos e, para desvendá-los, é preciso seguir as pistas que sugerem ativação de conhecimentos necessários ao preenchimento das lacunas.

Isso é válido para um texto composto por uma palavra, por 140 caracteres, por uma página ou por muitas e muitas páginas. Se estamos diante de um nanoconto ou de um romance, de um resumo de artigo científico ou do artigo na íntegra, não importa: o sentido é uma construção que depende do autor e do leitor e da atenção que esses dedicam ao texto, cada um a sua maneira e a seu tempo.

CUIDANDO DO PROJETO DE DIZER E DO SENTIDO

Essa posição reforça a nossa condição de "caçadores de sentido", lembrando Dascal (capítulo "Texto e argumentação"), e põe em relevo a compreensão de que a coerência resulta da interação autor – leitor em um rico processo que envolve:

- intencionalidade (do autor);
- aceitabilidade (do leitor);
- conhecimentos compartilhados (de língua, de textos, de mundo, da situação comunicativa);
- definição de um tema/ assunto e sua progressão/continuidade;
- modelos de configuração textual (gêneros textuais);
- (re)construção e manutenção de referentes ou objetos do discurso (referenciação);
- balanceamento de informações (grau de informatividade).

Para rememorar, veremos como funcionam esses fatores na construção do texto, de sua argumentatividade e sentido.

Exemplo

Aí

Peço perdão ao professor Pasquale se invado, aí, a sua seara: sei que meto o bedelho num assunto que ele poderia destrinchar, aí, com muito mais propriedade do que eu, mas não me aguentei. Eu tinha que me manifestar, pois desde a explosão do gerúndio – lá se vão, aí, mais de dez anos – não aparecia uma moda, aí, tão irritante, aí, como essa do "aí". [...] Tenho pensado muito, aí, sobre o "aí" e cheguei à conclusão que ele exerce, aí, duas funções. Por um lado, ele amacia a frase, fazendo, aí, com que a dureza dos dados se acomode, aí, numa almofada de coloquialidade. Por outro lado, paradoxalmente, o "aí" parece dar, aí, mais complexidade à notícia. Se o repórter fala, aí, que "O mercado espera um crescimento de 1% em 2014", a impressão que temos é que ele teve acesso a um só dado e nos transmitiu. Mas se ele diz, aí, que "O mercado espera um crescimento, aí, de 1% em 2014", parece que ele analisou, aí, várias planilhas, viu expectativas de 0,6%, de 0,8%, de 1,3%, de 1,4%, fez seu próprio balanço e chegou à conclusão, aí, de que o crescimento esperado é em torno, aí, de 1%. É essa falsa profundidade, aí, que me deixa especialmente irritado. Lembra muito o outrora poderoso "no caso". Teve uma época, aí, em que o brasileiro era incapaz de responder a uma pergunta que não começasse, aí, com "no caso". "Tem Serramalte?" "No caso, não." "A próxima avenida já é a Brasil?" "No caso, é." Depois do "no caso", veio, aí, o gerúndio, depois do gerúndio, aí, o "com certeza" e, agora, aí, o "aí".
Ouso dizer, aí, que o "aí" é mais perigoso do que todos os modismos anteriores, justamente por ser mais discreto. Invisível aos olhos, quase inaudível aos ouvidos, ele se multiplica em nossas bocas como percevejos, aí, numa cama de pensão. Não quero ser alarmista, aí, mas acho que o problema é sério. Ou o Brasil acaba, aí, com o "aí" ou, no caso, o "aí" vai estar acabando, aí, com o Brasil. Com certeza. Aí.

Fonte: PRATA, Antonio. "Aí". *Folha de S.Paulo*. Cotidiano, 3 ago. 2014, C2.

A imitação não de um gênero mas de um modismo na língua (o uso do **aí**) é o que caracteriza e constitui o traço da argumentatividade no texto que acabamos de ler. Explicando melhor: o autor não apenas trata do uso abusivo do **aí** e de como isso o incomoda, como também faz a representação desse modismo na sua escrita por meio da abusiva repetição, de onde advém a crítica. De outro modo, o autor recorre à repetição do **aí** para criticar o uso repetitivo da partícula, para marcar sua reprovação a esse modismo.

No exemplo, a **repetição** é uma importante pista que indica como a **intencionalidade** está marcada no **projeto de dizer** e de como isso contribui para a constituição do ponto de vista defendido pelo autor do texto.

E mais: estivemos atentos a como o autor considerou o leitor e conhecimentos comuns aos dois; definiu o tema e o progrediu, "brincou" com modelos textuais e com o modo de apresentação das informações na superfície textual e ainda como, nesse trabalho, selecionou estratégias argumentativas e marcou a sua posição. Tudo isso num processo que tem como foco o leitor, que é a quem o texto se dirige e com quem o autor constantemente dialoga em sua produção.

CUIDANDO DA SINALIZAÇÃO NO TEXTO

É pensando no leitor que as pistas vão sendo construídas na concretização do projeto de dizer e vão se constituindo de forma situada. As pistas podem ser linguísticas e não linguísticas (desenhos, figuras, disposição de uma palavra, expressão ou parte do texto em destaque, com outra fonte ou mudança de tamanho e cor) e assumem funções como focalizar um segmento textual, marcar o gênero textual, orientar argumentativamente etc.

Quando não constituídas adequadamente, as sinalizações podem gerar problemas para a compreensão do texto, como exemplifica o caso de um anúncio publicado em jornal que trazia uma dúzia de aranhas espalhadas em vários espaços do caderno "Mundo" da *Folha de S.Paulo*, como comentamos no capítulo "Intertextualidade e argumentação" (p. 46). Nada contra os aracnídeos, mas desde que se diga a que vieram. Algo que não aconteceu. Uma simples sinalização, como a indicação de que se tratava de um informe publicitário, já ajudaria o leitor. A não compreensão ocasionada pela ausência de sinalização foi motivo de queixa de leitores, como a que se encontra na carta do leitor que será reapresentada neste capítulo por realçar a importância das pistas textuais para a produção do sentido.

> **Aranhas**
> Pegadinha? Sadismo (tenho uma amiga que deve ter odiado)? Mensagem sub-reptícia? A dúzia de aranhas que invadiu o caderno "Mundo" de ontem surpreendeu, mais pela ausência de explicação. Se foi apenas para preencher espaço, melhor teriam sido 12 haicais, 12 citações de peso ou 12 expressivas imagens fotográficas. Se não, falta explicação.
> **ROSA MARIA FABRI MAZZA** (Tanabi, SP)
> **NOTA DA REDAÇÃO** • As imagens faziam parte de anúncio publicitário publicado à pág. A15 da edição de ontem.

Fonte: FABRI MAZZA, Rosa Maria. "Aranhas".
Folha de S.Paulo. Painel do Leitor, 26 fev. 2013.

A desorientação causada pela falta de sinalização foi tanta que o caso mereceu a seguinte manifestação do ombudsman do jornal:

> **Aranhas passeiam pela Folha**
>
> Doze aranhas invadiram as páginas de "Mundo" na segunda-feira passada. Elas se espalhavam por cima da cabeça de Fidel Castro, embaixo do papa, ao lado de uma manifestante seminua.
> Os bichos irritaram leitores, que não entendiam de que se tratava. Era uma forma de chamar a atenção para o anúncio de uma operadora de TV paga, mas não havia aviso de "informe publicitário".
> "Parecia erro, porque não tinha ligação com o que estava escrito ao lado. Fiquei nervoso e desisti de ler o jornal", reclamou o psicanalista João Buono, 39.
> O médico Marcel Davi de Melo, 31, que detesta publicidade disfarçada, não entendeu o que era aquilo. "Não tenho medo de cobra, rato, de quase nada, mas tenho justamente horror a aranhas", contou.
> A Secretaria de Redação avalia que "a publicidade inovadora em jornal é sinal da vitalidade com que o mercado vê o meio e da importância que dá a ele".
> As propagandas diferentes passam pelo visto da Redação. "Procuramos aprovar apenas as formas menos invasivas, que não atrapalhem a leitura dos textos", diz a chefia. Só que a artimanha publicitária dos aracnídeos confundia o leitor e criava um ruído na leitura.

Fonte: OMBUDSMAN. "Aranhas passeiam pela Folha". *Folha de S.Paulo*. Poder, 3 mar. 2013, A6.

Portanto, na produção de um texto, faz-se necessário que haja um equilíbrio entre o que explicitar e o que não explicitar. No caso do exemplo, repetimos, a simples indicação de que se tratava de um informe publicitário já ajudaria o leitor a se situar pelo menos em relação ao gênero textual e ao seu propósito comunicativo.

Mas, afinal, o que explicitar? O que não explicitar? Bem, as relações entre a informação explícita no texto e a informação inferível (aqueles conhecimentos que o produtor do texto pressupõe como compartilhados com seu interlocutor, acreditando, pois, que consiga acessá-los sem grande dificuldade) estabelecem-se por meio de estratégias de "sinalização textual".

Por intermédio das sinalizações, o produtor do texto convida o leitor a ativar **conhecimentos** (textuais, situacionais, culturais e enciclopédicos) (capítulo "Texto e argumentação") e, desse modo, a produzir as inferências necessárias ao preenchimento das lacunas do texto e à construção do sentido.

As pistas no texto podem se constituir de variadas formas, chamando atenção até mesmo para o que se apresenta sob a capa da contradição, da incoerência, como nos sugere o texto a seguir.

> Filha: Mãe, quero jogar futebol; Mãe: é esporte de menino; Filha: Pq o Zézim pode dançar balé e eu não posso jogar bola? Mãe: **pq ele é homem.**
> @Gasparneto

Fonte: SALOMÃO, Marici; CABRAL, Ivam (orgs.). *Mdrama*. São Paulo: Associação dos Amigos da Praça, 2012.

O texto traz um diálogo entre mãe e filha que nos surpreende pelo final. No projeto de dizer do autor, a última resposta dada pela mãe é marcada em fonte maior, uma pista multimodal importante na construção do sentido – ao romper com o que sugere o curso da conversa, o autor convida à discussão: o que podem, não podem, meninos e meninas, homens e mulheres? É um convite para que se saia do discurso automático, repetido, sem reflexão.

Continuando a realçar a importância das pistas textuais, vamos ao próximo texto que faz referência a Chico na Alemanha. O leitor não sabe quem é Chico? É só seguir as pistas...

> Chico na Alemanha
>
> "Não me ocorreria escrever esse livro com minha mãe viva", diz Chico à Piauí deste mês, na única entrevista à imprensa sobre o romance "O Irmão Alemão", que frequentou o topo das listas de mais vendidos em 2014. A revista acompanhou o escritor numa viagem à Alemanha após a descoberta do irmão Sérgio Günther, filho de um namoro da juventude de seu pai Sérgio Buarque de Holanda (1902-1982).

Fonte: COZER, Raquel. "Chico na Alemanha". *Folha de S.Paulo*. Ilustrada, 3 jan. 2015, E3.

As pistas textuais permitem ao leitor se situar em relação ao referente central do texto: Chico é o autor do romance *O irmão alemão*; é quem viajou para a Alemanha; é quem tem um irmão alemão chamado Sérgio Günther, e por isso viajou até lá; é quem é filho de Sérgio Buarque de Holanda (1902-1982). Como vemos, tudo isso está sinalizado no texto.

Ah, e quanto a *Piauí*? O leitor facilmente descarta a hipótese de se tratar do estado do nordeste brasileiro e logo associa esse nome à revista a quem Chico deu a entrevista. Isso também está sinalizado no texto. Dentro do princípio de introdução e retomada de referentes (objetos de discurso) ou da progressão referencial, como estudado no capítulo "Progressão textual e argumentação". Nesse sentido, o uso dos artigos definidos é valiosa indicação de que o referente já é do conhecimento do leitor, como acontece com as formas nominais referenciais "a revista", "o escritor". Tudo isso é fruto de conexões que estabelecemos com base nas pistas do texto.

A remissão ao referente pode ser feita de várias maneiras e com várias funções, como vimos no capítulo "Progressão textual e argumentação". Para rememorar, analisemos o anúncio:

Fonte: *TAM nas Nuvens*, ano 8, n. 86, fev. 2015. Disponível em: <http://www.tamnasnuvens.com.br/revista/site/zoom.html?path=content/image/2015/fevereiro/popup/&id=19&qtd=172>. Acesso em: 4 mar. 2015.

Na leitura do texto, o título

> VOCÊ COMPRA DOCES.
> ELA VENDE A INFÂNCIA.

já sinaliza para o propósito comunicativo (campanha contra o trabalho infantil) e nele chama a atenção o pronome **ela**. A quem remete o pronome? Qual é o seu referente? No anúncio, "ela" remete à criança que aparece na imagem logo abaixo do título.

Também o título encerra uma mudança de perspectiva: quem compra – quem vende, estratégia que contribui para a orientação argumentativa – não compre doces de uma criança, porque criança que vende doces tem subtraída a sua infância, o tempo da escola; é criança explorada, sujeita a vários tipos de perigo.

Em suma, remete-se a algo que já está gravado na memória do leitor e acrescentam-se as informações novas, que, por sua vez, passarão também a constituir suportes para outras informações. A continuidade de um texto resulta, pois, desse equilíbrio entre repetição (retroação) e progressão (capítulo "Progressão textual e argumentação").

Quando se quer retomar uma informação dada anteriormente no texto, usam-se, como vimos, os mecanismos de remissão ou referência textual. Pela repetição constante de tais mecanismos, formam-se, então, no texto, as *cadeias coesivas*, que têm papel importante na organização textual e na produção do sentido pretendido pelo produtor do texto.

AMARRANDO AS PONTAS (OU CONSTRUINDO PONTES)

No desenvolvimento do texto, palavras, frases, parágrafos estão em conexão, formando uma intricada rede. Vimos isso quando tratamos das forma de progressão referencial, da progressão temática e da progressão tópica (capítulo "Progressão textual e argumentação"); dos operadores argumentativos (capítulo "Conhecimento linguístico e argumentação: os operadores argumentativos") e dos articuladores textuais (capítulo "Articuladores textuais e argumentação").

Quando elaboramos um projeto de dizer que pressupõe a defesa de uma tese, de um ponto de vista, pensamos em estratégias para compor a **introdução** (capítulo "Estratégias para iniciar uma argumentação"), o **desenvolvimento** (capítulo "Estratégias para desenvolver uma argumentação") e a **conclusão** (capítulo "Estratégias para concluir uma argumentação"). E essas partes, de uma forma ou de outra, são marcadas no texto.

Do ponto de vista desse processo, há perguntas que nos fazemos numa espécie de monitoramento de nossa atividade de escrita e que apontam para essas fases da construção textual: de que vou tratar? De que ainda estou tratando? Sob que perspectiva isso acontece? Como amarrar as pontas e estabelecer pontes? Vamos a um exemplo:

Tecnoadrenalina

Melhor começar na adrenalina, um hormônio produzido pelas glândulas suprarrenais, localizadas acima dos rins. Ela é essencial na preservação da espécie humana, pois prepara o organismo para enfrentar um risco, um estresse, uma situação adversa. Diante de qualquer ameaça, lá vem a adrenalina, que aumenta a frequência cardíaca e a pressão arterial, joga glicose no sangue e desvia o seu fluxo para os músculos, alguns contraídos e outros relaxados. Lá atrás, quando foi descoberta, ela estava relacionada com ameaças à integridade física. Mas hoje se sabe que ela também dá as caras diante de uma ameaça psicológica. Tá com medo? Emocionado por qualquer razão? Euforia, excitação, ansiedade? Tudo isso provoca descargas de adrenalina.

Agora, chega de fisiologia humana! Essa introdução meio médica foi só uma preparação para o que de fato interessa: estamos viciados em adrenalina. E a tecnologia tem muito a ver com isso! Principalmente aquela que permite uma situação meio imersiva, quando mergulhamos em um oceano de bits que faz o nosso cérebro se sentir em um mundo real, feito de átomos. Do filme no cinema à novela na TV, a imersão neste mundo de bits com forma de vampiros, alienígenas, androides, guerreiros e bandidos empurra tudo para o lado da adrenalina. São estímulos em todas as direções: da euforia à angústia, do medo à celebração, da depressão à glória.

Nesse cenário de emoções diversas, há um conjunto muito especial de fabricantes de adrenalina: os games. Cada vez mais realistas, são mesmo submersivos. Mergulham o jogador bem fundo, em um mundo desenhado para fazer a adrenalina esguichar abundantemente, como resultado de batalhas nas quais a menor desatenção faz você perder uma vida sem te deixar morrer. E como você ainda está vivo, vai querer mais adrenalina. A que a tecnologia te dá. A tecnoadrenalina. Que te permite vencer uma etapa do game e partir para outra, agora com armas mais poderosas, golpes mais ofensivos e naves mais destruidoras. Mais horror. Sempre mais de tudo, para mais adrenalina. Você ainda não sabe, mas já ficou dependente dela.

Como uma atividade lúdica que te promete entretenimento e diversão, é melhor em bits do que em átomos, claro! Só que... Esse exercício imersivo acaba tendo um lado meio inevitável de treinamento. Tanto que, no contexto comercial, existe a tal da "gamificação", descrevendo o uso da estratégia e mecânica de jogos para resolver problemas empresariais. Bom lembrar que, para quem trabalha em uma empresa, alguns problemas podem criar um estresse enorme e exigir uma boa dose de adrenalina para serem resolvidos. Usar a adrenalina dos games para treinar alguém a lidar com aquela do cotidiano também parece um bom uso da tecnologia. Mas a escalada do terror proporcionada pelo mesmo exercício também pode promover um eficaz treinamento em outra direção e habilitar o incauto jogador a realizar atos de destruição. Só que agora não mais em um mundo fictício de bits, mas sim em um mundo real, cheio de gente que, ao ser ferida, sangra pra valer. Vale a pena? Resummary: a tecnologia cria um ambiente lúdico, que permite a busca de horrores cada vez maiores. Esta busca pode se transformar em um eficiente e perigoso treinamento. Escrwitter: procura aí, na internet, a palavra adrenalina. Tem de tudo. Música, roupa, jogo, programa de TV. Entendeu?

Fonte: GANDOUR, Fábio. "Tecnoadrenalina". *Revista da Cultura*. São Paulo: Livraria Cultura, ed. 84, jul. 2014, p. 78.

No texto, notamos que o primeiro e segundo parágrafos têm como objeto de discussão a adrenalina.

> Melhor começar na adrenalina, um hormônio produzido pelas glândulas suprarrenais, localizadas acima dos rins. Ela é essencial na preservação da espécie humana, pois prepara o organismo para enfrentar um risco, um estresse, uma situação adversa. Diante de qualquer ameaça, lá vem a adrenalina, que aumenta a frequência cardíaca e a pressão arterial, joga glicose no sangue e desvia o seu fluxo para os músculos, alguns contraídos e outros relaxados.
>
> Lá atrás, quando foi descoberta, ela estava relacionada com ameaças à integridade física. Mas hoje se sabe que ela também dá as caras diante de uma ameaça psicológica. Tá com medo? Emocionado por qualquer razão? Euforia, excitação, ansiedade? Tudo isso provoca descargas de adrenalina.

Daí em diante, o que acontece? O autor continua a falar de adrenalina, mas sob outro ponto de vista, não mais da fisiologia humana, mas de "fabricantes" de adrenalina: os *games*. E essa mudança que marca uma virada no modo como o assunto vinha sendo discutido foi abertamente anunciada para o leitor, numa exposição de traços da arquitetura textual, da intencionalidade que é constitutiva do texto, da interatividade que rege essa atividade. Observe:

> **Agora, chega de fisiologia humana! Essa introdução meio médica foi só uma preparação para o que de fato interessa**: estamos viciados em adrenalina. E a tecnologia tem muito a ver com isso! Principalmente aquela que permite uma situação meio imersiva, quando mergulhamos em um oceano de bits que faz o nosso cérebro se sentir em um mundo real, feito de átomos.

A passagem de uma perspectiva a outra, de um tópico ou assunto para outro, é algo que deve sempre ser gerenciado pelo autor, pensando na argumentação, na interação com o leitor e como o texto melhor pode evidenciar isso, tendo em vista a coerência.

Vimos no texto anterior como o autor gerenciou a passagem de um foco a outro em nome da argumentação, da interação com o leitor e do sentido. Mas... o que dizer de um texto enumerado, com um foco diferente em cada um dos blocos enumerados? Vejamos:

Cenas de um drama real

1. Um rapaz negro caminha de volta para casa em uma rua suburbana do Rio de Janeiro. Um carro com um casal para à sua frente, a mulher grita: "É ele o ladrão!". Um homem salta apontando-lhe um revólver. É o policial Waldemiro Antunes de Freitas Junior que o obriga a deitar-se de bruços, faz a revista, constata que não se encontra armado e o conduz à delegacia.
2. O delegado William Lourenço Bezerra o autua, apesar dos seus gritos veementes de inocência, mesmo sem o acusado estar com o produto do roubo. Era a palavra dele contra a dela, que prevaleceu.
3. Vinícius Romão de Souza é trabalhador empregado em uma loja como vendedor de roupas e é recém-formado em psicologia, além de ser ator que já participou de novela da TV Globo. É o orgulho da sua família, que ficou muito abalada com a notícia da prisão.
4. O rapaz é mandado para uma casa de detenção em outro município e lá permanece por duas semanas, entre assaltantes perigosos, presos por agressões e outros negros inocentes como ele.
5. O desespero da mãe e as andanças do pai por hospitais públicos, necrotérios e depósito de presos até conseguir descobrir onde o filho se encontrava e a notícia da prisão ser publicada pela imprensa.
6. O drama da mulher que o acusou, agoniada pela dúvida de que tinha ou não cometido uma injustiça ao reconhecê-lo, a ponto de desejar ir retirar a queixa, o que não o fez apenas por faltar o dinheiro para a passagem. Dalva da Costa Santos é pobre. O que lhe foi furtado foram poucos reais e um telefone celular desatualizado.
7. As reações de militantes do movimento negro e os protestos públicos dos amigos brancos do rapaz, o que levou o delegado Niandro Lima, titular da 25ª DP (Engenho Novo) a impetrar um habeas corpus, documento jurídico que tem o poder de libertar indivíduos que possam estar sofrendo alguma injustiça.
8. Procurado pela imprensa, o pai, Jair Romão, militar aposentado, declarou: "Eu sou espírita e perdoo a acusadora e o policial que prendeu meu filho". No Brasil, muitas vezes parte-se do pressuposto de que, sempre que ocorre um roubo, desde que não seja desvio de dinheiro público, um negro é suspeito. Por motivo da lentidão das nossas ações judiciais, o habeas corpus levou ainda um dia para ser cumprido.
9. Respondendo a um jornalista sobre os dias no presídio, Vinícius disse: "Assim que cheguei, tive medo, mas tremi mais quando fui abordado porque a arma estava apontada para mim e podia disparar. Eu sou inocente e sabia que a justiça seria feita. Por isso não me desesperei e nem chorei". Perguntado sobre discriminação racial, falou: "Racismo existe, mas o que posso dizer é que todos os meus amigos nunca colocaram um apelido discriminatório em mim. Tanto nos colégios particulares em que estudei como na faculdade, todos sempre me respeitaram e eu também me dei ao respeito. Na loja de roupas onde eu trabalho, dos 17 vendedores temporários eu sou o único negro e nas outras lojas não há nenhum. Uma lição boa que tiro de tudo isso é aproveitar cada minuto simples da vida, como abrir a geladeira e beber um copo de água".

> 10. A alegria da família e dos amigos ao recebê-lo. Romão ergueu os braços de cabeça erguida, com os cabelos simbólicos cortados no presídio. Sem rancor, declara: "Não tenho raiva dela. Ela sofreu um assalto, estava nervosa, acabou me confundindo. Desejo muita luz e felicidade para ela".
> Final. Vinícius atendendo a um freguês na Toulon, que o manteve no emprego, cena seguida pela cerimônia de colação de grau em psicologia. No letreiro do filme, apareceriam os amigos que o apoiaram e por fim uma imagem parada de Vinícius sorrindo e a frase: "O racismo existe".

Fonte: VILA, Martinho da. "Cenas de um drama real". *Folha de S.Paulo*. Opinião, 2 mar. 2014.

Não importa!!! Mesmo assim haverá pistas. É só prestar atenção. Os referentes introduzidos e retomados são fundamentais nesse processo. Não se vai adiante se não se sabe o que está em discussão.

O referente "um rapaz" é retomado e permanece em foco no texto por meio de

- expressões nominais definidas como "O rapaz", "o filho";
- pronome (ele).

Reapresentado por um nome próprio completo, pelo primeiro ou pelo último nome, esse referente se mantém ativo no texto e ainda serve de âncora para a introdução de outros referentes como "a mãe", "o pai".

Isso sem falar do título "Cenas de um drama real", que é uma síntese do texto e uma orientação importante para a construção do seu sentido: toda a história, do começo ao fim, está a serviço da tese que é explicitada na última linha do texto: "o racismo existe".

Diante de tudo isso, podemos dizer que o produtor do texto convida o leitor a ativar conhecimentos ou modelos mentais e preencher lacunas. Nessa constante interação que exige dos interlocutores a antecipação e a coordenação recíprocas de conhecimentos e estratégias linguísticas, cognitivas, textuais e interacionais, vamos argumentando e construindo sentidos.

Bibliografia

ABREU, Antonio Suárez. *A arte de argumentar*: gerenciando razão e emoção. 6. ed. São Paulo: Ateliê Editorial, 2003.
ADAM, Jean-Michel. *La Linguistique textuelle*: introduction à l'analyse textuelle des discours. Paris: Armand Colin, 2005.
AZEREDO, José Carlos de. *Gramática Houaiss da língua portuguesa*. São Paulo: Publifolha, 2008.
BAKHTIN, Mikhail. *Estética da criação verbal*. São Paulo: Martins Fontes, 1992.
BAZERMAN, Charles. *Gênero, agência e escrita*. São Paulo: Cortez, 2006.
BEAUGRANDE, Robert de. *New Foundations for a Science of Text and Discourse*: Cognition, Communication, and Freedom of Access to Knowledge and Society. Norwood, New Jersey: Ablex, 1997.
BENVENISTE, Émile. Da subjetividade na linguagem. In: _____. *Problemas de linguística geral I*. Campinas: Pontes/Ed. da Unicamp, 1988.
BLIKSTEIN, Izidoro. *Kaspar Hauser ou A fabricação da realidade*. São Paulo: Cultrix, 1985.
CABRAL, Ana Lucia Tinoco. *A força das palavras*: dizer e argumentar. São Paulo: Contexto, 2010.
CASTILHO, Ataliba T. de. *Nova gramática do português brasileiro*. São Paulo: Contexto, 2010.
_____; ELIAS, Vanda Maria. *Pequena gramática do português brasileiro*. São Paulo: Contexto, 2012.
CAVALCANTE, Mônica Magalhães. *Os sentidos do texto*. São Paulo: Contexto, 2012.
_____; CUSTODIO FILHO, Valdinar; BRITO, Mariza Angélica Paiva. *Coerência, referenciação e ensino*. São Paulo: Cortez, 2014.
_____; RODRIGUES, Bernardete B.; CIULLA, Alena (orgs.). *Referenciação*. São Paulo: Contexto, 2003.
CHARAUDEAU, Patrick. *Linguagem e discurso*: modos de organização. São Paulo: Contexto, 2008.
CHAROLLES, Michel. Coherence as a Principle of Interpretability of Discourse. *Text*, v. 3, n. 1, 1983, pp. 71-98.
CHARTIER, Roger. *Os desafios da escrita*. São Paulo: Editora Unesp, 2002.
CORREA, Jane; SPINILLO, Alina; LEITÃO, Selma. *Desenvolvimento da linguagem*: escrita e textualidade. Rio de Janeiro: NAU/Editora: Faperj, 2001.
DASCAL, Marcelo. *Interpretação e compreensão*. São Leopoldo: Unisinos, 1999.
_____. *Interpretação e compreensão*. Trad. Márcia Heloisa Lima da Rocha. São Leopoldo: Editora Unisinos, 2005.
DUCROT, Oswald. *La Preuve et le dire*. Mame: Repères, 1973.
_____. L'Argumentation dans la langue. *Langages*, v. 10, n. 42, 1976, pp. 5-27.
_____. *Dizer e não dizer*: princípios de semântica linguística. São Paulo: Cultrix, 1977 [1972].

_____. *Les Mots du discours*. Paris: Minuit, 1980.
ELIAS, Vanda Maria (org.). *Ensino de português*: oralidade, escrita e leitura. São Paulo: Contexto, 2011.
FÁVERO, Leonor L.; KOCH, Ingedore G. V. *Linguística textual*: introdução. São Paulo: Cortez, 1983.
FIORIN, José Luiz. *Argumentação*. São Paulo: Contexto, 2015.
FIX, Ursula. Kanon und auflösung des kanons. Typolische intertextualität ein "postmodernes" stilmittel? In: ANTOS, G.; TIETZ, H. (orgs.). *Die zukunft der textlinguistik. Traditionen, transformationen, trends*. Tübingen: Max Niemeyer Verlag, 1997.
FRANCIS, Gill. Rotulação do discurso: um aspecto da coesão lexical de grupos nominais. In: CAVALCANTE, Mônica Magalhães et al. *Referenciação*. São Paulo: Contexto, 2003, v. 1 (Coleção Clássicos da Linguística).
GARCIA, Othon M. *Comunicação em prosa moderna*: aprendendo a escrever, aprendendo a pensar. Rio de Janeiro: Ed. Fundação Getúlio Vargas, 1988.
GRÉSILLON, Almuth; MAINGUENEAU, Dominique. Polyphonie, proverbe et détournement. *Langages*, n. 73, 1984, pp. 112-25.
GRICE, H. P. Logic and Conversation. In: COLE, P.; MORGAN, J. L. (orgs.) *Syntax and Semantics 3*: Speech Acts. New York: Academic Press, 1975.
GUIMARÃES, Eduardo R. J. Estratégias de relação e estruturação do texto. *Sobre a estruturação do discurso*. Campinas: IEL/Unicamp, 1981, pp. 91-114.
GUMPERZ, John J. Convenções de contextualização. In: RIBEIRO, Branca Telles; GARCEZ, Pedro M. (orgs.). *Sociolinguística interacional*. São Paulo: Loyola, 2002.
HANKS, William F. *Língua como prática social*: das relações entre língua, cultura e sociedade a partir de Bourdieu e Bakhtin. São Paulo: Cortez, 2008.
HÖRMANN, H. *Meinen und Vestehen. Grundzüge einer psychologischen Semantik*. Frankfurt: Suhrkamp, 1976.
ILARI, Rodolfo. As conjunções. In: ILARI, Rodolfo; NEVES, Maria Helena de Moura (orgs.). *Gramática do português culto falado no Brasil*. Coord. geral. Ataliba T. de Castilho. Campinas: Ed. da Unicamp, 2008. v. 2.
ISENBERG, Horst. Der Begriff 'Text' in der Sprachtheorie. *ASG-Bericht*. Berlim, n. 8, 1968.
_____. Einige Grundbegriffe für eine linguistische Texttheorie. In: DANES, F.; VIEH WEGER, D. (eds.). *Probleme der Textgrammatik*. Berlin: Akademie Verlag, 1976, pp. 47-146.
JUBRAN, C. C. A. S. et al. Organização tópica da conversação. In: ILARI, R. (org.). *Gramática do português falado*. Campinas/São Paulo: Unicamp/Fapesp, 1992, v. 2, pp. 322-384.
KATO, Mary A. *No mundo da escrita*: uma perspectiva psicolinguística. São Paulo: Ática, 1987.
KOCH, Ingedore G. Villaça. *Argumentação e linguagem*. São Paulo: Cortez, 1987.
_____. *A coesão textual*. São Paulo: Contexto, 1989.
_____. Intertextualidade e polifonia: um só fenômeno? *D.E.L.T.A.*, v. 7, n. 2, 1991, pp. 529-541.
_____. *A inter-ação pela linguagem*. São Paulo: Contexto, 1992.
_____. *O texto e a construção dos sentidos*. São Paulo: Contexto, 1997a.
_____. O texto e a (inevitável) presença do outro. *LETRAS*. Santa Maria: Universidade Federal de Santa Maria, n. 14, pp. l07-124, 1997b.
_____. A referenciação textual como estratégia cognitivo-interacional. In: BARROS, K. S. M. (org.). *Produção textual*: interação, processamento, variação. Natal: Edufurn, 1999a, pp. 69-80.
_____. Expressões referenciais definidas e sua função textual. In: DUARTE, Lélia Parreira (org.). *Para sempre em mim*: homenagem a Ângela Vaz Leão. Belo Horizonte: CESPUC, 1999b, pp. 138-150.
_____. *Referenciação*: construção discursiva. Ensaio apresentado por ocasião do concurso para Titular em Análise do Discurso do IEL/Unicamp, inédito. 1999c.
_____. *Desvendando os segredos do texto*. São Paulo: Cortez, 2002.
_____. *Introdução à linguística textual*. São Paulo: Martins Fontes, 2004a.
_____. Sobre a seleção do núcleo das formas nominais anafóricas na progressão referencial. In: NEGRI, Ligia et al. (org.). *Sentido e significação*: em torno da obra de Rodolfo Ilari. São Paulo: Contexto, 2004b.
_____. *As tramas do texto*. São Paulo: Contexto, 2014.
_____; BENTES, Anna Christina; CAVALCANTE, Mônica Magalhães. *Intertextualidade*: diálogos possíveis. São Paulo: Cortez, 2007.
_____; CUNHA-LIMA, Maria Luiza. Do cognitivismo ao sociocognitivismo. In: MUSSALIM, Fernanda; BENTES, Anna Christina (orgs.). *Introdução à linguística*: fundamentos epistemológicos. São Paulo: Cortez, 2005, v. 3, pp. 251-300.

_____; ELIAS, Vanda Maria. *Ler e compreender*: os sentidos do texto. São Paulo: Contexto, 2006a.

_____. _____. *Ler e escrever*: estratégias de produção textual. São Paulo: Contexto, 2006b.

_____; JUBRAN, Clélia Cândida Abreu Spinardi (orgs.). *Gramática do português culto falado no Brasil*. Campinas: Ed. Unicamp, 2006, v. 1.

_____; MARCUSCHI, L. A. Processos de referenciação na produção discursiva. *D.E.L.T.A.*, v. 1, número especial, 1998, pp. 169-90.

_____; MORATO, Edwiges Maria; BENTES, Anna Christina (orgs.). *Referenciação e discurso*. São Paulo: Contexto, 2005.

_____; TRAVAGLIA, Luiz C. *Texto e coerência*. São Paulo: Cortez, 1989.

_____; TRAVAGLIA, Luiz C. *A coerência textual*. São Paulo: Contexto, 1990.

LANG, Edward. Über einige Schwierigkeiten beim postulieren einer Textgrammatik. In: CONTE, E. *La linguistica testuale*. Milão: Feltrinelli Economica, 1971.

MAINGUENEAU, Dominique. *Elementos de linguística para o texto literário*. São Paulo: Martins Fontes, 1996.

MARCUSCHI, Luiz Antônio. *Linguística de texto*: o que é e como se faz. Recife: Editora da UFPE, 1983.

_____. Contextualização e explicitude. Uma relação entre fala e escrita. Língua falada e ensino. *Anais do I Encontro Nacional sobre Língua Falada e Ensino*. Maceió, Edufal, 14-18 mar. 1994 (Mimeo).

_____. Anáfora indireta: o barco textual e suas âncoras. In: KOCH, I. G. V.; MORATO, E. M.; BENTES, A. C. (orgs.). *Referenciação e discurso*. São Paulo: Contexto, 2000, pp. 53-102.

_____. Gêneros textuais: definição e funcionalidade. In: DIONÍSIO, Angela Paiva; MACHADO, Anna Raquel; BEZERRA, Maria Auxiliadora (orgs.). *Gêneros textuais & ensino*. Rio de Janeiro: Lucerna, 2002.

_____. *Cognição, linguagem e práticas interacionais*. Rio de Janeiro: Lucerna, 2007.

_____. *Produção textual, análise de gêneros e compreensão*. São Paulo: Parábola, 2008.

MARQUESI, Sueli Cristina. *A organização do texto descritivo em língua portuguesa*. 2. ed. Rio de Janeiro: Lucerna, 2004.

MEYER, Bernard. *A arte de argumentar*. Trad. Ivone C. Benedetti. São Paulo: WMF Martins Fontes, 2008.

MONDADA, Lorenza; DUBOIS, D. Construction des objets du discours et catégorisation: une approche des processus de référenciation. In: BERRENDONNER, A.; REICHLER-BÉGUELIN, M. J. *Du sintagme nominal aux objets-de-discours*. Neuchâtel: Université de Neuchâtel, 1995, pp. 273-305.

MORATO, Edwiges Maria; KOCH, Ingedore G. Villaça. Linguagem e cognição: os (des)encontros entre a linguística e as ciências cognitivas. *Cadernos de Estudos Linguísticos*. Campinas: Universidade Estadual de Campinas, v. 44, jan./jun. 2003, pp. 85-92.

NEVES, Maria Helena de Moura. *Gramática de usos do português*. São Paulo: Editora Unesp, 2011.

NYSTRAND, Martin (ed.). *What Writers Know*: the Language, Process, and Structure of Written Discourse. New York: Academic Press, 1982.

_____; WIEMELT, J. When is a Text Explicit? Formalist and Dialogical Conceptions. *Text*, v. 11, n. 1, 1991, pp. 25-41.

RUIZ, Eliana Donaio. *Como corrigir redações na escola*: uma proposta textual-interativa. São Paulo: Contexto, 2010.

SALOMÃO, Maria Margarida M. A questão da construção do sentido e a revisão da agenda dos estudos de linguagem. *Veredas – Revista de Estudos Linguísticos*. Juiz de Fora: Universidade Federal de Juiz de Fora, v. 4, n. 1, 1999, pp. 61-79.

SAUTCHUK, Inez. *A produção dialógica do texto escrito*. São Paulo: Martins Fontes, 2003.

SAVIAN FILHO, Juvenal. *Argumentação*: a ferramenta do filosofar. São Paulo: WMF Martins Fontes, 2010. (Coleção Filosofias: o prazer do pensar, dirigida por Marilena Chaui e Juvenal Savian Filho).

SCHWARZ-FRIESEL, Monika; CONSTEN, Manfred; KNEES, Mareile (eds.). Anaphors in text: cognitive, formal and applied approaches to anaphoric reference. *Studies in Language Companion*. John Benjamins Publishing Company, Series 86, 2007.

SOLÉ, Isabel. Ler, leitura, compreensão: sempre falamos da mesma coisa? In: TEBEROSKY, Ana et al. *Compreensão de leitura*: a língua como procedimento. Porto Alegre: Artmed, 2003.

TORRANCE, Mark; GALBRAITH, David (eds.). *Knowing what to Write*: Conceptual Processes in Text Production. Amsterdam: Amsterdam University Press, 1999.

VAN DIJK, Teun A. *Text and context*. London: Longman, 1977.

_____. *La ciencia del texto*. Barcelona/Buenos Aires: Paidós Comunicación, 1983.

_____. *Cognição, discurso e interação*. São Paulo: Contexto, 1992.

_____; KINTSCH, W. *Strategies of Discourse Comprehension*. New York: Academic Press. Verlag, 1983, pp. 103-17.

VOGT, Carlos. *O intervalo semântico*: contribuição para uma teoria semântica argumentativa. São Paulo: Ática, 1977.

_____. *Linguagem, pragmática e ideologia*. São Paulo: Hucitec, 1980.

WEINRICH, Harald. *Tempus*: besprochene and erzählte welt. Stuttgart: Klett, 1964.

As autoras

Ingedore Villaça Koch, licenciada em Letras e bacharel em Direito pela Universidade de São Paulo (USP), é mestre e doutora em Língua Portuguesa pela Pontifícia Universidade Católica de São Paulo (PUC-SP) e livre-docente em Análise do Discurso pela Universidade de Campinas (Unicamp). Na PUC-SP, atuou nos cursos de Letras e Jornalismo, na pós-graduação e na especialização. É professora titular do Departamento de Linguística do IEL-Unicamp, onde implantou a área de Linguística Textual. Entre suas obras, contam-se: *Ler e compreender, A coesão textual, A coerência textual, A inter-ação pela linguagem, O texto e a construção dos sentidos* e *Referenciação e discurso*, publicadas pela Editora Contexto.

Vanda Maria Elias, licenciada em Letras pela Universidade de Pernambuco (UPE), é mestre e doutora em Língua Portuguesa pela Pontifícia Universidade Católica de São Paulo (PUC-SP), onde atuou na graduação e na pós-graduação. Seus estudos de pós-doutorado foram realizados no Instituto de Estudos da Linguagem na Universidade de Campinas (IEL-Unicamp). Pela Contexto é coautora de *Ler e compreender, Ler e escrever, Pequena gramática do português brasileiro* e coordenadora da coleção *Linguagem & Ensino*.

CADASTRE-SE
EM NOSSO SITE,
FIQUE POR DENTRO DAS NOVIDADES
E APROVEITE OS MELHORES DESCONTOS

LIVROS NAS ÁREAS DE:

História | Língua Portuguesa
Educação | Geografia | Comunicação
Relações Internacionais | Ciências Sociais
Formação de professor | Interesse geral

ou
editoracontexto.com.br/newscontexto

Siga a Contexto
nas Redes Sociais:
@editoracontexto

GRÁFICA PAYM
Tel. [11] 4392-3344
paym@graficapaym.com.br